KB021620

탁월한 장군들

코르넬리우스 네포스

염승섭 옮김

탁월한 장군들

1판 1쇄 발행 2019년 11월 28일

지은이 | 코르넬리우스 네포스
옮긴이 | 염승섭
발행인 | 신현부

발행처 | 부북스
주소 | 04613 서울시 중구 다산로29길 52-15(신당동), 301호
전화 | 02-2235-6041
팩스 | 02-2253-6042
이메일 | boobooks@naver.com

ISBN 979-11-86998-81-6 93920

이 도서의 국립중앙도서관 출판예정도서목록(CIP)은 서지정보유통지원시스템 홈페이지(http://seoji.nl.go.kr)와 국가자료종합목록 구축시스템(http://kolis-net.nl.go.kr)에서 이용하실 수 있습니다. (CIP제어번호 : CIP2019045999)

차례

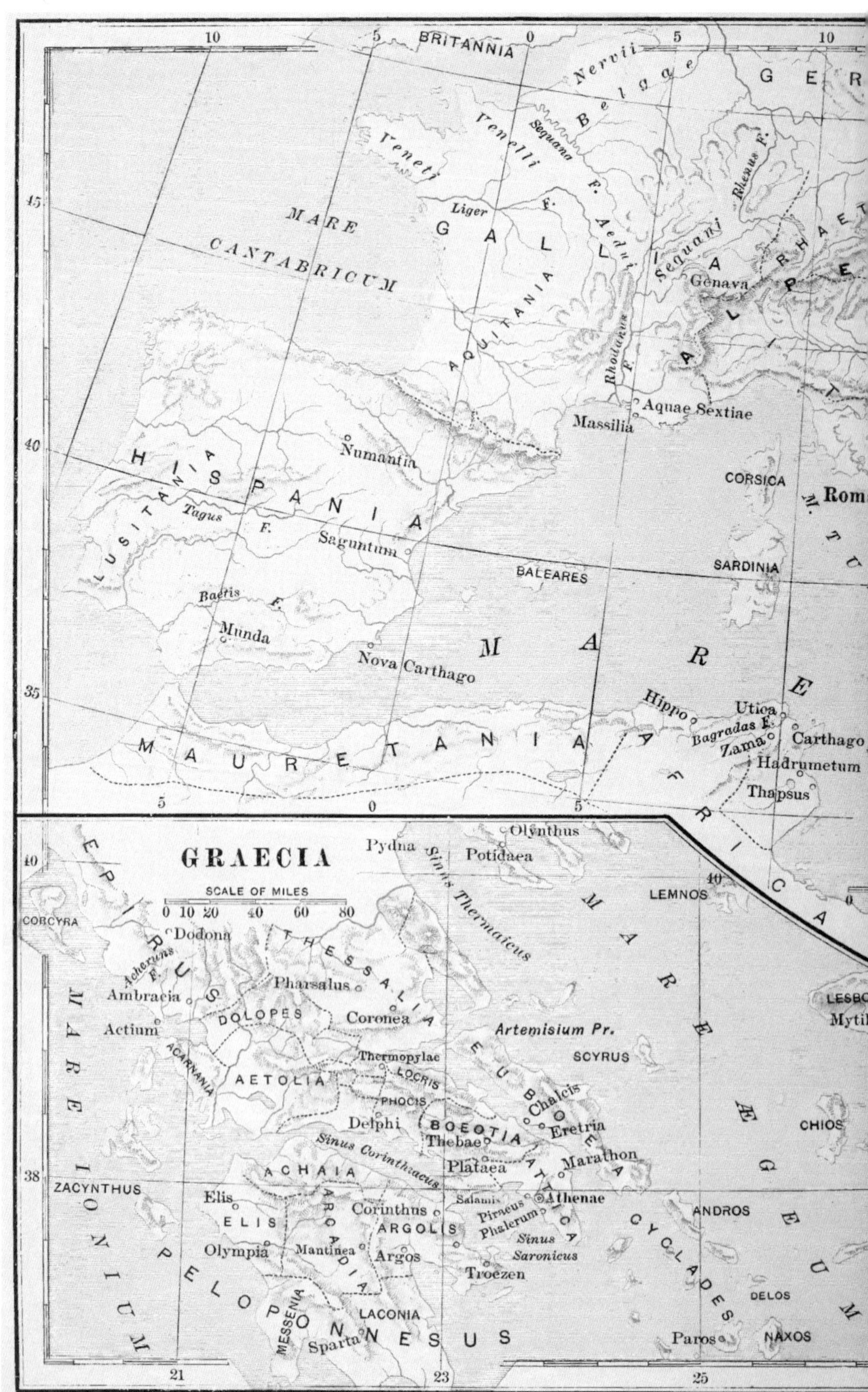

BRITANNIA
Nervii
Belgae
Veneti
Venelli
Sequana
Rhenus F.
MARE
CANTABRICUM
Liger
F.
GALLIA
Aedui
Sequani
AQUITANIA
Genava
ALPES
RHAETIA
Rhodanus F.
Aquae Sextiae
Massilia
HISPANIA
LUSITANIA
Numantia
Tagus
F.
Saguntum
CORSICA
Roma
BALEARES
SARDINIA
Baetis
F.
Munda
Nova Carthago
MARE
Hippo
Utica
Bagradas F.
Zama
Carthago
Hadrumetum
Thapsus
MAURETANIA
AFRICA
GRAECIA
SCALE OF MILES
0 10 20 40 60 80
EPIRUS
CORCYRA
Dodona
Acherusia
F.
Ambracia
Actium
ACARNANIA
DOLOPES
AETOLIA
THESSALIA
Pharsalus
Coronea
Pydna
Sinus Thermaicus
Olynthus
Potidaea
LEMNOS
MARE AEGEUM
LESBOS
Mytil
Artemisium Pr.
SCYRUS
Thermopylae
LOCRIS
PHOCIS
Delphi
BOEOTIA
Thebae
Chalcis
EUBOEA
Eretria
Marathon
Plataea
CHIOS
Sinus Corinthiacus
ACHAIA
ZACYNTHUS
Elis
ELIS
ARCADIA
Corinthus
ARGOLIS
Salamis
Piraeus
Phalerum
Athenae
ATTICA
Sinus
Saronicus
ANDROS
CYCLADES
Olympia
Mantinea
Argos
Troezen
DELOS
MARE IONIUM
PELOPONNESUS
MESSENIA
LACONIA
Sparta
Paros
NAXOS

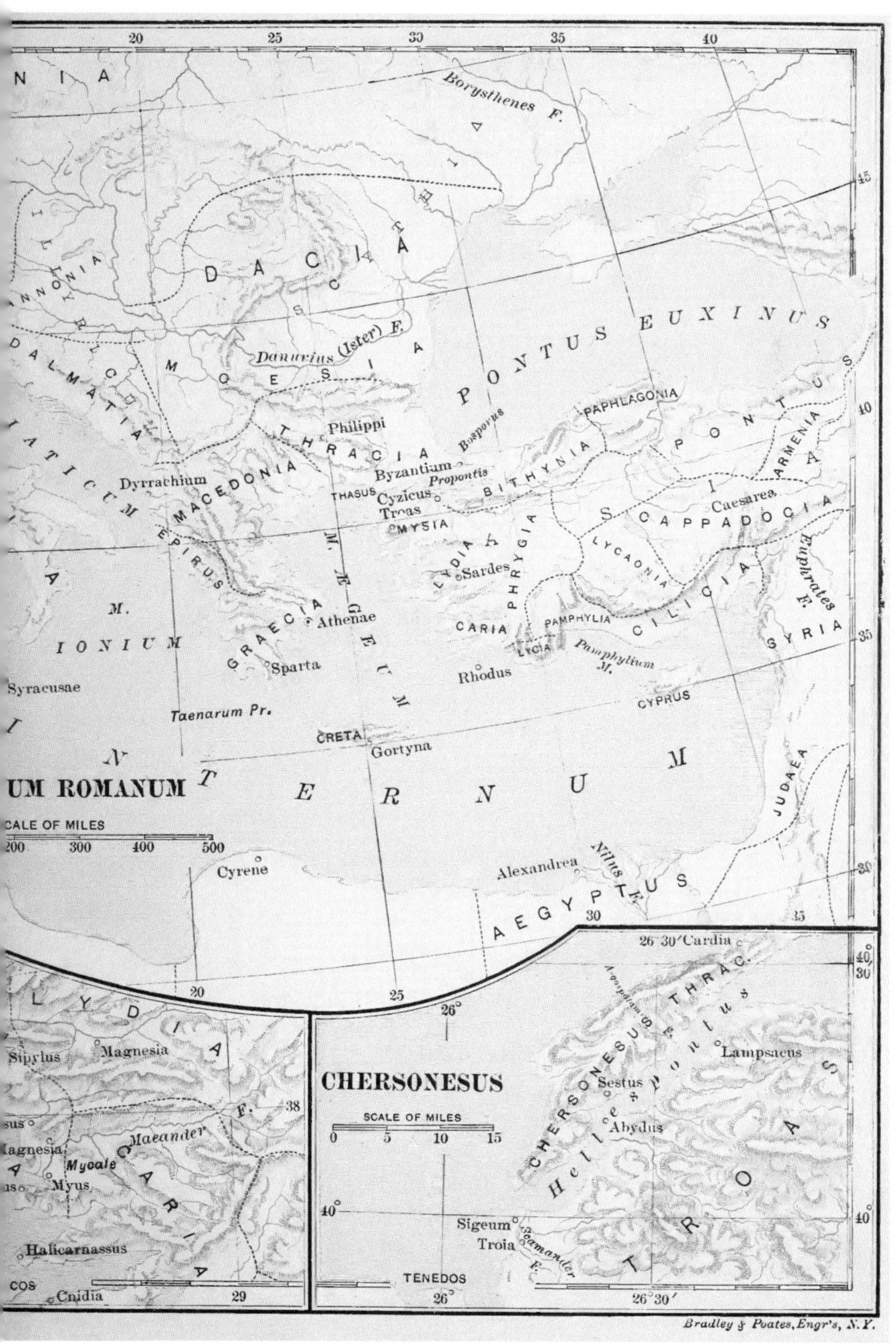

Borysthenes F.
DACIA
Danuvius (Ister) F.
MOESIA
PONTUS EUXINUS
PAPHLAGONIA
PONTUS
ARMENIA
Philippi
Bosporus
THRACIA
Byzantium
Propontis
BITHYNIA
Dyrrachium
MACEDONIA
THASUS
Cyzicus
Troas
MYSIA
Caesarea
CAPPADOCIA
LYCAONIA
EPIRUS
LYDIA
Sardes
PHRYGIA
Euphrates F.
CILICIA
GRAECIA
Athenae
CARIA
PAMPHYLIA
SYRIA
Sparta
LYCIA
Pamphylium M.
Rhodus
Syracusae
IONIUM M.
Taenarum Pr.
CRETA
Gortyna
CYPRUS
JUDAEA
UM ROMANUM
SCALE OF MILES
200 300 400 500
Cyrene
Alexandrea
Nilus F.
AEGYPTUS
LYDIA
Sipylus
Magnesia
Maeander F.
Magnesia
Mycale
Myus
CARIA
Halicarnassus
COS
Cnidia
CHERSONESUS
SCALE OF MILES
0 5 10 15
26° 30′ Cardia
Aegospotami
CHERSONESUS THRAC.
Lampsacus
Sestus
Hellespontus
Abydus
TROAS
Sigeum
Troia
Scamander F.
TENEDOS
Bradley & Poates, Engr's, N.Y.

소개의 말

코르넬리우스 네포스(Cornelius Nepos)는 기원전 110년경[1]에 알프스 남쪽 골 지방(Gallia cisalpina), 지금은 베로나(Verona) 근처, 포강(Po R.) 연안에서 태어났다. 그는 왕성한 삶을 살면서, 당대의 저명한 인사들인 키케로(Cicero), 카툴루스(Catullus), 티투스 폼포니우스 아티쿠스(Titus Pomponius Atticus)와 교류하며 전기(傳記)와 연대기(年代記) 등 많은 책들을 저술하였다. 그렇지만 우리에게 남아 있는 책은 외국과 로마의 왕들, 장군들, 법률가들, 웅변가들, 시인들, 철학자들을 주제 별로 각 두 권씩 총 16권으로 구성되었다고 전해지는《명인(名人)전 De Viris Illustribus》중에서,《탁월한 장군들의 전기 Excellentium Imperatorum Vitae》의 외국 편이다. 물론 거기에는 로마 장군들의 전기가 저술되어 있었겠지만, 우리에게 남아 있는 것은 카토(Cato)에 관한 단편(斷片)과, 어느 정도 충분한 분량의 '아티쿠스(Atticus) 전기'와 다른 단편들이 있을 뿐이다. 우리는 이 작품에서《영웅전》의 저자 희랍인 플루타르코스(Plutarchos 서기 46~125)보다 오육십 년 앞서 태어난 로마인 네포스가 그 진솔한 문체로 처음 시도했던 비교적 고찰을 본다.

1 네포스(c. 110 BC ~ c. 25 BC)의 출생 연대에 대해서는 여러 설이 있는데, 모두가 동의하는 점은 그가 기원전 80년경에 두각을 나타냈다고 본다. 그 당시를 30세로 보면, 기원전 110년경에 태어난 것이 된다(Britannicus와 Wikipedia는 이것을 따름), 그 밖에 Larousse나 The Latin Library는 그의 출생 연도를 BC 99로 보고 있다. 그러나 그의 사망 연도에 대해서는 거의 일치한다.

우리나라에서 플루타르코스의 작품은 여러 번역본들이 나왔으나, 네포스의 작품은 별로 알려져 있지 않다. 반면, 영국, 프랑스, 독일 등 여러 나라에서 지난 이삼백 년 동안 네포스의 단행본은 라틴어 습득을 위해 많이 활용되었고, 그의 단행본에서 제시하고 있는 여러 안목(眼目)들과 가치관(價值觀)들은 서양 지성문화의 중요한 요소가 되었다.

여러 평자(評者)들은 네포스의 문체가 수사학적 운치가 없고 장려하지 못하다고 비판한다. 그러나 우리는 네포스가 얼마나 파란만장한 어려운 시대를 살았는지를 잘 알고 있다. 그는 옥타비아누스(Octavianus) 즉 아우구스투스 황제(Caesar Augustus)의 제국(帝國)적 통치 이전의 시기에, 다시 말해서, 원로원 중심의 공화정(共和政) 후기에, 카이사르, 폼페이우스, 브루투스, 안토니우스, 옥타비아누스의 상호 각축(角逐)으로 특징지어지는 저 난국의 시대를 살았다. 다른 한편, 그는 다행이도 키케로와 아티쿠스를 위시한 여러 유명인들과의 교류를 통하여 그의 인격과 더불어 문학적 기품(氣品)을 유지할 수가 있었다. 우리에게 남겨진 전기(傳記)들은 하나하나가 주옥같은 인정미(人情味)가 흐르는 소품들이다. 네포스가 제16장 펠로피다스(Pelopidas) 전기(傳記)의 도입부와 또 다른 여러 곳에서 밝히고 있듯이 한 인물의 평가는 그의 공적(功績) 못지않게 그의 영혼의 위대성을 고려해야 한다는 것이다. 즉 역사적 기록에만 그칠 것이 아니라 그 인물의 인격을 충분히 참작해야 한다는 것이다. 그리하여 저 '아티쿠스 평전'에 나오는 다음 금언(金言)의 의미가 새롭게 다가온다[2]: **"각자의 품행은 각자에게 행운을 만들어 준다."**

---

2 본서 xxv. 11.

다음 이 단행본의 유래에 대해 간략히 기술할 필요가 있다. 위에서 언급한 바와 같이, 《탁월한 장군들 외국편》에 실린 23편의 전기(傳記)는 한 권의 책으로 완결되어 있는데, 그것이 알려졌던 초기에는 그 책이 테오도시우스 2세(Theodosius Ⅱ 서기 408~450) 시절에 살던 문법학자 에밀리우스 프로부스(Aemilius Probus)의 작품이라고 오랫동안 생각되어 왔었다. 그도 그럴 것이, 그는 그 책의 마지막 전기 '한니발전' 뒤에 실린 다른 원고들 중에서 그 책이 마치 자기의 저술인 듯이 말하고 있었기 때문이다. 그 후 여러 탁월한 문헌학자들의 연구 결과로 본 단행본에 실린 것이 모두 문체의 성격상 한 저자의 것임이 확정되어 현재에 이르게 것이다.[3]

끝으로, 본 번역의 대본으로 로우브 고전 시리즈(The Loeb Classical Library)의 《Cornelius Nepos LCL 467》을 사용하였음을 밝혀 둔다.

---

3 참조: Cornelius Nepos, with an English translation by John C. Rolfe, (Cambridge, Mass.: Harvard University Press, 1999), 페이지 ix 이하.

서언

아티쿠스여[1], 나는 많은 독자들이 위인(偉人)들이 행한 역할들에 비해 다음과 같은 서술 — 누가 에파메이논다스(Epaminondas)[2]에게 음악을 가르쳐 주었는지 또는 그가 이룩한 업적들 안에 그가 우아한 무용가였고 또 재능 있는 플루트 연주가였다는 언급 — 을 사소하고 무가치한 것으로 간주할 것이라는 것을 의심치 않네. 그러나 대체로 희랍 문학에 익숙하지 않은 비평가들은, 그들 자신의 관습과 부합하지 않는 어떤 것도 온당하다고 생각하지 않네. 만약 우리가 이런 사람들에게 다음 사항 — 모든 사람이 전부 그와 같은 행위들을 명예롭다거나 비열하다고 간주하지 않고, 모든 것을 조상(祖上)의 관행에 비추어 판단한다는 사실 - 을 납득시킬 수 있다면, 내가 희랍인들의 장점을 설명할 때, 희랍인들의 관습을 염두에 두었다는 것에 이들은 놀라지 않을 것이네. 예컨대, 아테네의 저명한 시민 키몬(Cimon)이 이복누이를 처로 삼은 것[3]은, 동국(同國)인들이 그와 같은 관습을 좇고

1 티투스 폼포니우스 아티쿠스(Titus Pomponius Atticus, 기원전 110 ~ 32). 키케로의 가장 절친한 친구. 본 책자의 25장 〈아티쿠스〉를 참조.

2 본 책자 15장(XV). 2.를 볼 것.

3 5장(V). 1. 2를 볼 것. 어머니는 다르나 아버지는 같음.

있는 한, 수치스러운 일이 될 수 없었네. 그러나 우리의 기준에 의하면, 그러한 결합은 불경(不敬)하다고 간주되네. 크레타 섬의 젊은이들은 정사(情事)가 많으면 많을수록 칭찬 받을 만하다고 생각된다네. 라케다이몬(Lacedaemon)[4]에서 과부는, 아무리 출중해도, 만찬회에서 유흥의 접대부로 일하기를 마다하지 않는다네. 희랍의 어디를 가도, 올림피아(Olympia)에서 승자로 선포되는 일은 큰 영광으로 간주되었네, 무대에 등장해서 사람들에게 선을 보이는 것도 그 국민들에게는 결코 수치스러운 일로 간주될 수 없었네. 하지만 우리들의 경우에, 그런 모든 행위들은 수치스럽고 수준 이하이고, 존경받지 못할 만한 행위라고 평가받네.

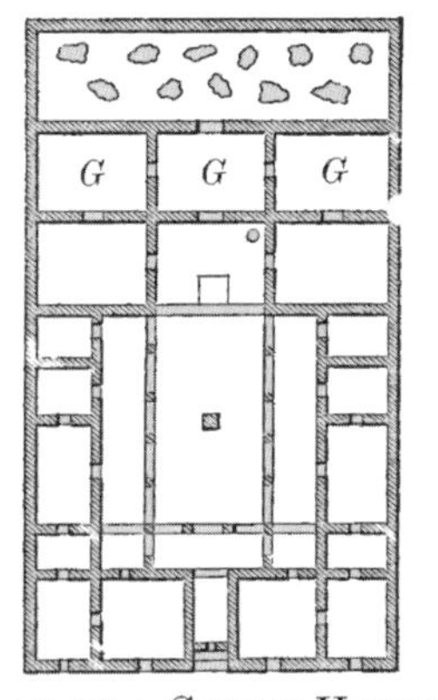

PLAN OF A GREEK HOUSE
G = Gynaeconitis

반면에, 희랍인들이 수치스럽다고 간주하는 많은 행동들이, 우리의 규범에 따르면, 근사하게 보이네. 무엇 때문에 로마인이 저녁 만찬에 처를 대동(帶同)하면서, 얼굴을 붉히겠는가? 어느 중년 부인이 사랑방에 드나들면서 자신의 모습을 드러내지 않겠는가? 그러나 이러한 것이 희랍에서는 매우 다르네. 거기서는 어떤 여인도, 친척들만이 와있는 자리가 아니면, 어떤 만찬 모임에도 발을 들여놓지 못하게 되어 있네. 또한 그녀의 거동은 '여인들의 처소'[5]라고 불리는 집 안의 훨씬 한적한 장소에 제한되어 있기 때문에, 가까운 친척이 아니면

4 고대 스파르타의 다른 이름.

5 원문의 'gynaeconitis'는 희랍 관습으로 희랍 문화의 영향을 많이 받은 게르만족에서도 관행으로 이어졌음.

어떤 남자도 거기에 접근하지 못한다네.

그러나 비단 내가 의도하고 있는 작업의 범위 때문만이 아니라, 내가 선택한 주제를 다루고자 하는 급한 마음에서 이 화제를 더 이상 확장하는 것은 불가능하네. 그래서 나는 핵심으로 돌아와 이 책자에서 탁월한 장군들의 생애에 관해 집필할 것이네.

I. 밀티아데스

1. 키몬(Cimon)의 아들, 아테네 시민 밀티아데스(Miltiades)는 가문의 오랜 전통과 조상들의 명성 그리고 그 자신의 겸허한 성품에 힘입어 그가 살던 시대의 가장 걸출한 인물이었다. 그는 동료 시민들의 마음에 큰 희망을 고취하고, 시민들이 오랫동안 알아왔던 그런 사람으로 남으리라는 신뢰감을 줄 정도의 연령에 도달하였을 때, 아테네인들은 케르소네소스(Chersonesus)[6]에 이민단을 보내고자 하였다. 적격한 시민들의 수가 아주 많았고 또 많은 사람들이 이주(移住)에 동참하기를 원했으므로, 그들 가운데에서 뽑힌 대표단이 델피(Delphi) 신전에 보내졌는데, 누가 그 계획을 이끌어나갈 가장 좋은 영도자가 될 것인지를 알아보기 위함이었다. 그 당시에 트라키아인들(Thraeces)이 그 지역들을 장악하고 있어서 그들과의 접전이 불가피했기 때문이다. 델피의 신탁(神託)을 관장하는 무녀는 자문(諮問)을 구하는 특사(特使)들에게 밀티아데스를 사령관으로 임명할 것을 명하고, 만약 그들이 그렇게 한다면, 그들의 기획이 성공할

6 원문의 'Chersonesus 반도'는 일반적인 표현이나 여기서는 헬레스폰토스 해협(다르다넬스Dardanelles 해협의 옛 희랍 명)의 왼쪽을 이루고 있는 반도 케르소네소스를 지칭하고 있음. 현재는 갈리폴리(Gallipoli)로 일컬어짐.

것이라고 선언하였다.

바로 그 신탁의 응답에 힘입어 밀티아데스는 주의를 기울여 선발한 무리를 한 선단(船團)에 태우고 케르소네소스를 향하여 항해하였다. 렘노스(Lemnus)[7]에 도착하여 섬 주민들을 아테네의 통치 아래로 끌어들이기를 바라면서, 렘노스 주민들에게 조건을 자발적으로 받아들이기를 요구했다. 렘노스 주민들은 냉소적으로 답하였다. 그가 그의 고향으로부터 항해를 시작하여 아퀼로(Aquilo)[8] 바람을 받으며 렘노스에 온다면, 그들이 기꺼이 그리하겠다고 했다. 그러나 그 바람은, 북쪽에서 불어오는 것이기에, 아테네에서 출발하는 이들에게는 역풍이 된다. 밀티아데스는 시간을 허비할 수가 없어서 그의 목적지를 향해 매진한 끝에 케르소네소스에 도착하였다.

2. 그는 거기서 곧 이방인들(barbare)[9]의 병력을 분산시키고, 그가 목표로 간주했던 전 지역을 장악하고 나자, 그는 진지(陣地)들을 구축하여 전략적 요충지들을 요새화하였고, 그가 데리고 온 부대 구성원들을 농장들에 정착시켰고, 자주 습격을 나가 [얻은] 전리품으로 그들을 윤택하게 만들었다. 그 전체적 기획에 있어서, 그의 성공은 행운도 따랐지만 그에 못지않게 그의 정치가적 역량에도 많이 의존했다. 그가 용맹한 병사들 덕분에 적을 정복하고 난 후에, 그는 식민지를 극도의 공정성을 가지고 다스렸고 그 자신이 살 터전을 그곳에 마련하기로 작정하였다. 사실상 그는 이주민 가운데서 왕의 지위를 누렸는데,

---

7 케르소네소스 남서쪽에 위치한 섬.

8 이 단어는 보통 북동쪽을 가리키나, 시어(詩語)로서 북풍을 뜻하기도 함.

9 희랍이나 로마인들은 그들 외의 타민족을 'barbare 미개인 또는 이방인들'이라고 칭했음.

그러한 칭호를 받은 것은 아니었지만, 그러한 영예(榮譽)는 그의 통수권 못지않게 그의 공정성의 덕이었다. 그럼에도 불구하고 그는 그를 그곳에 보낸 아테네 시민들에 대해 계속해서 그의 의무를 다하였다. 그리하여 그가 영원한 권위를 누리게 된 것은 원정길에 그와 함께 동참했던 이들의 동의(同意) 못지않게 그를 전송(餞送)해 주었던 이들의 동의가 있었기에 가능했던 것이다.

케르소네소스가 그렇게 평정되고 나서, 밀티아데스는 렘노스로 돌아와 그 합의사항에 따라 그 도시들[10]을 양도해 줄 것을 요구했다. 왜냐하면 그들은, 그가 그의 거주지를 떠나 북풍을 안고 그들에게 도달하는 날에는, 그에게 항복할 것이라고 말했었기 때문이다. 그런데 이제 그는, 그들에게 상기(想起)시켜준 바와 같이, 그의 거주지를 케르소네소스에 가지고 있었다.[11] 그 당시 렘노스에 살고 있던 카리아인들(Cares)[12]에게, 과거에 지녔던 견해가 어떠하든지, 현 상황은 전혀 기대치 않았던 것이다. 그렇다고 해도, 그들이 난관에 봉착한 것은 그들이 한 약속이라기보다는 그들의 적대 세력에 넘어간 행운 때문이다. 그리하여 그들은 감히 저항할 생각을 못하고[13] 그 섬을 떠나버렸다. 밀티아데스는 퀴클라데스(Cyclades)라고 알려진 나머지 섬들을 아테네

---

10 렘노스 섬에는 두 도시, 즉 헤페스티아(Hephaistia)와 뮈리나(Myrina)가 있었음.

11 이제 밀티아데스는, 전과는 정반대 방향에서 렘노스에 도달하게 되어, 유리한 위치에 있는 것임.

12 카리아(Caria)는 소아시아에 있는 지방인데, 그곳으로부터 사람들이 렘노스 섬으로 이주했임.

13 렘노스의 두 도시 중 오직 헤페스티아만이 저항하지 않고 항복했다 함.

에 복속시키는 데에 있어서도 마찬가지로 성공을 거두었다.[14]

3. 그와 같은 시기에 페르시아 왕 다레이오스(Darius)는 아시아에서 유럽을 향해 군대를 이끌고 스퀴타이족(Scythae)에게 전쟁을 걸기로 작정하였다. 그는 히스터(Hister)강[15] 위로 군대를 이송하기 위해 교

BRIDGE OF BOATS

량을 지었고, 그가 없는 동안 다리를 지키기 위해 이오니아(Ionia)와 아이올리스(Aeolis)[16]에서 데려온 지휘관들에게 위임하였다. 그는 이 인물들 각자에게 각각의 도시에 대한 영구 통치권을 부여하였다. 그

---

14 네포스는 사가(史家)로서는 다소 정확성이 떨어지는데, 여기서도 렘노스 섬은 아티카(Attica) 남단에 있는 퀴클라데스 군도(群島)에 속할 수가 없을 뿐더러, 거기를 평정한 장군은 코논(Conon)이었음. 제9장 참조.

15 현재의 다뉴브강으로 독일 서남부에서 발원하여 흑해로 흘러들어감.

16 아이올리스는 소아시아의 다르다넬스 해협으로부터 남단에 위치한 헤르모스(Hermus) 강에 이르는 해안 지역을, 이오니아는 그 이남(以南)으로 마이안드로스(Maeander) 강에까지 이르는 해안 지역을 일컫는데, 기원전 수백 년 전부터 희랍인들이 이주하여 살았다고 함.

는, 그가 발탁한 친구들에게 도시들의 관할을 위임하면, 아시아에 살며 희랍어를 말하는 사람들을 가장 손쉽게 그의 지배하에 둘 수 있을 것이라고 희망했던 것이다. 그가 전복되는 경우에, 이 지도자들은 그들의 안전을 잃게 될 것이 분명할 테니 말이다. 그 당시에 밀티아데스가 이 지도자들에 포함되어 있었다. 그가 여러 고지(告知)자들로부터 다레이오스가 여러 가지 난관에 봉착해 있고 스퀴타이인들에게서도 상당히 괴롭힘을 받고 있다는 보고를 들었을 때, 그는 교량 수호자들에게 그 행운을 통해 얻은, 희랍을 해방시킬 절호의 기회를 놓치지 말기를 신신당부하였다. 왜냐하면 다레이오스와 그가 이끌고 온 군대가 멸망하게 된다면, 유럽이 안전하게 될 뿐만 아니라, 희랍계 아시아 거주자들 모두가 페르시아의 굴레와 위협으로부터 해방될 것이라고 강조하였기 때문이다. 결과는 쉽게 성취될 수 있다고 하였는데, 왜냐하면 교량이 일단 파괴되고 나면, 며칠 이내로 그 왕은 적의 칼날에 또는 기근에 회생될 것이라고 하였기 때문이다.

이 계획을 많은 사람들이 지지하였으나, 밀레토스(Milesius)[17]의 히스티아이오스(Histiaeus)는 그것의 실천을 반대하며, 그들의 권위는 다레이오스의 통치권과 맞물려 있기 때문에, 통치권을 지닌 그와 그의 동료들은 보통 사람들과 똑같은 처지에 있는 것이 아니라고 말하였다. 또 만약에 그 왕이 피살된다면, 그들의 권력은 탈취될 것이고, 그들은 동료 시민들의 복수에 직면하게 될 것이라는 것이었다. 그가 여타의 사람들에 의해 제안된 계획을 시인하는 것에 그처럼 거리를 두었던 이유는, 페르시아의 통치가 유지되는 것보다 더 그들의 이익에 부합되는 것은 없다고 믿었기 때문이다. 히스티아이오스의 그런 평가

17 이오니아 남쪽의 항구로 교역 중심지였고 철학자 탈레스의 출생지로도 유명함.

가 일반적 시인(是認)을 받게 되었을 때, 밀티아데스는, 그의 제안이 그렇게 많은 사람들의 증언을 통해 그 왕의 귀로 흘러들어갈 것이라고 느낀 나머지, 케르소네소스를 떠나 아테네로 돌아왔다. 그의 고안(考案)이 비록 실패했음에도, 그렇게 높은 칭찬을 받을만한 것은, 자신의 권력 유지보다 공적(公的) 자유에 더 큰 관심을 기울였기 때문이다.

4. 이제 다레이오스가 유럽에서 아시아로 돌아오자, 희랍을 복속시키라는 그의 친구들의 재촉에, 그는 오백 척의 함대를 준비시키고, 지휘를 다티스(Datis)와 아르타페르네스(Artaphernes)에게 맡겼고, 거기에 보태어 그들에게 이십만 보병(步兵)과 일만 기병(騎兵)을 안겨주었다. 아테네인들이 원수인 이유는, 아테네인들의 도움을 받아 이오니아인들이 사르디스(Sardis)[18]를 장악했고 그의 수비대를 몰살했기 때문이다.[19]

왕의 장군들은 에우보이아(Euboea)[20]에 상륙하여 재빨리 에레트리아(Eretria)를 점령하고 그곳의 시민들을 모두 납치하여 아시아에 있는 왕에게 보냈다. 그런 다음 그들은 계속하여 아티카를 향해 진군하였고 아테네에서 약 수만 걸음 떨어진 마라톤(Marathon) 평원으로 그들의 군대를 몰아갔다.

아테네인들은, 그처럼 가까이 또 그처럼 시급하게 닥쳐온 이 적대적 급습에 크게 놀랐지만, 라케다이몬(Lacedaemon)[21]인들한테만 도움

---

18 헤르모스 강의 남쪽 하류에 위치한 도시.

19 이 사건은 기원전 499년에 이오니아 주민들의 반란 기간 중에 일어났고, 그것은 스퀴타이에 대한 다레이오스의 원정(遠征) 전이었음.

20 희랍 동부의 큰 섬으로 한국어에서 '에비아'라고도 불리움.

21 스파르타(Sparta)의 옛 이름.

을 청했고, 그렇게 하기 위해 '종일 주자(走者)'라고 알려진 급수(級數)의 급사(急使)인 페이디포스(Phidippus)를 보내어 이쪽에서 얼마나 도움이 절실한지를 보고하게 했다. 그러는 동안 본국에서 그들은 군대를 지휘할 열 명의 장군들을 임명하였는데, 거기에 밀티아데스도 끼어 있었다. 이들 사이에서 상당한 견해 차이가 있었다. 즉 성곽 안에서 피난처를 구하는 것이 나은지 아니면 적과 결전을 하러 밖으로 나가는 것이 나은지를 두고 말이다. 밀티아데스만이 가능한 한 가장 이른 시점에서 전쟁을 시작할 것을 재촉하였다. 또한, 그렇게 한다면, 시민들은 그들의 용기가 의심받지 않은 것을 보고 의기(意氣)전도 불사(不辭)할 뿐만 아니라, 적은, 똑같은 이유에서 만약에 아테네인들이 그렇게 적은 병력으로 감히 그들에게 대항하는 것을 보면, 행동이 더디고 굼뜨게 될 것이라고 했다.

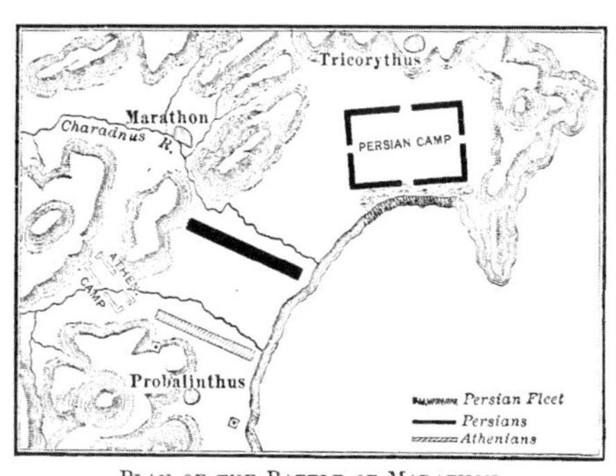

Plan of the Battle of Marathon

5. 그러한 위기 상황에서 플라타이아이(Plataeae)[22]인들을 제외하고는 어느 도시도 아테네인들에게 도움을 주지 않았다. 그들은 천 명의 병사를 보냈고, 그들의 도착으로 전체 전투 병력이 만 명에 이르게 됐다.[23] 그들은 전투를 하고 싶은 욕망으로 똘똘 뭉쳐진 무리였다. 그리

22 아테네의 북서 지방 보이오티아(Boeotia)의 도시.

23 네포스는 그렇게 말하지만, 실제로는 아테네 병사 일만 명에 플라타이아이 병사 천 명을 보태어 일만일천 명에 달했다고 전해짐. 특히 플라타이아이 병사들이

하여 그들의 열의로 인해 밀티아데스의 충고가 동료들의 입장보다 앞서 나갔다. 그의 권위에 고무되어, 아테네인들은 그들의 병력을 도시로부터 끌고 나와 유리한 한 지점에 진을 쳤다. 그 다음 날 그들은 적 맞은편 산들[24] 기슭에 포진한 후에, 새로운 전략으로 가장 격렬하게 전쟁에 참여하였다. 왜냐하면 여기저기 나무들이 들어서 있어 전망이 확 트이지 않은 평원이었고, 그들은 높은 산기슭에 의해서 보호를 받는 반면 적의 기병대는 산재한 나무들로부터 방해를 받아 우월한 숫자로도 그들을 포위할 수 없게 하려는 의도였다.

비록 [적장] 다티스는 그 위치가 그의 병졸들에게 유리하지 않다는 것을 간파했지만, 그의 장병(將兵)들의 숫자를 맹신하여 접전하기에 급급했다. 한층 더 급급한 또 다른 이유는 라케다이몬의 원병(援兵)이 도착하기 전에 전쟁을 벌이는 것이 그에게 유리하다고 생각했기 때문이다. 그리하여 그는 십만의 대군(大軍)과 일만의 기병을 이끌고 나와 전쟁을 시작했다. 벌어진 전투 과정에서, 아테네 병사들은 용맹 면에서 대단히 우월하여, 그들 자신의 숫자보다 열배나 많은 적을 소탕했고 또 페르시아 병사들의 마음에 엄청난 공포감을 심어 주어 페르시아 병사들이 줄행랑을 쳤는데 그들이 향한 곳은 그들의 진지(陣地)가 아니라 선박들이었다. 이보다 더 영광스러운 승리는 이제껏 쟁취된 적이 없었다. 그도 그럴 것이 과거에는 그처럼 작은 병력이 그처럼 거대한 병력을 쳐부순 예가 없었기 때문이다.

6. 여기서 모든 국가들의 본성은 변한 것이 없다는 지론이 더 쉽게

용맹을 떨쳤다고 함.

24 아테네 근교에 있는 '펜텔리코스 산(Pentelicus)을 지칭하는데, 그곳은 대리석 출산지로 유명했다 함.

이해되도록 하는 데에 있어, 이 승리에 대해 밀티아데스에게 어떤 보상이 이루어졌는지를 말하는 것이 적절해 보인다. 과거에 로마 사람들의 [명예에 대한] 표창들은 적었고 값비싸지는 않았다, 그리고 그런 연유로 해서 영광이었고, — 오늘날엔 값비싸고 흔해 빠졌지만 — 우리는 이전에 아테네에서도 그랬던 것으로 안다. 왜냐하면 우리의 밀티아데스가 아테네와 온 희랍을 해방한 것에 대해 그가 획득한 유일한 명예는, 마라톤 전쟁의 장면이 포이킬레(poecile)[25]라 불리는 회랑에 그려졌을 때, 그의 초상화가 열 명의 장군들 중에서 선도적(先導的) 위치를 점하였고, 그가 장병들에게 사자후(獅子吼)를 하며 전쟁을 시작하는 장면이 묘사되었기 때문이다.

그러나 똑같은 국민이, 더 큰 권력을 장악하고, 통치자들의 증가로 인해 타락하게 된 나머지, 팔레론(Phalerum)의 데메트리오스(Demetrius)[26]에게 삼백 개의 입상들을 세우라고 명령했다.

7, 이 전쟁이 끝난 후, 아테네인들은 다시금 밀티아데스에게 칠십 척의 함대를 위임하여 이방인들을 도왔던 군도(群島)들과 전쟁을 벌이도록 하였다. 통수권을 지닌 동안, 그

TESTUDO

25 문자 그대로 '다채로운 회랑(回廊)'을 의미함. 폴뤼그노토스(Πολύγνωτος)를 비롯하여 많은 위대한 예술가들이 그린 벽화들로 벽들이 장식되었고, 후에 그곳은 스토아학파의 집회장으로 쓰였음.

26 희랍의 정치가 내지 철학자로 아리스토텔레스의 소요학파와 긴밀한 관계였고, 기원전 307년 추방되기까지 10년간 집정관으로 아테네를 통치하였고, 그 기간 중에 아테네의 문물이 크게 번성했다고 함.

는 많은 섬들에 전에 지켰던 충순(忠順)의 상태로 복귀하도록 강요하였으나, 어떤 섬들에 대해서는 무력(武力)을 동원할 수밖에 없었다. 후자 가운데 파로스(Paros)섬은 매우 자신만만하여서 설득을 통해서는 복속될 수가 없었다. 그래서 밀티아데스는 그의 부대를 상륙시켜 도시를 공성(攻城) 작업으로 에워싸고 보급을 완전히 차단하였다. 그 다음 그는 비네아(vinea)[27]들과 거북의 등딱지들을 일으켜 세우고 장벽들을 향해 전진하였다. 그가 그 도시를 접수하려는 찰나에, 얼마간 떨어져 있으나 섬에서는 잘 보이는 본토의 한 숲에서 어느 날 밤 화염이 일었다. 화염이 포위군들과 그곳 시민들에게 보였을 때, 양측 모두 그것은 왕의 해군이 보내는 신호라고 생각하였다. 그 결과 파로스인들은 항복할 필요가 없게 되었고, 반면에 밀티아데스는, 왕의 함대가 접근하고 있다고 두려워한 나머지, 그가 구축하였던 시설들에 불을 지르고, 그가 이끌고 왔던 모든 배들을 이끌고 아테네로 귀환했는데, 그것에 대해 아테네인들은 적지 않게 곤혹스러워하였다.

결과적으로 그는 반역죄로 고소당했다. 그 근거는 그가 파로스(Paros) 도시를 점령할 수 있었을 때, 페르시아 왕으로부터 뇌물을 받고는 그의 목적을 성취하지 않고 그냥 떠나버렸다는 것이었다. 그 당시 밀티아데스는 도시를 공략할 때 입은 상처로 인해 불구의 몸이었고 그러한 상태에서는 그 자신의 정당사유를 변론할 수가 없어서, 그의 형제 스테사고라스(Stesagoras)가 그 대신 변호하였다. 재판이 종결되었을 때, 밀티아데스는 사형은 면했지만, 그의 통수권하에 있던 함대에 쓰였다고 판정된 액수인 오백 탈란트를 범칙금으로 내도록 판결 받았다. 그는 범칙금을 당장 지불할 수가 없었던 고로, 국가 감옥

---

27 포도원 정자처럼 생긴 군사용 바퀴 달린 바라크 집.

소에 투옥되었고, 거기서 그의 생을 마감하였다.

8. 비록 밀티아데스를 유죄 판결로 이끈 것이 파로스 사태라 하여도, 그의 유죄 판결에는 다른 이유가 하나 더 있었다. 왜냐하면 페이시스트라토스(Pisistratus)[28]가 수년 전에 벌렸던 학정(虐政)으로 인해 아테네 시민들은 어떤 과도한 권력이 한 시민의 수중에 있는 것을 심히 두려워했기 때문이다. 그들은 밀티아데스가 그렇게 큰 또 그렇게 중요한 통수권들을 쥐고 있었고, 특히 그가 권력에 맛을 들이고 있는 것처럼 보였기 때문에, 그가 단순히 평범한 시민으로 지낸다는 것은 가능하다고 생각하지 않았던 것이다. 예컨대, 그가 케르소네소스에 수년간 살고 있던 동안에 그는 부단한 권력을 누렸었다. 그는 참주(僭主, tyrannus)라고 불리었지만, 그는 공정한 참주였고, 그것은 그의 권력이 폭력이 아니라 그의 신하들의 동의에 따른 것이었고 또한 그의 미덕의 결과로 얻어진 것이었기 때문이다. 그러나 민주적 통치방식을 즐겨 온 도시에서 영구 통치를 하는 모든 이들은 참주라고 불리고 또 그렇게 간주된다. 그러나 밀티아데스의 인격은 더할 나위 없이 상냥할 뿐만이 아니라 남달리 겸허하여서 아무리 비천한 사람도 그의 면전에 나갈 수 있었다. 그는 또한 모든 희랍 도시국가들 가운데서 가장 지대한 영향력과 유명한 이름과 또 군인으로서 위대한 명성을 지녔다. 그의 이러한 모든 장점들을 명심하면서도 대중(大衆)은 공포 속에서 계속 사는 것보다는 오히려 그가, 결백하다 해도, 괴로움을 겪는 것을 선호했던 것이다.

---

28 그와 그의 두 아들 히피아스(Hippias)와 히파르코스(Hipparchus)는 기원전 560년부터 510년까지 폭군이었음.

II. 테미스토클레스

THEMISTOCLES

1. 테미스토클레스(Themistocles)는 아테네 시민으로 네오클레스(Neocles)의 아들이었다. 어린 시절에 나타난 이 사람의 결점들은 위대한 장점들에 길을 비켜주어서, 이제 그보다 높게 평가되는 이는 한 사람도 없고 그와 동등하다고 평가되는 사람도 거의 없다. 그러나 우리는 그의 삶에 대한 이야기를 단초에서 시작해야 한다. 그의 부친 네오클레스는 상류 가정 출신이었다. 그는 시민권을 보유한 아카르나니아(Acarnania)[29] 여인과 결혼했고, 그녀에게서 테미스토클레스가 태어났다. 이 아들은 너무 방탕하게 살면서 그의 집 재산을 돌보지 않은 까닭에 부모의 마음을 상하게 한 결과, 부친은 그에게서 상속권을 박탈했다. 그러나 이러한 모욕은 그의 의기(意氣)를 꺾어 놓는 대신 그의 야망을 불러일으켰다. 왜냐하면 그러한 치욕은 오직 최고의 근면에 의해서만 씻어낼 수 있다고 믿으면서, 그는 친구들과 자신의 명성에 도움을 주기 위하여 그의 모든 시간을 최선을 다해 공적(公的) 생활에 쏟아 부었기 때문이다. 그는 민사 재판들에 상당히 많이 참여했고, 자주 공회(公會) 석상에서 앞으로 걸어 나와 연설도 하였다. 어떤 중요한 안건도 그를 빼놓고 처리되지 않았다. 그는 필요한 것이 무엇인지를 재

29 아이톨리아(Aetolia) 서쪽의 해안 지방.

빨리 파악했고 그의 견해들을 쉽게 표현할 줄 알았다. 그는 그의 계획들을 강구(講究)하는 것 못지않게 그것들을 실천해 나가는 데에 적극적이었다. 그것을 투키디데스(Thucidides)가 잘 표현하고 있듯이, 그는 현재의 사건들을 대단한 정확성을 가지고 판단하였고, 미래를 기막힌 재능으로 올바로 예단(豫斷)했다. 그 결과 그는 곧 유명해졌다.

2. 공적 업무를 떠맡은 첫 행보는 코르키라(Corcyra)[30] 섬과의 전쟁에서였다. 국민에 의해 전쟁을 수행하도록 장군으로 추대되고 나서, 그는 아테네인들에게 당시의 전쟁뿐만 아니라 미래를 위해서도, 더 많은 용기를 지니라고 고무하였다. 광산[31]에서 수입으로 들어오는 공적 자금이 행정 장관들에 의해 낭비되고 있던 터라, 그는 그 돈을 사용하여 백 척의 함대를 건조하자고 민중을 설득하였다. 그 함대는 재빨리 건조되었고, 그는 그것을 가지고 먼저 코르키라인들의 오만한 콧대를 꺾어 놓았고, 그 다음으로 해적들을 소탕함으로써 바다를 안전하게 만들었다. 그런 식으로, 그는 아테네인들을 부유하게 만들었을 뿐만 아니라 또한 해상 전투에서도 지극히 유능하게 만들었다. 이것이 전(全) 희랍의 안전에 얼마나 중요한지는 페르시아의 침공 기간 동안 명백히 드러났다. 왜냐하면 크세르크세스(Xerxes)가, 이전에도 이후에도 어느 인간도 갖지 못한 큰 군사력으로 모든 유럽을 육상과 해상으로

MINE OR CLAY PIT

30 희랍 본토 서북부 연안지방 에페이로스(Epirus) 왼쪽에 위치한 섬.

31 아티카 남단에 있는 라우리온(Laurium) 산의 은광(銀鑛).

침공하였을 때, 그 왕이 거느린 병력은 운송선 이천 대의 보좌를 받는 천이백 척의 전함(戰艦) 함대에다가 칠십만 명의 육군과 사십만 명의 기병대(騎兵隊)였다. 그가 온다는 소식이 희랍에 전해지고, 또 아테네가, [이전에 있었던] 마라톤(Marathon) 전투로 인해, 그의 공격의 특별한 목표라는 소문이 나서, 사람들은 델피 신전에 특사를 보내 현 상황에서 그들이 어떤 조치를 취해야 할지를 문의하였다.

신탁(信託)의 무녀는 특사들에게 목제(木製) 벽들로 스스로를 방어해야 한다고 대답했다. 아무도 그 신탁이 무엇을 뜻하는지를 이해하지 못했을 때, 테미스토클레스가, 사람들과 모든 소유품들을 배들로 가져가야 한다는 뜻이 아폴론의 충고라고 설득하였다. 왜냐하면 신이 목제 벽이라고 지칭한 것은 바로 그런 뜻이었기 때문이다. 그 계획을 채택하고 나서, 그들은 이미 언급된 함대에다가 같은 수의 삼단(三段)노의 군선(軍船)들을 추가했고, 그들의 모든 부동산을 일부분은 살라미스(Salamis)[32]로, 일부분은 트로이제나(Troezena)[33]로 대피시켰다.[34] 그들은 아테네 요새와 귀중품들을 사제(司祭)들과 몇 명의 연로한 시민들에게 맡겨 보살피게 하였

ARX

32 아티카와 펠로폰네소스 사이 사로니코스(Saronicus) 만에 있는 섬과 동명의 항구도시를 가리킴.

33 펠로폰네소스 반도 남단 아르골리스(Argolis) 지방에 있는 항구 도시.

34 이 모든 조치는 그 당시의 전투가 얼마나 치열했고 또한 그것을 예감하고 있었는지를 잘 말해 주는 대목.

고, 도시의 나머지 부분은 포기하였다.

3. 많은 동맹국들은 테미스토클레스의 계획을 시인하지 않았고, 유지에서 싸울 것을 선호하였다. 그에 따라 이방인들이 더 이상 진군(進軍)하지 못하도록 테르모퓔라이(Thermopylae)[35]를 지키도록 스파르타의 왕 레오니다스(Leonidas)와 정선(精選)된 일군(一軍)의 병사들이 보내어졌다. 하지만 그들은 적의 공격을 물리칠 수가 없었고, 그들 모두는 그 협로에서 장렬하게 전사하였다.[36] 그러나 아테네 선박 이백 척이 참가하여, 삼백 척으로 구성된 희랍 공동함대는 에우보이아(Euboea)와 본토 사이에 있는 아르테미시움(Artemisium)[37] 곶 부근에서 처음으로 그 왕[38]의 해군과 교전에 들어갔다. 테미스토클레스는 우세한 숫자의 적에 의해 포위되지 않기 위해 좁은 해협을 선택하였던 것이다. 비록 그 전투의 결과가 분명히 드러나지 않았지만, 희랍군은 같은 입지(立地)를 지키고자 모험하지 않았다. 왜냐하면 그들 적의 함대의 일부가 에우보이아를 돌아서 온다면, 그들이 양면 공격에 노출되는 위험을 두려워해야 할 [충분한] 이유가 있었기 때문이다. 그래서 그들은 아르테미시움을 떠나 아테네를 마주보며 살라미스에 그들의 함

---

35 에게 해의 서편 희랍 동북부 테살리아(Thesalia) 지방 남단에 있는 오이테(Oeta) 산을 끼고 있는 협로(峽路)의 지점(地點)으로 넓이가 1.2m 정도였다고 함.

36 이 일은 기원전 480년에 일어났고, 부대의 숫자는 300명이었다고 하며, 이것은 서양사에서 유명한 사건으로 기록되어 있음.

37 에비아 큰 섬 북동쪽의 항구로 북쪽으로 미그네시아(Magnesia) 지방을 마주하고 있음.

38 희랍의 전쟁사에서 '그 왕'이라고 지칭되는 인물은 '페르시아 왕'을 가리킴.

대를 정박시켰다.[39]

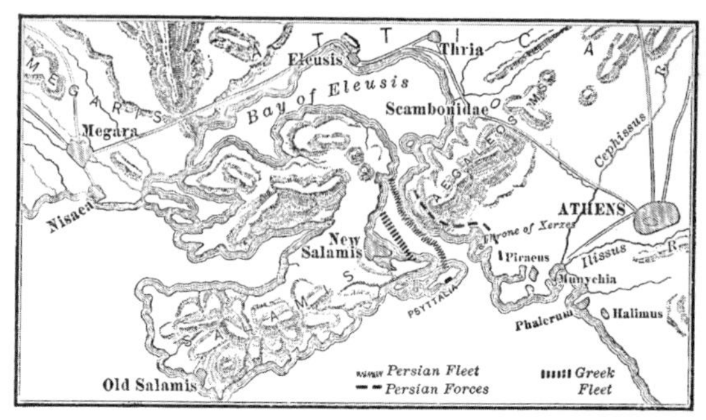

PLAN OF THE BATTLE OF SALAMIS

4. 그러나 크세르크세스는 테르모필라이의 협로를 강행 돌파하고 나서, 곧바로 아테네로 진군하였다. 그리고 도시에는 방어 군병이 없어서, 그는 성채에서 발견한 사제(司祭)들을 학살하고, 불을 질러 도시를 파괴하였다. 그 소문은 함대 위에 있는 병졸들에게 엄청난 공포심을 불러일으켜, 그들은 위치를 지킬 엄두를 내지 못하였다. 그들 중 대부분은 고향 집으로 돌아가서 성벽 안에서 피난처를 구하겠다고 의견을 피력했다. 테미스토클레스 그만이 반대하며, 그들이 뭉치면 페르시아 군에 적수(敵手)가 될 수가 있다고 말하고, 만약 그들이 흩어지면, 그들 모두는 멸망할 것이라고 주장하였다. 그리고 그는 그 당시 최고 통수권을 쥔 스파르타의 왕 에우리비아데스(Eurybiades)[40]에게 자신이 한 말이 옳다고 안심시켰다. 그리고 그가 스파르타 왕에게 자신이 희망했던 것보다 영향을 덜 미치자, 그는 노예들 중 가장 믿을만한 자를 밤에 페르시

39 삼백 척의 희랍의 함대가 작전상의 후퇴를 결정하고 페르시아 군의 감시망을 뚫고 에비아섬을 돌아 남쪽으로 내려와 다시 아티카를 돌아 살라미스에 회항했다는 것은, 밀티아데스의 경우에서 보듯이, 만약 실패했다면, 엄중한 처벌을 받을 만한 엄청난 모험이었음.

40 스파르타에 왕이 두 명이었음.

아 왕에게 보내 테미스토클레스의 이름으로[41] 전언(傳言)을 하기를, 왕의 적들이 도망갈 준비를 하고 있는데, 만약 그들이 떠나게 되면, 왕이 각 도시를 따로 따로 공격할 수밖에 없게 될 것이기 때문에, 전쟁을 끝내는 데에 더 긴 시간과 더 많은 노력이 들 것이라고 했다. 그러나 왕이 곧바로 그들을 덮치게 된다면, 그들 모두를 재빨리 분쇄하게 되리라는 것이었다. 테미스토클레스의 고안(考案)은 모든 희랍인들이 그들의 의지에 반해 어떤 결정적 전투를 감행하도록 강제하기 위함이었다. 이방인 왕이 그 메시지를 받았을 때, 그는 조금도 어떤 기만 행위가 있다고 의심하지 않았다. 그리고 비록 그 위치가 그에게 지극히 불리하고 적에게는 대단히 유리했지만, 그는 그 다음 날 교전에 임했다. 바다의 그 장소는 매우 협소해서 거대한 함대가 작전을 펼치는 것이 불가능하였다. 그래서 그는 패하였는데, 그것은 희랍의 전투력보다 한층 더 테미스토클레스의 전략에 힘입은 바가 컸다.

5. 비록 그가 그 전투에서 지긴 했지만, 아직도 굉장히 많은 군대를 거느리고 있었는데, 심지어 이들의 힘만으로도 그는 희랍인들을 압도할 수도 있었을 것이다. 두 번째로 그는 같은 인물에 의해 좌절되었다. 테미스토클레스는, 크세르크세스가 전쟁을 계속할지도 몰라서 두려워하였기에, 왕에게 헬레스폰토스 해협 위로 만들어 놓은 다리를 파괴하여 아시아로 가는 그의 퇴로를 차단하려는 계획이 있다는 것을 통고하였다. 왕은 보고의 진실성을 확신하게 되었고, 그리하여 그가 원정을 하는 데에 육 개월이 걸렸지만, 같은 행로를 따라 삼십 일도 채 걸리지 않아 아시아로 귀환하였고, 그가 테미스토클레스에게 정복된 것이 아니라 구제된 것이었다고 확신하였다.

---

41 그 당시 최고 통수권자들 간에는 상호 의존하는 관례가 있었음.

이처럼 한 사람의 영리함을 통해 희랍의 자유가 보장되었고 아시아는 유럽에 굴복하였다. 이것은 마라톤에서의 승리와 비견될 만한 두 번째의 승리였다. 왜냐하면 살라미스에서 유사한 방식으로 소수의 선박들이 인간이 기억하는 한 가장 큰 함대를 완전히 정복하였기 때문이다.[42]

6. 테미스토클레스는 이 전쟁에서 위대함을 보여 주었는데, 평화가 찾아왔을 때도 그에 못지않은 위대함을 보였다. 왜냐하면 아테네인들은 크지도 좋지도 않은 팔레론(Phalerum)[43] 항구를 사용하는 동안, 그의 충고를 받아들여 페이라이에우스(Piraeus) 삼중 항구를 건축하였기 때문이다. 그것은 굉장히 튼튼한 담들로 요새화되어 있어서 그것의 장관(壯觀)은 아테네와 맞먹었고 효능 면에서는 그것을 능가하였다. 테미스토클레스는 또한 개인적 위험 부담을 상당히 무릅쓰며 아테네의 장벽들을 재건축하였다.[44] 왜냐하면 라케다이몬인들은 이방인들의 침입을 예로 들어 다음과 같은 그럴듯한 이유를 내세웠기 때문이다. 적의 수중(手中)에 들어갈지도 모르는 요새화된 장소는 없어야 한다며, 펠로폰네소스 반도 외

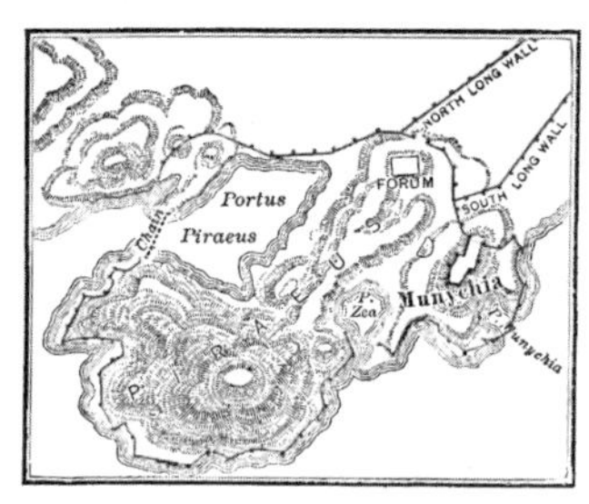

The Piraeus

42 '살라미스 해전'은 서양사에서 오래 기억되고 있는 사건임.

43 아테네의 가장 오래된 남서쪽의 항구로 긴 장벽을 쌓아 아테네 도시와 연결되어 있었음.

44 아테네와 스파르타가 희랍의 주도권을 놓고 각축을 벌이는 때라, 라케다이몬의 미움을 산다는 것은 매우 위험하였음.

에는 어떤 도시도 장벽들을 지니고 있어서는 안 된다고 했다. 그들의 동기(動機)는 전혀 그럴싸하지 않았다. 사실 아테네인들이 마라톤과 살라미스에서 승리를 얻은 덕에 전 희랍에 걸쳐 대단한 위엄을 달성했기 때문에, 라케다이몬인들은 그들이 주도권을 장악하기 위해 다투어야 할 상대가 아테네라는 것을 [잘] 알고 있었던 것이다.[45] 따라서 그들은 아테네인들이 가능한 한 허약하기를 바랐다. 그러기에 장벽이 올라가고 있다는 소식을 접하자마자, 작업을 중단시키기 위해 아테네에 공사(公使)들을 보냈다. 대표단이 와 있는 동안, 아테네인들은 그 문제를 상의하기 위해 그들이 라케다이몬에 공사들을 파견할 것이라며 협상에 임하지 않았다. 이 사절을 테미스토클레스가 떠맡았고, 처음에 혼자 출발하면서 이렇게 명령했다. 성벽들이 방어할 만치 충분히 높게 올라가기 전까지는 그 나머지 공사(公使)들은 그의 뒤를 따르지 말 것을, 그리고 그러는 동안에, 노예든 자유인이든 모두가, 신성한 곳에서든, 공공장소에서든, 또는 사적인 장소에서든, 가리지를 말고, 어디에서든지 축성에 적합하다고 각자가 생각하는 재료들을 다 모아서 그 작업을 밀고 나갈 것을 주문하였다. 바로 그런 이유에서 아테네의 성벽들은 사당(祠堂)들과 묘지들의 재료로 이루어졌다.

7. 그러나 테미스토클레스가 라케다이몬에 왔을 때, 그는 치안 장관들 앞으로 가기를 거절했고, 그의 동료들을 기다리는 것을 구실 삼아 가능한 한 많은 시간을 벌기 위해 최선을 다했다. 라케다이몬인들은 [축성] 작업이 계속되고 있고 그 점에 대해 그가 그들을 속이고 있는 것이라고 항거하는 동안에, 나머지 공사들이 도착하였다. 테미스토

45 그때까지는 라케다이몬이 국제 전쟁이 있는 경우 희랍의 총통수권을 장악하고 있었음.

클레스가 그들로부터 축성의 작은 부분만이 미완성으로 남았다는 것을 들었을 때, 그는 최상의 권력을 쥐고 있는 집정관들 앞으로 나아갔고, 그들이 있는 데서 그들이 정보를 잘못 받았다고 선언하였다. 따라서 공정하려면, 그 문제를 조사하기 위하여 그들이 신뢰하고 높은 지위를 지닌, 인사들을 [다시] 보내야 하고, 그 기간 동안 그를 볼모로 삼아도 좋다고 하였다. 그의 제안은 수락되었고, 최고의 관직을 지닌 세 대표가 아테네로 파견되었다. 테미스토클레스는 그의 동료들로 하여금 그들과 함께 돌아갈 것을 지시했고, 자신이 돌려보내지기 전까지는 라케다이몬 공사들의 귀환을 허락하지 말 것을 그들에게 명령했다.

그 사절단이 아테네에 도착했다고 생각하자 마자, 그는 라케다이몬인들의 집정관들과 원로들 앞에 나타나 그들에게 지극히 대담하고 솔직하게 말하기를 아테네인들이 그의 충고를 받아들여 모든 국가의 신과 고향과 가정의 신(神)들을 벽으로 둘러쌌는데, 국가들 간의 보통법을 십분 활용하여 그들을 보다 쉽게 적으로부터 지키기 위함이고, 또 그렇게 하는 과정이 희랍에 가장 쓸모 있는 행동이라고 했다. 왜냐하면 그들의 도시는 이방인들의 진로를 막는 전초기지였고, 거기서 그 왕의 함대들은 벌써 두 번이나 난파(難破)를 당했다고 했다. 그러나 라케다이몬인들은 희랍 전체의 안녕보다는 오히려 그들 자신의 패권에 기여가 되는 것을 안중에 두기 때문에 그릇되고 정의롭지 못하게 행동하는 것이라고 했다. 그런 고로, 만약 그들이 아테네에 보낸 공사들이 무사히 돌아오기를 바란다면, 그를 풀어주어야 한다고 했다. 그렇지 않으면, 그들은 저들을 다시는 고향 땅으로 귀환시키지 못하게 될 것이라고 했다.

8. 그 모든 것에도 불구하고, 테미스토클레스는 동료 시민들의 불신에서 벗어날 수가 없었다. 밀티아데스가 유죄 판결을 받은 것과 똑같은 불안으로 인해 그는 도편 추방 투표[46]를 통해 도시에서 추방되어 아르고스[47]에 살게 되었다. 그곳에서 그는 그가 이룩한 많은 업적들로 인해 높은 영예를 누리며 살았는데, 그러던 중 라케다이몬인들은 아테네에 공사들을 보내, 그가 희랍을 노예화시키기 위해 페르시아 왕과 공모했다고 그의 등 뒤에서 그를 고발하였다. 이러한 고발에 그는 청문(聽聞)도 없이 대역죄로 유죄판결을 받았다.

테미스토클레스는, 이 사실을 알게 되자마자, 아르고스에서는 충분히 안전하지 못하다고 판단하고 코르퀴라(Corcyra)로 도피하였다. 그는 그 섬의 지도급 인사들이 그가 그곳에 와 있는 것으로 인해 라케다이몬인들과 아테네인들로부터 침략을 당할 것을 두려워하는 것을 간파한 후에, 몰로시아(Molossia)[48]인들의 왕 아드메토스(Admetus)에게 가서 피난처를 구했는데, 그와는 손님 접대[49]라는 우정을 유지하고 있었다. 아드메토스가 집에서 나가 있을 때 그곳에 도착한 그는, 주인이 그를 접대하고 보호해야 할 더 큰 의무를 느끼게 하기 위하여, 거기서 왕의 어린 딸을 붙잡고 그 집의 숭앙(崇仰)의 중심인 사

46 고대 희랍 도시들에서 시행하던 제도로, 어느 시민의 이름이 육천 개 이상의 질그릇 조각에 쓰여 지면, 그는 5년 또는 10년 간 국외 추방을 당했고, 그 밖의 불이익은 당하지 않았다고 함.

47 펠로폰네소스 반도의 남반부 전체를 일음.

48 희랍 북서부 에페이로스(Epirus) 지방의 도도나(Dodona) 시 동쪽에 있는 지방.

49 손님 접대의 특권으로 손님을 적으로부터 보호하기 위해 어떤 신성한 의무를 주인에게 지워 주었던 제도.

당(祠堂) 안으로 급히 들어갔다. 그런 다음 왕이 그에게 오른손을 내밀며 그를 보호해줄 것을 약속하기 전에는 거기서 나오려 하지 않았다. 아드메토스는 그의 약속을 지켰다. 왜냐하면 아테네인들과 라케다이몬인들이 테미스토클레스의 신병 인도(引渡)를 공식적으로 요청해 왔을 때, 아드메토스는 그 탄원자를 양도하지 않았기 때문이다. 하지만 그는 그에게 충고하기를 그가 희랍에 그처럼 가까운 장소에서 안전하게 머물러 있기는 어려울 것이라고 했다. 따라서 왕은 그를 퓌드나(Pydna)[50]로 데려다 주도록 명했고, 충분하다고 간주될 만큼 호위(護衛)를 하게 했다.

거기서 그는 어느 배에 올라탔는데, 선원들에게는 그의 신분 노출을 하지 않았다. 선박이 심한 폭풍우에 의해 그 당시 희랍 군대가 주둔하고 있었던 낙소스(Naxos)[51] 섬으로 밀려갔을 때, 테미스토클레스는, 그가 거기에 상륙한다면, 그의 인생은 끝난 것이라고 확신하였다. 그리하여 불가피하게 그는 자신의 신분을 배의 선장에게 알리고, 후자가 그의 생명을 구해줄 수만 있다면, 그는 그에게 많은 사례를 하겠다고 보태 말했다. 선장은, 그렇게 걸출한 인물에 대한 동정심으로 마음이 가득 차서, 한 낮과 한 밤 동안 그의 선박을 그 섬으로부터 멀리 떨어진 해상에 정박시켰다 그 다음 그는 계속 항해하여 에

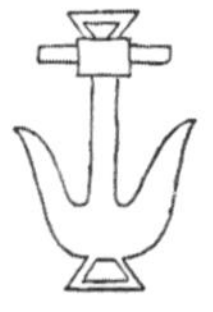

50 마그네시아 반도 위 피에리아(Pieria) 지방에 있는 항구 도시. 신약 성서에 나오는 테살로니카 지방에 속함.

51 아티카 남쪽에 있는 퀴클라데스(Cyclades) 군도의 동쪽 외각 섬.

페소스(Ephesus)[52]로 갔고, 거기서 테미스토클레스를 내려주었고, 그는 후에 그에게 그런 봉사를 해준 것에 대해 보답하였다.

9. 내가 알기로는, 많은 이들이 테미스토클레스가 크세르크세스 통치 기간 중 아시아로 넘어갔다고 써 왔지만, 나는 투키디데스(Thucydides)를 더 믿고 싶다. 그 시절의 역사를 남긴 작가들 중에서 투키디데스는 테미스토클레스와 거의 동시대인이었고, 같은 도시 출신이었기 때문이다. 이제 그의 말을 따르자면, 테미스토클레스가 찾아간 인물은 아르타크세르크세스(Artaxerxes)였으며, 그는 그에게 다음과 같은 말을 써서 보냈다. "귀하에게 다가온 나, 테미스토클레스는, 귀하의 부친에 대항하여 전쟁하여 조국 땅을 지키는 것이 필요했던 그 기간 중, 모든 희랍인들 중 귀하의 가문에 가장 많은 불행들을 안겨주었던 바로 그 사람입니다. 그러나 나는 또한 그에게 훨씬 많은 혜택을 베풀었습니다. 그 후로 나 자신은 안전하게 되었고 그는 위험에 처해 있던 때였습니다. 왜냐하면 그가 살라미스에서 전쟁을 치르고 나서 아시아로 돌아가기를 갈망했을 때, 나는 그에게 편지를 써서 그가 헬레스폰토스 해협 위에 지어 놓았던 다리를 파괴하여 그의 퇴로를 차단하려는 적의 음모를 소상히 알렸기 때문이지요. 바로 그 메시지가 그를 위험에서 구해주었지요. 그런데 나는 이제 어느 사냥감처럼 온 희랍에 의해 쫓기는 신세가 되어, 귀하에게서 피난처를, 귀하의 우정을 구(求)하고 있는 것입니다. 만약 내가 그것을 얻게 된다면, 귀하는, 내가 크세르크세스에게 용감한 십장(什長)이었듯이, 귀하에게 좋은 친구가 될 재목을 내게서 발견하게 될 것입니다. 그러나 내가 귀하와 상의하기를 소원(所願)하는 사항들에 관해서는, 내게 일 년간의 말미를

52 소아시아 이오니아 해안 지방의 중심 도시.

주시고 그 기간이 지나 귀하에게 내가 올 수 있도록 허락하여 주시기를 청하는 바입니다."

10. 왕은, 그의 드높은 기백을 찬탄하고 그러한 남자의 우정을 획득하기를 열망하며, 그의 청탁을 들어주었다. 테미스토클레스는 그 기간 동안의 모든 시간을 페르시아인들의 문학과 언어를 익히는 데에 쏟아 부은 결과, 그는 그 분야에 그처럼 통달하게 되어 왕 앞에서 페르시아 태생의 신하들보다도 더 나은 격식을 갖추고 말했다고 전해진다.[53] 테미스토클레스는 왕에게 많은 약속들을 했는데, 그중에 가장 듣기 좋은 것은, 만약 아르타크세르크세스가 그의 조언을 따르는 것에 동의한다면, 왕의 군대는 희랍을 복속시킬 것이라는 것이었다. 그 다음, 그는 군주로부터 많은 선물들을 받은 후에, 아시아[54]로 돌아와서 주거지를 마그네시아에 잡았다. 실로 왕은 그 도시를 그에게 주면서 그것이 그에게 빵 즉 주식(主食)을 해결해 줄 것이라고 했고 (그 지역의 일년 수입이 오백 탈란트였던바), 또한 거기에다가 그에게 포도

Bread Shop

53 이는 다소 과장된 표현이지만, 역사적 사실의 객관적 기술이라기보다 문학적 서술이라고 간주됨.

54 여기서 '아시아'라 함은, 로마인들이 그렇게 이해했던바, 소아시아의 일부를 뜻함.

주를 공급해 줄 람프사코스(Lampsacus)[55]와 고기를 공급해줄 뮈우스(Myus)[56]를 첨가했다.

이 사람의 두 기념비가 오늘날까지 우리의 기억에 남아 있다. 그가 묻힌 무덤이 도시 근교에 있다. 또 마그네시아에 있는 공공 광장(Forum)에 입상들이 있다. 그의 죽음에 관해서는 수많은 저자들에 의해 여러 다른 설명들이 주어져 있지만, 나는 한 번 더 투키디데스의 증언을 선호한다. 그 역사가는 테미스토클레스가 마그네시아에서 병사를 했다고 적고 있지만, 희랍의 복속에 관해 그가 왕에게 한 약속들을 이행할 수 없는 것에 낙담한 끝에 스스로 독약을 마셨다는 보고가 있었다는 사실을 인정하고 있다. 같은 작가에 의하면, 그가 국가를 배반하여, 법에 의해서는 매장이 허락되지 않았기 때문에, 그의 뼈는 그의 친구들에 의해 비밀리에 아티카에 묻혔다고 전해진다.

55 헬레스폰토스 북동쪽의 주요 도시.

56 카리아(Caria) 지방의 소도시.

III. 아리스티데스

1. 아리스티데스(Aristides)는 뤼시마코스(Lysimachus)의 아들이자 아테네인이었고, 테미스토클레스와 거의 동갑내기였다. 그 결과 국가에서의 일등 지위를 놓고 그와 다투었는데, 왜냐하면 그들은 서로 적수였기 때문이다. 실제로 이 경우에는 웅변이 강직함을 얼마나 많이 이기는지를 잘 보여준다. 그도 그럴 것이 아리스티데스가 사람의 기억이 미치는 한, '공정한'이라는 성으로 불린 유일한 사람으로 남을 정도로 정직한 면에서 너무나 특출했지만 — 적어도 우리가 지금껏 들어온 바로는 — 그의 영향력은 테미스토클레스에 의해 음험하게 훼손되었고 '도편 추방 투표'로 잘 알려진 재판에 의해 십 년 동안 추방되었다. 아리스티데스는 흥분한 민중이 진정될 수 없다는 것을 깨닫고[체념하여] 발길을 돌리는데, 그가 추방되어야 하는 쪽에 투표하려는 남자를 보았을 때, 그에게 왜 그렇게 하려고 하는지 또 아리스티데스가 그런 벌을 받을 만한 어떤 행위를 했는지를 물었다고 한다.[57] 그 남자는 아리스티데스를 잘 모르지만 후자가 '공정한' 사람으로 불리기 위해 다른 사람들과 구별 되고자 그처럼 열심히 일했기 때문에 기분이 상했다고 대답했다. 아리스티데스는 십 년 법정 형벌을 다 채우지 않았다. 왜냐하면 그의 유배생활이 육 년째로 접어들었을 쯤 크세

57 일설에 의하면 그 남자는 글을 쓸 줄 몰라서 아리스티데스가 그 이름을 대신 써 주었다고 함.

르크세스가 희랍을 침공하여, 국민의 칙령에 의해 그의 고향 땅에 복귀하도록 소환되었기 때문이다.

2. 그러나 아리스티데스는 그의 소환 이전에 치러진, 살라미스 해전(海戰)에 참가하였다. 그는 또한 아테네인들의 장군으로서 플라타이아(Plataea)[58] 전투에 참가해서 이방인들의 군대를 도륙했다. 비록 그가 이 통수권[59]에 대한 기억 외에는 그의 군 경력에서 이렇다 할 다른 눈부신 공적은 없지만, 그의 정의감, 공평성 그리고 청렴함의 많은 예들이 있다. 특히, [스파르타] 파우사니아스(Pausanias) 장군과 함께 희랍 연합군의 함대 선상에 있으면서, 마르도니오스(Mardonius)를 격파하였을 때, 해상의 통수권이 라케다이몬에서 아테네로 넘어오게 된 것은 그의 공평성의 덕이었다. 참으로 그때까지만 해도 라케다이몬인들이 지상과 해상에서 지휘를 하였으나, 그 당시 파우사니아스의 오만과 아리스티데스의 공정성이 대비(對比)를 이루어, 거의 모든 희랍의 도시국가들은 아테네인들과 제휴하고 그들을 이방인들에 대항해 싸우는 지도자로 선택하였다.

3. 이방인들을 보다 손쉽게 물리치도록 하기 위해, 선박들을 건조하고 군대를 일으킬 목적으로 도시국가마다 얼마만큼의 돈을 기여해야 하는지를 결정하기 위하여 아리스티데스가 임명되었다. 그의 판단

58 보이오티아(Boeotia)의 지방 도시. 여기서 살라미스 해전의 참패 다음 해인 기원전 479년에, 페르시아 장군 마르도니오스(Mardonius)가 이끄는 페르시아 육군이 다시 패배했음.

59 그는 저 [유명한] 마라톤 전투에서 여러 장군들 중 하나였고, 퀴프로스(Cyprus)와 헬레스폰토스에서도 페르시아 군과 대항해 싸웠음.

으로 매년 델로스(Delos)[60]에 사백육십 탈란트가 예치되었다. 그 장소가 그 연맹의 보고(寶庫)로 선정되었지만, 뒤에 가서[61] 모든 금전이 아테네로 이송되었다. 아리스티데스가 그런 중요한 직무를 수행하도록 위탁되었지만, 그는 그의 임종 당시에, 그의 장례비를 치르기에도 부족할 만치, 거의 돈을 남기지 않았다는 사실보다 그의 청렴함을 더 확실히 드러내는 증명은 없다. 그러한 후에, 그의 딸들은 국가 비용으로 부양되었고, 그녀들이 결혼했을 때는, 공공의 금고에서 지참금을 지급받았다. 아리스티데스는 테미스토클레스가 아테네에서 추방된 지 사 년 쯤 되던 해[기원전 468년]에 사망했다.

60 퀴클라데스 군도의 중심에 있는 섬.

61 그때는 이미 페리클레스(Pericles 495~429 B.C.) 시대에 진입했고, '모든 금전'이라 함은 모든 필요한 지출을 하고 남은 돈을 말함.

IV. 파우사니아스

1. 라케다이몬인인 파우사니아스(Pausanias)는 위대한 인물이었지만, 삶의 모든 관계에서 신뢰할 수 없는 사람이었다. 왜냐하면 그는 뛰어난 덕들을 지닌 만큼 그만큼 결점들이 흘러넘쳤기 때문이다. 그의 가장 유명한 전투는 플라타이아(Plataea) 전투였다. 메디아(Media)[62] 태생으로 태수(太守)이자 왕의 사위였고, 무기를 다루는 데서나 현명한 조언을 하는 데서나 모든 페르시아인들 중에서 일급(一級)인 마르도니오스(Mardonius)[63]가, 그의 지휘 하에, 한 사람 한 사람 손수 선발한 이십만 명의 보병들과 이만 명의 기병들을 거느리고도, 희랍인들의 작은 병력에 의해 참패를 당했던 것이다. 그리고 그 전투에서 지도자 자신은 전사했던 것이다. 파우사니아스는 이 승리로 인해 기고만장하여 수없는 음모들을 꾸미고 야심만만한 행보들을 고안하기 시작했

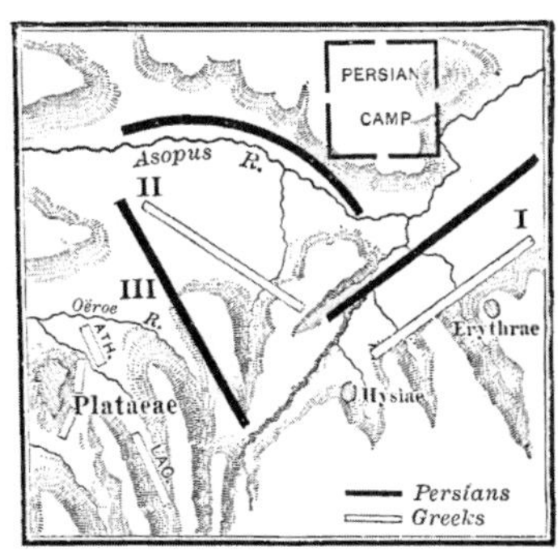

PLAN OF THE BATTLE OF PLATAEA

62 현 이란의 북서부 지방.

63 실제로 그는 크세르크세스의 아버지인 다레이오스(Darius)의 사위였고, 페르시아인이었다고 함.

다. 그러나 무엇보다도 먼저 그가 전리품들 중에서 한 금제(金製) 삼각대를 델피 신전에 헌정하려 함으로써 빈축을 샀는데, 거기에는 그의 지휘 아래 이방인들이 플라타이아에서 궤멸되었고 그 승리로 인해 그가 이 선물을 아폴론(Apollo)에게 바쳤다는 경구(警句)가 운율로 새겨져 있었다. 라케다이몬인들은 이 시구(詩句)들을 지워버리고 그 대신 페르시아인들을 격퇴하는 데에 도움을 준 도시들의 이름만 적어 넣었다.[64]

2. 이 전쟁 후에 파우사니아스는 이방인 수비대들을 그 지역들에서 축출하도록, 희랍 연합군의 함대를 이끌고 퀴프로스(Cyprus)와 헬레스폰토스로 파견되었다. 이 원정길에서 똑같은 행운을 맞이했기에 그는 한층 더 거만하게 행동하며 또 한층 더 높은 야망들을 품기 시작했다. 실제로 뷔잔티움(Byzantium)[65]을 점령했을 때, 왕의 친척 몇 명을 포함한 여러 명의 페르시아 귀족들을 포로로 잡았는데, 그들이 국가 감옥으로부터 탈출한 것처럼 꾸며서, 그들을 은밀히 크세르크세스(Xerxes)에게 돌려보냈다. 그리고 그들과 더불어 에레트리아(Eretria)[66]의 곤귈로스(Gongylus)를 특사로 보내어 왕에게 서신을 전달하게 했는데, 투키디데스에 의하면, 다음과 같은 메시지를 담고 있었다고 한다. "스파르타의 장군 파우사니아스

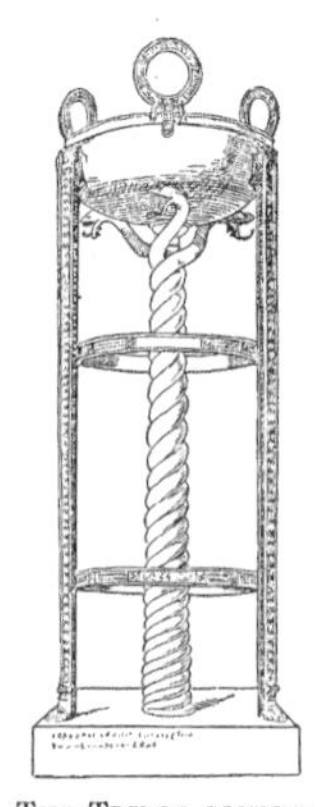
THE TRIPOD COMMEMORATING PLATAEA

64 삼각대를 부축하였던 청동으로 된 뱀들이 현재 콘스탄티노플(이스탄불)에 보관되어 있는데, 그것들의 몸통에 도시들의 이름들이 새겨져 있다고 함.

65 콘스탄티노플 또는 이스탄불의 옛 이름.

66 에비아 서부 해안에 있는 주요 항구 도시. 아티카와 보이오티아로 연결됨.

는 뷔잔티움에서 잡은 몇몇 포로들이 귀하의 친척들임을 알게 되자마자, 그들을 귀하에게 선물로 보내며, 귀하의 가문과 친인척관계를 맺기를 갈망합니다. 그리하여 귀하가 기꺼워하신다면, 그에게 귀하의 여식(女息)을 아내로 주십시오. 만약 귀하가 그렇게 하신다면, 그는 귀하의 도움을 받아 스파르타와 모든 희랍이 귀하의 지배를 받도록 만들 것을 보장합니다. 만약 귀하가 이 제안을 고려하길 갈망하신다면, 그가 협의할 수 있는 어느 믿을만한 사람을 그에게 보내 주십시오."

그 왕은, 그렇게 가까운 많은 친척을 구(求)하게 된 것에 크게 기뻐하며, 파우사니아스에게 편지를 동봉하여 아르타바주스(Artabazus)를 보냈고, 편지에서 그는 그에게 감사했고, 그가 약속한 바를 성취하기 위하여 어떤 노력도 아끼지 말 것을 간청했다. 또한, 만약 그가 그것을 실행한다면, 왕은 그에게 어떤 것도 거절하지 않을 것이라고 하였다. 파우사니아스가 이제 그 군주의 의도들을 알게 되었을 때, 그는 더욱더 힘을 내어 그의 계획들을 완성하는 데에 전념하게 되었고, 그렇게 되자 라케다이몬인들의 의아심을 불러일으켰다. 결과적으로, 그는 본토로 소환되었고, 사활이 걸린 재판에서 목숨은 건졌지만, 벌금을 물어내도록 처분되었고, 그런 이유에서 그는 함대로 다시 보내지지 않았다.

3. 그러나 얼마 안 되어 파우사니아스는 자신의 뜻에 따라 군대에 복귀했고, 거기서 노련하지 못하고 다소 정신이 나간 방식으로 그의 기획들을 드러냈다. 그도 그럴 것이 그는 자기 나라의 관습뿐만이 아니라, 사는 모양새와 복장마저도 내던져버렸다. 그는 왕 같은 치장에 메디아 풍의(Media) 의상을 차려 입었고, 메디아인[67]과 이집트인 종자

---

67 카스피 해의 남쪽에 있었던 옛 왕국. 페르시아인이라고도 간주되었음.

(從者)들이 그를 따라다녔다. 그는 페르시아 식으로 식사를 했고, 화려함은 그의 동료들이 감내할 수 있는 정도 이상이었다. 그는 그를 만나기를 소망하는 사람들을 접견하기를 거부하며 도도한 답변들을 보냈고, 그의 권위를 무자비하게 행사했다. 그는 스파르타에 되돌아가기를 거부했고, 대신 트로아스(Troas)[68] 지방에 있는 콜로나이(Colonae)라는 고장으로 갔다. 거기서 그는 조국에 대해서뿐만 아니라 그 자신에게도 파멸적인 계획들을 마음에 품고 키웠다.

라케다이몬인들이 그의 행동거지에 관해 알게 되자마자, 그들은 권표(權標) 막대기[69]를 지닌 공사(公使)들을 그에게 보냈는데, 그들의 통신 방식에 따라 적혀진 내용이 막대기에 있었는데, 내용은 그가 귀국하지 않으면 그에게 사형언도가 내려질 것이라는 것이었다. 이 메시지에 의해 마음이 흔들리지만, 그의 돈과 위신을 통해 닥쳐오는 위험을 피할 수 있으리라 희망하면서, 그는 스파르타로 돌아갔다. 그가 도착하자마자 투옥되었다. 왜 그런가 하면, 스파르타 법에 따르면,[70] 어떤 민선 장관(ephorus)도 왕에게 그렇게 할 수 있기 때문이다. 그러나 그는 그 자신의 석방을 이끌어 내는 데에 성공했다. 하지만 그는 의심의 눈초리를 없애지 못했는데, 그도 그럴 것이, 그가 페르시아 왕과 밀약을 했다는 견해가 수그러들지 않았기 때문이다.

---

68 헬레스폰토스 해협 입구의 남단 지방. 호메로스 서사시 《일리아스》로 유명한 곳.

69 본토를 떠나 있는 왕이나 장군이 본국의 '민선 장관들(ephori)'과의 사이에서 사용되던 원추형의 비밀 통신 기구였다고 함.

70 스파르타의 행정체제는 로마의 원로원과 비교가 되는 '원로 집회(γερουςία)'가 있었는데, 그것은 28명의 원로들과 두 왕들로 구성되어 있었고, 또 그 위에 행정을 감독하는 다섯 명의 '민선 장관들(ephori)'이 있었음.

'헬로테스(Helotes)'[71]라 불리는 계급의 사람들이 있었는데, 그 수가 매우 많았다. 그들은 라케다이몬의 밭들을 갈고 노예가 하는 일들을 하였다. 사람들은 파우사니아스가 자유를 약속하며 이들마저 유혹하고 있다고 믿었다. 그러나 이러한 상황에도 불구하고 그에게 제기될 수 있는 어떤 직접적 죄과가 없었으므로, 라케다이몬인들이 생각하기를 그러한 지위와 각별한 자격을 갖춘 사람은 단순한 의심들만으로 법정에 세워서는 안 되고 진실이 명백히 드러날 때까지 기다려야 한다는 것이었다.

4. 그러는 동안 소년이었을 때, 파우사니아스로부터 사랑을 받은 적이 있던 아르길리우스(Argilius)[72] 출신의 한 청년이, 그로부터 아르타바주스에게 보내는 편지를 받고 나서, 그 안에 자신에 관한 언급이 있을 것을 눈치 챘다. 그도 그럴 것이, 유사한 용무로 그곳으로 보내졌던 심부름꾼들 중 어느 누구도 돌아오지 않았기 때문이다.[73] 그런 고로, 그가 편지를 맨 끈을 풀고, 봉랍을 깨고 나서 편지 안에서 읽은 것은, 편지를 전달하고 나면, 그는 죽음에 처해져야 한다는 것이었다. 편지는 또한 파우사니아스와 그 왕 사이의 밀약에 관한 사항들도 담고 있었다. 젊은이는 이 편지를 민선 장관들

SUPPLIANT AT THE ALTAR

71 국가에 종속되어 있는 노예들.

72 마케도니아의 스트뤼몬(Strymon) 강 오른쪽에 있던 도시.

73 그들은 모두 '음모의 비밀을 지키기 위해' 살해당한 것으로 이해됨.

(ephoris)에게 건네주었다.

우리는 이 경우에 라케다이몬인들이 취한 신중성에 주목할 기회를 놓쳐서는 안 된다. 이 남자의 증거조차도 그들로 하여금 파우사니아스를 체포하도록 만들지 못했고, 그들은, 그가 실제로 자신의 정체를 숨김없이 드러낼 때까지, 그에게 어떤 폭력도 가해져서는 안 된다고 생각하였다. 그러했기 때문에 그들은 이 고발인에게 그가 무엇을 해야 할지를 알려주었다. 타이나룸(Taenarum)[74]에는 넵투누스(Neptunus)의 신전이 있는데, 신성을 더럽히는 것은 희랍인들에게 불경하다고 여겨졌다. 이곳으로 그 밀고자가 도망가서 그 제단 위에 앉았다. 그것과 가까운 지하에 그들은 한 작은 방을 만들었는데, 거기서 그 아르길루스인과 얘기하는 누군가의 말소리도 들렸는데, 바로 거기에 몇 명의 민선 장관들이 은신하였다. 파우사니아스는 아르길루스인이 제단에 피신하고 있다는 것을 듣고서는 엄청난 불안감에 휩싸여 그리로 갔고, 제단에 앉아 신을 향해 탄원하고 있는 그 친구를 보았을 때, 그는 그에게 그런 급작스러운 결단을 하게 된 이유를 물었다. 젊은 친구는 그에게 그가 편지를 보고 안 것을 말해 주었다. 파우사니아스는 더욱더 당황하며 젊은이에게 늘 좋은 대접을 해 주었던 자신을 배반하지 말 것을 간청하기 시작했다. 그리고 보태 말하기를, 그가 그의 청을 들어주고 그가 처해 있는 그 엄청난 곤경에서 벗어나도록 도와준다면, 그에게 톡톡히 보상할 것이라고 했다.

---

74 펠로폰네소스 반도의 라코니아 지방에 있는 소도시로 바다의 신 넵투누스(Neptunus, 희랍 신 포세이돈에 해당됨)의 신전과 지하세계로 내려가는 동굴이 있었다고 함.

5. 이 증거를 확보하자, 민선 장관들은 그를 수도(首都)[75]에서 체포하는 것이 더 낫다고 생각했다. 그들이 그 장소를 떠났고, 파우사니아스 또한 아르길루스인을 자기편으로 만들었다고 생각하며, 라케다이몬으로 가는 도상(途上)이었다. 여행 도중에 막 체포되려는 시점(時點)에서, 민선 장관들 중 그에게 경고를 주기를 원했던 한 사람의 얼굴 표정에서, 그들이 그를 해칠 마음을 품고 있다는 것을 감지하였다. 그래서 그는 추격자들보다 오직 몇 발자국 앞서 '청동(靑銅)집' 별칭이 있는 미네르바(Minerva)[76]의 신전으로 피신했다. 그가 그 장소에서 빠져나가지 못하도록 민선 장관들은 곧 신전의 문들을 봉쇄하였고 또 지붕을 파괴하였는데,[77] 그가 천기(天氣) 변화에 노출되어 더 일찍 죽도록 하려는 것이었다. 전해지는 말에 따르면, 그 당시 파우사니아스의 어머니가 살고 있었는데, 그녀 아들의 유죄에 대해 알고 나서, 고령에도 불구하고 그녀의 친자식을 그 벽 안에 감금하기 위하여 신전의 입구에 돌을 가져다 놓은 첫 번째 사람들 중의 하나였다고 한다.[78] 그가 그 경내로부터 끌어 내어졌을 때, 그는 반쯤 죽어 있었고, 이내 마지막 숨을 거두었다. 이렇게 해서 파우사니아스는 치욕스러운 종말을 맞이함으로써 그의 영광스러운 경력에 먹칠을 하였다. 그의 사망 후 어떤

---

75 원문에 'in urbe 도시에서'는 라코니아(Laconia) 지방의 수도 스파르타를 가리킴. 그 신전에서 불경한 행위를 피하고자 하였던 것임.

76 희랍의 아테네(Athene)에 상응하는 지혜의 여신

77 투키디데스(Thucydides)에 따르면, 그것은 신전이 아니라 그 신성한 경내에 있는 한 건물이었다고 함.

78 요 근래 우리나라에서도 늙은 모친이 한 흉악한 살인자인 아들을 엄벌할 것을 호소했다고 함(2019년 4월 22일자 중앙일보). "조금도 봐주지 말고 벌해 주세요. 절대 봐주지 말아야 합니다. 간곡하게 부탁드립니다."

이들은 그의 몸이 범죄자들을 묻기 위해 마련된 장소[79]로 가져가야 한다고 말했다. 그러나 대부분의 사람들은 이 의견에 반대하였고, 그는 그가 죽었던 장소에서 조금 떨어진 자리에 매장되었다. 훗날에 델피 아폴론 신전의 신탁의 지시에 따라 그의 몸은 다시 파내어졌고, 그가 그의 목숨을 끝낸 바로 그 자리에 다시 매장되었다.

---

79 스파르타 근처에 있던, 카이아다스(καιάδας)라고 불리던 동굴 같은 매장지로 국사범들이나 그들의 시체들을 던졌다고 함.

V. 키몬

1. 밀티아데스의 아들이자 아테네인 키몬(Cimon)은 젊은 시절에 엄청난 곤란을 겪었다. 왜냐하면 부친은 국민에 의해 부과된 범칙금을 지불할 수 없었고, 그 때문에 국가 감옥에서 사망하였을 때, 키몬 또한 구류되었기 때문이다. 키몬이 아버지가 진 빚을 다 갚기 전에, 아테네법은 그의 석방을 허가하지 않았던 것이다. 그런데 그는 그의 친여동생 엘피니케(Elpinice)와 결혼한 상태였는데, 그것은 그의 애정 못지않게(amore) 관습에(more) 따른 면이 컸다.[80] 아테네인들이 같은 아버지로부터 태어난 누이들과 결혼하는 것은 합법적이었기 때문이다. 출생은 키몬보다 못하였으나 광산에서 돈을 많이 번, 칼리아스(Callias)란 어떤 사람이 그의 아내와 결혼하기를 원하였는데, 엘피니케를 자신의 아내로 줄 것을 키몬에게 간청하면서, 그렇게만 해 주면, 그를 대신해서 범칙금을 기꺼이 갚아줄 것이라 하였다. 키몬은 그런 제안을 경멸하였지만, 엘피니케는 방지할 힘만 있다면, 밀티아데스의 아들이 국가 감옥에서 죽도록 내버려 두지는 않을 것이라고, 그리고 만약 칼리아스가 약속을 지킨다면 그녀는 그와 결혼하겠다고 선언하였다.

2. 키몬은 이렇게 자유를 획득하고 난 후, 국가에서 서열 제 일위로 급성장하였다. 왜냐하면 그는 상당한 수준의 웅변술과 지극히 관

80 네포스는 이 문장에서 사랑(amor – amore)과 관습(mos – more)의 비중을 언어유희로 표현하고 있음.

대한 성격을, 또 소년 시절부터 아버지를 따라 전쟁터에 나갔었기 때문에 민법과 용병술에 관해 폭넓은 지식을 갖췄기 때문이다. 그러므로 그는 도시 민중들을 통제할 줄 알았고, 군대에 대해서도 상당한 영향력을 행사하였다.

그가 처음 군사령관일 때, 스트뤼몬(Strymon) 강에서 트라키아(Thracia)인들의 대부대를 소탕하고, 암피폴리스(Amphipolis) 읍을 건설하고, 그곳에 식민지를 건설하기 위하여 일만 명의 아테네인들을 보냈다. 두 번째 원정(遠征)에서, 그는 뮈칼레(Mycale) 근처에서 퀴프로스(Cypros)와 페니키아(Phoenica)[81]의 이백 척의 함대를 완전히 격파하였다. 같은 날, 육지에서도 비견될 만한 행운이 그를 따랐다. 왜냐하면 적의 선박들을 포획하고 나서, 곧바로 보병들을 육지에 상륙시켜, 단숨에 이방인들의 대부대를 궤멸시켰기 때문이다. 전승(戰勝)으로 막대한 전리품을 획득하고 나서 고국으로 돌아오는 길에, 벌써 몇몇 섬들이 아테네 통치의 가혹함으로 인해 반기(叛旗)를 들었다는 사실을 알게 되었다. 그 때문에 그는 좋은 의향을 표명했던 이들의 충성심은 확실히 해두고, 불만을 품었던 자들은 강제로 그들의 충성의 서약을 갱신하도록 하였다. 그 당시 돌로피아인들(Dolopes)[82]이 거주하고 있던 스퀴로스(Scyros)[83] 섬을 그들의 오만함 때문에 텅 비우게 했다. 이제 거기에 먼저 거주하던 그들을 도시와 섬에서 몰아내고 그들의 토지들은 [아테네] 시민들에게 나누어 주었다. 부(富)로 인해 의기양양한 타소

---

81 지금의 시리아 연안에 있던 옛 도시 국가.

82 테살리아에서 서쪽으로 좀 떨어진 아켈로오스(Achelous) 강 유역에 살던 부족.

83 에비아 섬 동쪽에 있는 섬.

스(Thasos)[84]인들의 권세를, 그가 도착함으로써[85] 꺾어 버렸다. 이 전리품들로부터 아테네의 아크로폴리스(Acropolis)[86]의 남쪽 편을 요새화하였다.

3. 이러한 공훈들을 통해 그의 도시의 가장 걸출한 인물이 되고 난 후, 그는 아버지와 아테네의 여러 다른 지도자들이 겪었던 바와 같은 불신을 초래하였다. 그리고 그는 '오스트라키스모스(ostrakismos)'라고 부르는 도편 추방 투표에 의해 십 년의 기간 동안 추방되었다. 그러나 아테네인들은 그보다 더 일찍 그들의 행위를 후회하였다. 왜냐하면 그가 감사할 줄 모르는 동료 시민들의 질투를 강직한 마음으로 인정하였고, 라케다이몬인들은 아테네인들에게 전쟁을 선포하였을 때, 즉시 키몬의 잘 알려진 용맹이 필요한 때임을 절감하였기 때문이다. 그리하여 키몬은 추방당한 지 단지 오 년 만에 본국으로 소환되었다. 그때, 그는 라케다이몬인들과 '손님 접대'의 우호관계를 유지하고 있었고 또 라케다이몬으로 당장 가는 것이 낫다고 생각하여, 그는 자발적 의지로 출발하여, 강력한 두 국가 간의 평화를 이끌어냈다.[87] 얼마 되지 않아, 그는 총사령관으로 임명되어 이백 척의 함대를 이끌고 퀴프로스로 가서, 섬의 절반 이상을 점령한 후에, 병이 들어 키티움(Citium) 읍에서 별세하였다.

---

84 트라키아 남쪽의 비교적 큰 섬.

85 실제는 기원전 467~465 이 년간 저항했다고 전해짐.

86 아테네 여신의 신전이 있는 성채.

87 실제로 키몬은 기원전 457년에 소환되었고, 그 평화 협정은 451년 전에는 이루어지지 않은 것으로 알려져 있음. 네포스의 서술 기법은 역사적 세부 사항들보다 그 내용에 더 무게를 두고 있다고 사료됨.

4. 오랫동안 아테네인들은 키몬을 전쟁을 할 때뿐만 아니라, 평화의 시절에도 아쉬워하였다. 그도 그럴 것이 그는 여러 곳에 농장과 정원들을 소유하였지만 매우 관대해서 과일들을 보호할 보초들을 세워 놓지 않아서, 그의 소유물의 어떤 부분이라도, 그 누구라도 그가 원하는 만큼 즐길 수 있도록 하게 하였다. 이것은 그가 바랐던 바였다. 언제나 시동(侍童)들이 돈을 들고 그를 따라다녔는데, 어느 누가 당장 도움이 필요할 때, 그가 우물쭈물하면 거절하는 것같이 보일까봐, 그가 당장 무엇을 줄 수 있게 하기 위함이었다. 종종 그가 운명의 냉대를 받고 남루하게 옷을 입고 있는 사람과 맞부딪힐 때마다, 그에게 그의 외투를 벗어 주었다. 그는 매일 푸짐한 저녁상을 준비시켜 놓았는데, 광장에서 다른 이들로부터 초청을 받지 못한 사람들을 그가 접대할 수 있도록 하기 위함이었다. 그리고 그는 이 일을 매일매일 거르지 않고 하였다. 그의 보호를 요청하거나, 그의 알선을 부탁하거나, 또는 그의 재정적 도움을 요청한 그 누구도 빈손으로 돌아가는 법이 없었다. 그는 많은 사람들을 부자로 만들었다. 또 장례를 치르지 못할 정도로 가난하게 죽은 많은 사람들을 사비(私費)를 들여 묻어 주었다. 그의 품행이 그러했기에, 그의 삶에는 근심이 없었고 그의 죽음은 뼈에 사무치게 애도되었다는 것은 놀라운 일이 아니다.

VI. 뤼산드로스

1. 라케다이몬인(人) 뤼산드로스(Lysander)는 용기보다 행운 때문에, 대단한 명성을 남겼다. 펠로폰네소스인들에 대항하여 아테네인들이 이십육 년간 전쟁을 벌려 왔던 것에 그가 종지부를 찍었다는 점에는[88] 의심할 여지가 없다. 그가 어떤 계획으로 그것을 이루었는지는 잘 드러나지 않았다. 사실상 그것은 그의 군대의 용맹이 아니라, 그의 대항자들의 무규율 탓이었다. 그들은 장군들의 명령을 듣지 않고 선박들을 떠나 들판을 헤매고 다니다가 적의 군세(軍勢) 앞에서 무너져 내렸던 것이다. 그 결과, 아테네인들은 라케다이몬(스파르타)인들 앞에서 무릎을 꿇었다.

뤼산드로스는 이 승리로 인해 기고만장하게 되었던바, 그는 이전에도 언제나 선동적이고 무모하였는데, 이제 그의 행동은 도를 넘어서게 되어, 라케다이몬인들은 모든 희랍의 증오의 대상이 되었다. 그도 그럴 것이, 아무리 그들이 전쟁 이유가 아테네의 학정(虐政)을 종식시키기 위한 것이었다고 주장해 왔어도, 뤼산드로스가 아이고스포타오이(Aegospotamoi)[89] 강에서 적의 함대를 나포하자마자, 마치 그는 라

---

88 26년간에 걸쳐 희랍의 패권을 다투었던 펠로폰네소스 전쟁은 기원전 404년에 아이고스포타오이(Aegospotamoi)에서 스파르타의 승리로 막을 내림.

89 트라키아의 케르소네소스(Chersonnesos, 지금의 Gallipoli 반도)의 해안가 도시 세스토스(Sestos)에서 동북쪽에 위치한 도시와 그곳을 흐르는 강의 이름으로

케다이몬인들의 이권(利權)을 지키려는 듯이 가장하였음에도, 모든 희랍 국가들을 그의 지배하에 두는 것이 그의 유일한 목표였다. 그것을 달성하기 위하여, 아테네인들을 선호한 자들을 모든 곳에서 밀어내고 난 뒤, 그는 각 도시에서 열 명씩 뽑아 그들에게 최고의 권력과 모든 사무를 관장하는 권한을 위임하였다. 그와 우호관계를 맺거나 또는 그에게 충성을 맹세한 사람들을 제외하고 이 숫자에 포함된 사람은 단 한 사람도 없었다.

2. 이렇게 십인(十人) 위원회의 통치가 모든 도시에서 결성되고 나자, 모든 것은 뤼산드로스의 뜻에 따라 이행되었다. 그의 가혹함과 배신에 대해서는 단 하나의 예만 들어도 족할 것이다. 그렇게 함으로써 유사한 여러 사건들을 열거하며 나의 독자들을 지루하게 할 필요는 없을 것이다. 그가 아시아에서 승리를 거둔 후 돌아올 때, 귀로(歸路)에서 조금 벗어나 타소스(Thasos)로 방향을 틀었는데, 마치 가장 결연한 적들이 가장 탄탄한 친구들이 된다는 말처럼, 그 도시는 아테네인들에게 각별한 충성을 보여주었기 때문에, 그는 그 도시를 완전히 파멸시키기를 갈망했다. 그러나 그가 그의 복안(腹案)을 은폐하지 않는 한, 타소스인들은 흩어져 달아날 것이고, 그런 다음 그들의 이익을 위해 조치를 취할 것이란 것을 깨달았다. 따라서……[90]

'염소의 강'이란 뜻임.

90 뤼산드로스가 어떤 속임수를 추구했는지는, 그 부분이 현존 원고에는 생략되어 있기 때문에, 그것은 알 길이 없어 그 다음 단락과의 논리적 맥락이 애매하게 되어 있음. 다른 원전들에 따르면, 뤼산드로스의 진입에 겁을 먹은 타소스의 중요 인사들이 헤라클레스 신전에 피신해 있었는데, 전자는 그들에게 과거를 문제 삼지 않겠다는 진정한 서원(誓願)을 하여 그 지도자들이 그 말을 믿고 나오자 그들을 도살하였다고 함(Polynaeos, 용병술 Strategika, i 45 참조).

3. 라케다이몬인들은 그가 세워 놓았던 십인 위원(委員) 통치를 폐지하였다. 일이 그렇게 되자, 그는 화가 치밀어 라케다이몬에 있는 왕들을 폐지하고사 결심하였다. 하지만 그는 신들의 도움 없이는 그것의 성공이 불가능하다는 것을 잘 알고 있었다. 왜냐하면 모든 국사(國事)는 신탁(神託)에 상의하는 것이 라케다이몬인들의 관습이었기 때문이다. 먼저, 그는 델피 신전을 뇌물로 매수하려고 시도하였다. 그것이 실패하자, 그는 도도나(Dodona)[91]에서 같은 시도를 하였다. 거기서도 퇴짜를 맞자, 그는 유피테르의 하몬(Iovis Hammon)에게 제물을 바치기로 한 서약들을 이행해야 한다고 주장하였다. 그도 그럴 것이, 그는 아프리카인들을 매수하는 것이 더 성공할 가능성이 높다고 내다보았기 때문이다. 그런 희망을 품고 그가 아프리카로 건너갔으나, 그곳의 유피테르 사제(司祭)들은 그를 크게 실망시켰다. 왜냐하면 그들은 정작 유혹에 빠지기는커녕, 뤼산드로스가 신전의 사제들을 뇌물로 매수하려고 시도했다고 비난하며, 심지어 공사들을 라케다이몬으로 보냈기 때문이다. 그러한 고발에 대해 심의(審議)를 받은 결과, 그는 배심원들의 투표에 의해 방면(放免)되었다. 하지만 그가 오르코메노스(Orchomenos)인들을 돕도록 파견된 후에, 할리아르토스(Haliartus)[92] 근처에서 테베인들에 의해 죽임을 당했다.

그에 대한 고소가 얼마나 충분한 근거가 있었는지는 그의 사후(死後)에 그의 집에서 발견된 한 연설문에 잘 드러났다. 문서에서 그는 라케다이몬인들에게 왕들의 통치를 폐지하고 전체 시민들 중에서

91 에페이로스(Epirus) 지방의 동부 지역에 있는 도시로 그곳의 신탁은 희랍에서 가장 오래 되었다고 알려져 있음.

92 두 도시 모두 아티카 북서부 보이오티아에 있음.

한 군사(軍事) 지도자를 선발할 것을 충고하였다. 그러나 연설문은 아주 묘하게 표현되어 있어 내용은 신들의 조언(助言)과 일치하는 듯하였다. 그러니까 그는 돈에 의지하여, 그런 조언을 얻는 것은 문제없다고 생각하고 있었던 것이다. 그 연설문은 그를 위해 할리카르나소스(Halicarnasus)[93] 출신의 클레온(Cleon)이 작성하였다고 전해진다.

4. 이와 같은 맥락에서 내가 필히 언급해야 할 것은 [페르시아] 왕의 지방 총독인 파르나바조스(Pharnabazus)에 의해 어떤 일이 행해졌는가 하는 것이다.[94] 뤼산드로스가 함대의 사령관이었을 때 전쟁에서 많은 일들을 가혹하게, 탐욕스럽게 저지르고 난 후, 그런 소식이 국민들의 귀에 들어갈 것을 감지하고, 파르나바조스에게 민선 장관들에게 제출할 증명서를 하나 써달라고 부탁했다. 그 내용인즉 그의 행동에 대한 자상한 설명과 더불어 전쟁을 수행하고 연합군들을 대우하는 데 그가 얼마나 양심적이었는지를 증언해 달라는 것이었다. 왜냐하면 태수의 인망은 그 문제에 상당한 영향력을 행사할 것이기 때문이다. 페르시아인은 기꺼이 그렇게 해주겠다고 약속했고, 뤼산드로스를 지극히 찬양하는 많은 어휘가 담긴, 한 묵직한 두루마리 서신을 작성했다. 스파르타 장군은 그것이 봉인되는 과정에서, 그것은 똑같은 크기의 이미 봉인된 다른 서신에 의해 대체되었는데, 그 둘은 하도 비슷해서 서로 분간될 수가 없었다. 그것을 읽고 시인했는데, 이 두 번째 서신은 뤼산드로스의 탐욕과 배신행위에 관해 아주 상세한 설명을 담고 있었다. 뤼산드로스가 아시아에서 본국으로 돌아와 지존(至尊)한 행정장

93 소아시아의 가장 남쪽인 카리아(Caria) 지방에서 가장 아름다운 도시로 역사가 헤로도토스(Herodotus)의 고향임.

94 이 일은 아이고스포타모이 전투 후에 일어났다고 함.

관들 앞에서 구두로 그의 공적을 늘어놓았을 때, 그는 방증(傍證)으로 파르나바조스가 그에게 준 서신을 제출하였다. 그 민선 장관들이 그를 내보내고 나서 그 태수의 격의 없이 쓴 서신을 읽었을 때, 그들은 그것을 그에게 다시 주며, 잘 읽어 보라고 하였다. 이렇게 해서 그 남자는, 그 자신도 눈치 채지 못하는 사이, 바로 자기 자신의 고발인이 되어 버린 것이었다.

VII. 알키비아데스

ALCIBIADES

1. 클리니아스(Clinias)의 아들 알키비아데스(Alcibiades)는 아테네 출신이었다. 그에게서 자연은[95] 그녀의 능력 범위 내에서 가능한 모든 것을 성취하고자 노력한 것 같다. 왜냐하면 그의 전기를 쓴 모든 이들이 동의하는 것은 결점이나 미덕에 있어 그를 능가한 사람은 지금껏 아무도 없었기 때문이다. 그는 가장 화려한 도시에서 또 가장 고귀한 가문에서 태어나, 타의 추종을 불허하는 가장 아름다운 청년이었다. 그는 모든 군사 작전에 능했고 풍부한 전략을 갖추고 있었다. 왜냐하면 그는 육상과 해상 양쪽에서 탁월한 지휘관이었기 때문이다. 웅변에 있어서도 그는 첫째가는 연사들에 포함되었는데, 그의 연설이 능란하고 탄복할 만해서 이무도 그에게 저항하지 않았기 때문이다. 그는 부유했고, 상황이 요구하면, 매우 정력적이었고 인내하였다. 그는 공적인 생활에서뿐만 아니라 사적인 생활에서도 너그럽고 통이 컸다. 그는 호감을 불러일으켰고, 정중하였으며, 주어진 상황에 아주 민첩하게 대응할 줄 알았다. 그럼에도 불구하고 바로 그 똑같은 사람이 이완(弛緩)되자마자, 또 정신을 분발시키는 것이 주변에서 없어지자마자, 무절제와 무관심, 방탕함, 절

95 본문에서 'natura 자연'은 여성명사로 의인화되어 있음.

제의 결여와 같은 것이 그처럼 두드러지게 노출되어서, 모든 사람들은 한 사람 안에 그처럼 다양하고 이율배반적인 성격이 깃들어 있을 수 있다는 것에 적지 아니 놀랐다.

2. 그는 페리클레스(Pericles) 가정에서 양육되었다고 하며, (그는 그의 의붓아들이었다고 전해진다.[96]) 그의 선생은 소크라테스(Socrates)였다. 그의 장인은 희랍어를 하는 모든 나라를 통틀어 가장 부유한 사람인 히포니코스(Hipponicus)였다. 사실상, 그 자신이 스스로 상상했다 해도, 자연이나 행운이 부여했던 것보다 더 많은 재산을 상상할 수 없었고 더 탁월한 점들을 획득하지 못했을 것이다. 이른 청소년 시기에 희랍의 방식으로, 플라톤이 《향연》에서 언급하고 있는 소크라테스를 위시하여, 많은 이들에게서 사랑을 받았다. 왜냐하면 플라톤은 그 장면을 [이렇게] 제시하는데, 그가 밤을 소크라테스와 함께 보내고, 아들이 아버지의 침상을 떠나듯, 그[소크라테스]의 침상을 떠났다고 말하기 때문이다. 그는 원기가 더 왕성해진 후로, 허락되는 한 쾌락적으로 흥겹게 많은 염사(艶事)들을 경험했다. 내게 더 중요하고 대단한 화제가 없다면, 그런 것들도 얘기 볼 텐데.

3. 펠로폰네소스 전쟁에서 아테네인들이 쉬라쿠사(Syracusa)인들에게 선전포고를 한 것은 그의 영향력과 충고에 의한 것이었다. 그리고 전쟁을 수행하기 위하여, 그 자신이 두 동료인 니키아스(Nicias)와 라마코스(Lamachus)와 더불어 장군으로 임명되었다. 원정 준비가 한창일 즈음, 함대가 출항하기 전, 어느 날 밤에, 아테네 성곽 안에 있는 메르쿠리우스(Mercurius)[97]의 모든 신상(神像)들이, 안도키데스

96 관계는 그렇게 가깝지 않았던 것으로 여겨짐.

97 네포스는 모든 희랍 명들을 라틴화해서 표기하는바, 여기서 메르쿠리우스는

(Andocides) 집 앞의 것을 빼놓고, 쓰러져버린 일이 발생하였다. 그 이후로 그것은 안도키데스의 메르쿠리우스라고 불리었다. 그런 난폭한 불법행위는, 어떤 개인들을 지목하기보다는 국가를 겨냥하기 때문에, 수많은 동조자들의 동의 없이는 이루어질 수 없는 듯이 보여, 사람들의 자유를 박탈하기 위해 고안된 어떤 급작스러운 폭력이 국가에 생길까 봐, 엄청난 우려가 사람들을 휩쓸었다.

이러한 의혹들은 특히 알키비아데스를 겨냥한 듯이 보였는데, 왜냐하면 그는 사인(私人)에 만족하기에는 너무나 강력하고 또 너무나 위대하다고 평가되었고, 그는 관대함으로 많은 사람들을 얽매어 놓았고 또 법정 도움을 줌으로써, 더 많은 사람들을 얽매어 놓았기 때문이다. 그 결과로, 그가 공중석상에 모습을 드러낼 때마다, 모든 시선을 그 자신에게 집중시켰고, 시민들 중 그와 필적할 수 있다고 간주되는 사람은 한 사람도 없었다. 그리하여 그는 그들의 마음에 지대한 희망뿐만 아니라 두려움 또한 안겨 주었다. 왜냐하면 그는 상당한 선(善) 못지않게 해를 끼칠 수 있는 인물이었기 때문이다. 그는 또한 불명예로 더럽혀졌다. 그 이유로는 그가 자신의 집에서 신비(神秘) 의식[98]을 거행했는데, 그것은 아테네인들의 전통에서 볼 때 불경(不敬)하였기 때문이고, 또 그것은 종교가 아니라 반란을 위해서 그렇게 하는 것이라고 생각되었기 때

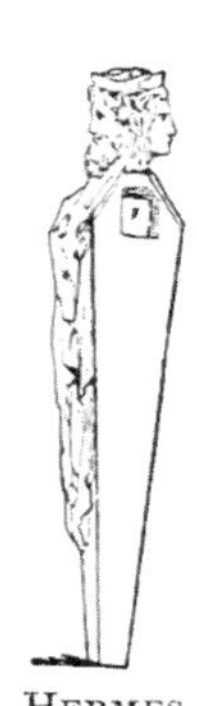
HERMES

희랍의 신 '헤르메스Hermes', 즉 신들의 사자(使者)를 의미함.

98 원문의 'mysteria 신비 의식'은 엘레우시스(Eleusis) 시에서 거행되던 다산(多産) 의식에서 유래하고 데메테르(Demeter)와 페르세포네(Persephone)를 숭배했다고 함.

문이다.[99]

4. 바로 이러한 고소(告訴)가 공회(公會) 석상에서 그의 적들에 의해 제출되었다. 그러나 전쟁을 착수할 시기가 코앞에 있었다. 알키비아데스는 이러한 상황을 고려하고 또 동료 시민들의 성향을 모르지 않는 터라, 그들에게 간청하기를 그에 대한 소송을 제기하려 한다면, 악의에 의해 고취된 죄과들을 그가 없는 동안 제출하려 들지 말고, 오히려 그가 거기 있는 동안 수사(搜查)를 진행해 달라고 하였다. 하지만 그의 적들은 지금은 그를 해(害)칠 수 없다는 것을 알기에, 당분간 잠잠히 있다가 그의 출발 시간을 기다려 그를 등 뒤에서 공격하는 것이 상책이라고 생각했고 그렇게 했다. 그들은 그가 시칠리아(Sicilia)에 도착했다고 믿자마자, 그의 궐석 중에, 신성한 의식(儀式)을 모독했다며 그를 고소하였다.

이 일과 관련하여, 당국자들에 의해 전령이 시칠리아에 있는 알키비아데스에게 보내져서, 그는 본국으로 귀환하여 그의 변론을 제출하라는 명령을 받았다. 그리하여 그가 속국 통치를 성공적으로 이끌 수 있다는 큰 희망을 품고 있었고, 그는 불복종하고 싶지 않아서, 그를 데려오기 위해 보내진 삼단 노의 군선(軍船)에 몸을 실었다. 이 배에 실려 그는 이탈리아의 투리이(Thurii)[100]로 보내졌는데, 거기서 동료 시민들의 무절제한 방종(放縱)을 그리고 귀족들에 대한 그들의 가혹함을 깊이 생각해본 결과, 위험스럽게 다가오는 폭풍우를 피하는 것이 상책이라고 생각하였다. 그래서 그는 감시병들의 눈을 피해 도주

99 알키비아데스가 비밀스러운 종교 집회를 빙자하여 혁명을 일으킬 모의(謀議)를 한 것이라고 의심되었음.

100 이탈리아 남부 타란토(Taranto) 만의 연안지대에 있었던 희랍 식민지.

하였고, 처음엔 엘리스(Elis)[101]로 다음엔 테베[102]로 자리를 옮겼다. 그러나 후에 그에게 사형언도가 내려졌고, 재산은 압수되었고, 전례가 있었듯이, 에우몰피다이(Eumolpidae)[103]라고 알려진 사제들이 민중들

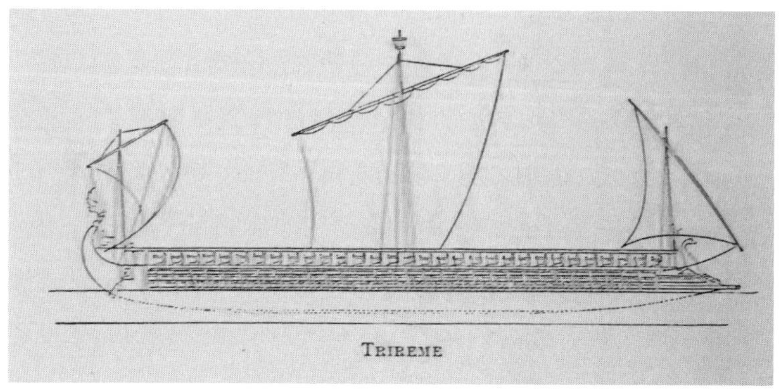

TRIREME

에 의해 강제되어 그에게 저주를 내렸고, 그 저주의 기억을 영구히 간직하기 위해 복사(複寫)본이 석상(石像)에 아로새겨져 공공장소에 세워졌다는 소식을 접하게 되자마자, 그는 그곳을 다시 떠나 라케다이몬으로 갔다.

거기서 알키비아데스는, 자신이 선언했듯이, 본국에 대해서가 아니라 그의 정적(政敵)들을 향해 전쟁을 일으켰는데, 이들은 나라의 적이었기 때문이다. 이들은 그가 국가에 큰 봉사를 할 수 있다는 것을 알고 있음에도, 공공의 복지보다는 그들 자신의 분개에 복종하도록 그를 추방했던 것이다. 그리하여 그의 조언에 의해, 라케다이몬인들

101 펠로폰네소스의 북동 연안 지방.

102 아티카 북부 보이오티아의 수도.

103 엘레우시스(Eleusis)의 신비 의식(儀式)에 종사했던 사제(司祭)들로 그 의식을 창립한 에우몰포스(Eumolpus)에서 유래함.

이 페르시아의 왕과 친선관계를 맺게 되었다. 그런 다음 그들은 아티카에 위치한 데켈레아(Decelea)[104]를 요새화하고 거기에다 항구적 유격대를 배치하여 아테네를 포위했다. 라케다이몬인들이 이오니아의 도시들에게 아테네와의 동맹 관계를 단절하게 한 것도 그의 지략의 덕분이었다. 그렇게 되자 스파르타는 그 전쟁에서 기선을 상당히 장악하기 시작했다.

5. 하지만 이런 봉사에도 불구하고 라케다이몬인들은, 두려워서 그와 소원하였기 때문에, 알키비아데스에게 그렇게 애착을 느끼지 않았다. 참말로, 그들은 다방면에서 가장 정력적인 사람의 월등하고 예리한 능력을 새삼 깨달으며, 그가 언젠가는 조국애에 이끌려, 그들에게 반기를 들고, 그의 동료 시민들과 화해할까봐 두려워하였다. 그래서 그들은 그를 암살할 기회를 엿보기로 결의하였다. 그것이 오랫동안 알키비아데스로부터 은폐될 수는 없었다. 왜냐하면 그는 지극히 명민했기에, 특히 그가 몸조심을 해야 한다고 마음을 먹었을 때는, 그를 속일 수가 없었기 때문이다. 그래서 그는 다레이오스(Darius) 왕[105]의 태수인 티사페르네스(Tissaphernes)에게로 가서 피난처를 구했다. 알키비아데스는 페르시아인의 각별한 우정을 획득하였고, 또 시칠리아에서의 역전패 이후, 아테네의 권력이 이지러지는 반면, 라케다이몬의 세력은 증대하고 있었음을 감지하였다. 그는 먼저 전령들을 통해, 사모스(Samos)[106]에서 군대를 거느리고 있는 장군 페이산드로스

104 아티카와 보이오티아의 경계에 있었던 작은 읍.

105 기원전 404년에 사망한 다레이오스 오쿠스(Darius Ochus)로서 아르타크세르크세스(Artaxerxes)의 부친이었음.

106 소아시아의 이오니아(Ionia) 지방 동남쪽에 위치한 큰 섬.

(Pisander)와 상의하면서, 자기가 아테네에 복귀를 언급하였다. 왜냐하면 페이산드로스도, 알키비아데스와 같이, 민중 정부가 아니라 귀족정치를 선호하였기 때문이다. 알키비아데스는 그로부터 격려의 말을 받지 못하자, 먼저 뤼코스(Lycus)의 아들 트라쉬불로스(Thrasybulus)의 주선으로 군대에 받아들여졌고, 사모스에서 장군이 되었다. 그 뒤에 테라메네스(Theramenes)[107]의 지지를 받고 국민의결에 의해 복권되었고, 그의 부재중에 트라쉬불로스와 테라메네스와 동등한 권력이 그에게 주어졌다.

이 세 사람의 통치 기간에 상황이 급작스럽게 변화하여, 얼마 전까지만 해도 의기양양하였던 라케다이몬인들이 이제는 공포에 휩싸여 평화를 구걸하였다. 왜냐하면 그들은 지상에서 다섯 전투를, 또 해상에서 세 전투를 지고 난 후였기 때문이다. 그리고 해상 전투에서, 그들은 '삼단노 군선' 이백 척을 잃었고, 이것들은 적의 수중(手中)에 들어갔었다. 알키비아데스는, 동료들과 함께 행동하여, 이오니아와 헬레스폰토스, 또 그 밖에 아시아 해안에 위치한 많은 희랍 도시들을 회복하여 놓았다. 이 도시들 중 뷔잔티움을 포함한 몇 개는, 그들이 급습하였다. 또한 그만한 숫자의 다른 도시들과는, 포로들에게 자비를 베풀어주었기 때문에, 동맹 관계를 확보하였다. 군대를 풍요롭게 만들고, 위대한 공훈들을 세우고 나서, 이처럼 전리품을 가득 싣고, 그들은 아테네로 귀환을 하였다.

---

107 테라메네스는 훗날 뤼산드로스의 압력에 의해 수립된 '아테네 삼십 참주들' 중에 끼였지만, 본래는 부유한 지주 출신으로 학식이 높고, 온건한 과두정치 체제를 지지했음. 후에 동료 참주 크리티아스(Kritias)의 독선(獨善)에 의해 기원전 404년에 사형 언도를 받고 독배를 마셨음.

6. 온 도시는 그들을 맞이하기 위하여 페이라이에우스(Piraeus)[108] 항구로 내려갔다. 그러나 알키비아데스를 보려는 욕망이 너무나 강렬하여서, 마치 그만이 혼자 온 듯이, 민중들은 온통 그의 군선 주변에 모여들었다. 사실, 사람들은 이전(以前)의 패배와 현재의 성공들이 모두 그에게 달려 있다고 확신하였다. 그러므로 그들은 그와 같은 사람을 국가에서 쫓아버렸기 때문에, 시칠리아를 잃고 라케다이몬에게 승리를 안겨 준 것은 그들 자신의 탓이었다고 개탄하였다. 그리고 그들은 그런 견해에 대해 근거를 갖고 있는 것 같았다. 그도 그럴 것이, 그 후에, 그가 군대의 통수권을 쥐게 되자마자 적은 지상과 해상에서 압도되고 말았던 것이다. 알키비아데스가 배에서 나왔을 때, 트라쉬불로스와 테라메네스가 통수권을 나누어 가졌고 또 그와 함께 페이라이에우스에 도착했지만, 사람들은 알키비아데스만을 호위했고 어디를 가든지 그에게 금관들과 리본들을 주었다. 올림피아 경기에서의 승자들의 경우를 제외하고는 그때까지 그런 일은 결코 없었다. 그는 그의 동료 시민들의 그러한 헌신의 징표들을, 과거에 있었던 그들의 잔학함을 상기하며, 눈에 눈물이 고인 채 받아 들였다.

TAENIA

그가 아테네 도시에 도착한 후에, 민회가 소집되었고, 그가 그처럼 간곡하게 자기가 느낀 회포(懷抱)를 표현해 내자, 그의 운명에 흐느껴 울며 그의 추방을 야기한 자들에 대한 그들의 분노를 표출하지 않을 만치 무정한 사람은 하나도 없었다. 마치 그를 불경(不敬)하다고 규탄했던 이들이 이때 눈물을 흘리고 있던

108 아테네의 전용 항구로 그 사이에 직통로가 있음.

바로 그 사람들이 아니고 어떤 딴 사람들이었던 것같이 말이다. 그래서 그의 재산들은 공식적으로 그에게 복원되었고, 그에게 저주를 선언하였던 같은 에우몰피다이 사제들에게는 저주를 철회하도록 강요되었고, 저주가 새겨진 석상(石像)들은 바다에 내다버렸다.

7. 알키비아데스의 이러한 기쁨은 오래 가지 못했다. 모든 포상들이 투표에 의거하여 그에게 주어졌고, 평화의 시기에나 전시에나 모든 국무(國務)는, 오직 그 자신의 의지대로 수행되도록, 그에게만 위촉되었다. 또한 두 동료인 트라쉬불로스와 아데이만토스(Adimantus)를 그에게 줄 것을 요청하였고, 요청이 거부되지 않자, 그는 해군을 이끌고 아시아로 출정하였다. 그리고 그가 퀴메(Cyme)[109]에서 사람들이 희망했던 것만큼 성공을 거두지 못하자, 그는 다시 미움을 받았다. 국민들은 그가 성취하지 못할 것이 없다고 생각하였던 것이다. 결과적으로, 일이 터지고 말았을 때, 그들은 성공하지 못한 모든 일을 그의 잘못으로 돌렸고, 그가 부주의나 배신을 보여준 것이라고 선언하였다. 그가 퀴메를 정복하려고 하지 않았던 것은 그 나라 왕으로부터 뇌물을 받았기 때문이라고 하였다.[110] 그렇기 때문에, 우리는 그의 능력과 용맹을 지나치게 신뢰한 결과 그에게 심히 불이익을 초래하였다고 확신한다. 왜냐하면 그가 행운과 큰 권력으로 인해 기고만장해져서, 폭군이 되기를 바랄까봐, 사람들은 그를 사랑했던 것만큼 그를 두려워하였기 때문이다. 이 사건으로 인해, 그가 아테네에서 멀리 떨어져

---

109 소아시아의 뮈시아(Mysia) 지방 남단, 헤르메스(Hermes) 강 위 쪽에 위치한 항구 도시.

110 실상은, 퀴메가 아테네의 동맹국이었는데도, 알키비아데스는 그 도시를 공격하였고 영토를 짓밟았지만 그 도시 자체를 정복하지는 못했다고 함.

있는 동안, 그의 관직(官職)을 박탈하고 그 자리에 다른 사람[111]을 임명하였다.

알키비아데스는 그 소식을 듣자마자, 고국에 돌아갈 생각은 포기하고 팍튀에(Pactye)[112]로 가서, 오르노이(Orni), 비잔테(Byzanthe), 네온테이코스(Neontichos)라 하는 세 성을 요새화하였다. 그 다음 그는 추종자들을 거느리고, 희랍인들보다는 이방인들을 노략질하여 부유해지는 것이 더 영광스럽다라고 생각하여, 희랍 국가의 첫 번째 사람으로 트라키아에 침투하였다. 이 일이 있은 후, 그는 명성과 부(富)를 증대시켰고, 트라키아 지방의 몇 왕들과는 긴밀한 우정 관계를 구축하였다.

8. 그럼에도 알키비아데스는 그의 조국애를 체념할 수가 없었다. 아테네의 장군 필로클레스(Philocles)가 해군을 아이고스포타오이 강에 정박시키고, 라케다이몬의 사령관 뤼산드로스는 거기서 멀리 떨어지지 않은 곳에서 가능한 한 전쟁을 오래 끌기 위해 골몰하고 있을 때 — 페르시아 왕에 의해 그의 국민들에게는 자금이 제공되는데 반해, 아테네인들한테 있는 것이라곤 무기와 선박뿐이라 — 알키비아데스가 아테네 군대로 와서, 참여한 병사들에게 다음과 같이 선동하기 시작하였다. 여러분이 원한다면 내가 그를 압박하여 전쟁이나 화평을 청하도록 하겠다. 즉 라케다이몬인들은 지상군이 함대보다 강하기 때문에, 해상 전투를 바라지는 않지만, 내가 트라키아인들의 왕 세우테스(Seuthes)에게 권유하여 뤼산드로스를 육지에서 몰아내는 것은 쉬운

---

111 함대 사령관으로 명성을 떨쳤던 아테네 장군.

112 프로폰티스(Propontis, 마르마라(Marmara) 바다라고도 함)의 기슭에 있는 트라키아 지방 쪽의 도시.

일이니, 필연적으로 함대를 이끌고 전쟁을 하든지 아니면, 전쟁을 끝내든지 할 수밖에 없을 것이다.

필로클레스[113]는 알키비아데스가 말한 것이 옳다고 보았지만, 그가 요청한 것을 할 의향이 없었다. 만약 알키비아데스가 받아들여진다면, 그 자신은 군대에서 쓸모가 없을 것임을 직시했기 때문이다. 그리고 계획이 성공하면 공적의 어떠한 부분도 그에게 주어지지 않을 것이고, 반면 실패하면, 그 혼자서 모든 책임을 뒤집어쓰게 될 것이라고 느꼈다. 알키비아데스는 그를 떠나면서 이렇게 말했다. "그대가 조국이 승리할 기회를 마다하고 있으니, 내 그대에게 충고하네. 해군 진영(陣營)을 적 가까이에 두지 말게. 병사들의 해이한 규율이 뤼산드로스에게 군대를 분쇄할 기회를 줄까봐 그렇다네, 그걸 두려워하게." 그리고 그의 말은 틀리지 않았다. 뤼산드로스가 정찰병들을 통해 상당수의 아테네 병사들이 약탈하기 위해 육지로 가서 배들이 거의 비워있다는 것을 알았을 때. 그는 절호의 기회를 놓치지 않고, 공격하여, 전쟁 전체[114]를 종식시켰다.

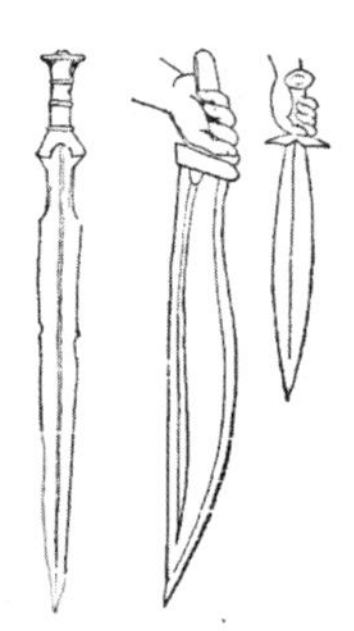

9. 그러나 알키비아데스는, 아테네인들이 패배하자, 현재 거주지가 자신에게 충분히 안전하지 않다고 생각하여, 프로폰티스(Propontis)

113 거기엔 코논(Conon)을 포함하여 다섯 명의 다른 장군들이 있었는데, 그날은 필로클레스가 총사령관직을 수행했다고 함.

114 원문에 'bellum totum delevit 온 전쟁을 종식했다'로 되어 있는데, 그 간결한 표현으로 기원전 431—404년까지, 27년이라는 장구한 세월 동안 아테네와 스파르타가 희랍의 패권을 놓고 벌려왔던 전쟁의 종말을 고(告)한 것임.

바다를 지나 트라키아 지방 저편 깊숙한 곳에 들어가 숨어버리면, 그의 존재가 아주 쉽게 은닉되리라고 생각했다. 계산착오였다. 왜냐하면 트라키아인들은 그가 상당한 돈을 가지고 왔다는 소식을 접하자마자, 덫을 쳤기 때문이다. 그들이 이 남자를 생포하지는 못했어도, 그가 가지고 왔던 것을 탈취하는 데에는 성공했다. 그렇게 되자, 그는 라케다이몬인들의 권세 때문에 희랍 어디에서도 안전한 곳이 없다는 것을 감지하고서, 아시아에 있는 파르나바조스(Pharnabazus)를 찾아가 피난처를 구했다. 이 사람을 그는 정중한 언행으로 무척이나 매혹시켜서, 페르시아인의 가장 절친한 친구가 되었다. 파르나바조스는 그에게 프뤼기아(Phrygia)에 있는 그뤼네이온(Grynium)[115]을 주었고, 거기에서 그는 연 수입 오십 탈란트를 받았다.

알키비아데스는 현재의 상황에 만족할 수가 없었고, 아테네가 정복되어 라케다이몬에게 예속되어 있는 것을 도저히 받아들일 수가 없었다. 그래서 그의 모든 상념(想念)을 조국을 해방시키는 데에 집중하였다. 하지만 페르시아 왕[116]의 도움 없이는 아무것도 성취할 수 없었고, 따라서 그는 그의 우의(友誼)를 획득해야 하는 것은 분명했다. 그리고 만약 그가 그를 만날 기회만 포착할 수 있다면, 그렇게 할 수 있을 것이라는 것을 의심하지 않았다. 왜냐하면 그는 그 왕의 형제 키로스(Cyrus)가 라케다이몬의 도움을 받아 전쟁을 할 계획을 은밀히 추진하고 있다는 사실을 알았기 때문이다. 만약 그가 그 음모에 대한 정보를 제공한다면, 감사의 치하(致賀)를 받을 것이기 때문이다.

---

115 아이올리스(Aeolis) 지방 헤르모스(Hermus) 강 위쪽에 위치한 도시로 그곳에는 아폴론 신전과 신탁이 있었다고 함.

116 아르타크세르크세스 2세(Artaxerxes II)를 말함.

10. 알키비아데스가 이 계획을 세우고 왕에게 그를 보내 달라며 파르나바조스를 재촉하던 바로 그 시점(時點)에, 크리티아스(Critias)와 아테네의 다른 참주(僭主)들은 아시아에 있는 뤼산드로스에게 신뢰할 만한 사신(使臣)들을 보내어 통지(通知)하였다. 즉 그가 알키비아데스를 제거하지 않는 한, 그가 아테네에서 맺은 협약들의 어느 것도 영구적(永久的)이지 못할 것이라는 것이었다.[117] 그러니까 자신이 취했던 조치들이 영구적이기를 바란다면, 그를 체포하도록 힘써야 한다는 것이었다. 이러한 위협들은 그 라코니아인을 매우 심란케 하여, 파르나바조스와 좀 더 정확하게 협상해야겠다고 마음을 굳히게 하였다. 그리하여 그는, 파르나바조스가 알키비아데스를 산 채로 혹은 죽은 채로 그에게 넘겨주지 않으면, 왕과 라케다이몬 사이의 협약을 파기할 것이라고 위협하였다. 지방총독은 이것을 버틸 수가 없어서, 왕의 권력이 감소되는 것보다는 인도주의 원칙[118]을 위배하는 것이 낫다고 결론지었다.

그리하여 파르나바조스는, 알키비아데스가 프뤼기아(Phrygia)에 있으면서 왕에게 갈 차비를 하고 있는 동안, 그를 죽이기 위하여, 쉬사미트레스(Susamitres)와 바가이우스(Bagaeus)를 보냈다. 이 밀사들은 알키비아데스가 그 당시 머물던 집 근처에 살고 있던 사람들에게 그를 도살하라고 지시했다. 하지만 그들은 감히 무기를 사용해서 그를 공격할 수가 없어, 밤에 그가 자고 있는 집 주변에 장작을 쌓아 놓고 거기에다 불을 질러, 그를 태워 죽여 끝내려 했다. 그러나 알키비아데스가 우지끈거리는 화염 소리에 깨어났을 때, 그의 긴 칼이 도둑질 당

---

117 원문의 vi. 1. 5, 즉 그 끝 부분을 볼 것.

118 우정을 지키고 손님을 보호해야 한다는 불문율(不文律).

하고 말았지만, 그는 친구의 단검을 뽑았다. 왜냐하면 그는 아르카디아(Arcadia) 출신의 한 손님을 대동하고 있었는데, 이 사람은 그의 곁을 떠나기를 한사코 거절했기 때문이다. 알키비아데스는 이 사람을 보고 그를 따라오라고 명하고 나서, 손에 잡히는 대로 아무 옷가지든 불 속으로 던져 넣고는, 타오르는 불길을 뚫고 앞으로 돌진하였다. 이방인들이 그가 불길을 피해 도주했다는 사실을 알아차렸을 때, 그들은 좀 떨어진 거리에서 무기들을 던져 그를 살해한 다음, 그의 머리를 파르나바조스에게 가지고 갔다. 그러나 그와 함께 살던 한 여인이, 그를 산채로 태워버리고자 준비하였던 화염 속에 시체를 그녀의 긴 옷으로 감싸서 태웠다. 이렇게 해서 알키비아데스는 사십 세 가량의 나이에(기원전 404년)[119] 최후를 맞이하였다.

11. 그의 명성이 많은 저자(著者)들에 의해 공박을 받았지만, 알키비아데스는 가장 권위 있는 세 명의 역사가에 의해 높이 상찬(賞讚)되었다. 그와 같은 시기의 투키디데스(Thucidides), 그보다 조금 늦게 태어난 테오폼포스(Theopompus), 그리고 티마이오스(Timaeus)다. 질책하는 데에 매우 이골이 나 있는 후자 두 사람이 어쩐 일인지 오직 한 사람을 칭찬하는 데에는 동의한다. 그들은 내가 요 앞에서 그에 관해 써놓은 것을, 게다가 또 이렇게 말했다. 그는 가장 웅대하고 화려한 도시인 아테네 태생이었지만, 그의 생활 태도의 우아함과 특출함에 있어 모든 동료 시민들을 능가했다. 그가 추방되어 테베(Thebe)로 갔을 때, 그는 그 도시의 생활양식에 너무나 적응을 잘해서 그 누구도 체력과 인내 면에서 그에 필적할 수 없었다고 한다. (왜냐하면 모든 보이

119 여러 역사적 사실에 비추어 그 당시 그의 나이는 적어도 사십오 세는 되었을 것으로 추정됨.

오티아인들은 지성의 예리함보다는 체력 면에서 남을 능가하려고 애쓰기 때문이다.) 사람들이 관습적으로 지구력(持久力)을 가장 큰 장점으로 치는 라케다이몬에서, 그는 바로 음식과 생활의 검소함에서 모든 라케다이몬인들을 능가하였다. 대취하고 욕정적인 트라키아인들 가운데서 살았을 때, 그는 이러한 것들에서도 트라키아인들마저도 능가했다. 용감하게 사냥하고 사치스럽게 사는 것에 최고의 명예를 주는 페르시아인들에게 와서, 그는 거기서도 그들의 관습을 매우 잘 모방하여, 본고장 사람들마저도 이런 일들을 잘 해내는 그의 능력에 찬탄을 금치 못했다. 바로 그러한 적응 방식을 통해 그는, 그가 어디에 가서 살든지, 일류(一流)의 지위를 유지하였고 또 크게 찬탄(讚嘆)을 받았던 것이다. 그러나 이제 그에 관한 얘기는 그만하고, 다른 인물들에게로 넘어가자.

VIII. 트라쉬불로스

1. 뤼코스(Lycus)의 아들, 트라쉬불로스(Thrasybulus)는 아테네인이다. 만약 행운 말고 미덕 자체만으로 평가해야 한다면, 나는 이 사람을 모든 사람보다 제일 앞에 놓아야 한다고는 생각하지 않는다. 의심할 바 없이, 끈질김과 지성의 위대함, 조국애에 있어 그를 넘어서는 사람은 하나도 없다. 왜냐하면 많은 사람들이 조국을 한 폭군으로부터 해방시키고자 했으나 소수만이 그렇게 할 수 있었고, 그 반면에 삼십 인 참주(僭主)들의 압박에 눌려 있는 조국(祖國)을 노예 상태에서 자유의 상태로 회복시킨 것은 그의 행운이었기 때문이다. 그러나 이렇든 저렇든, 내가 열거한 미덕들에서 그를 능가한 사람은 없지만, 많은 사람들은 명성(名聲)에 있어서 그를 능가했다. 우선 첫째로, 펠로폰네소스 전쟁에서 그는 알키비아데스의 도움 없이 여러 번 승리했지만, 후자가 승리할 때마다 거기엔 언제나 전자의 도움이 있었다. 그러나 알키비아데스는 어떤 타고난 재능으로 모든 신용과 영예를 얻었다.

그렇지만 사령관들은 병사들과 행운과 함께 이와 같은 모든 것을 나누어 갖기 마련이다. 왜냐하면 일단 전쟁이 시작되면, 상황은 전략보다는 오히려 싸우는 병사들의 사기와 용기에 좌우되기 때문이다. 그런 연유에서 병사는 사령관에게 그 자신의 권리로 어떤 것을 요구하고, 행운 또한 상당한 몫을 요구한다. 실제로 행운의 여신(fortuna)은 사령관의 통찰력(prudentia)보다 그녀 자신이 더 가치 있다고 자랑

할 수 있다. 그러므로 가장 영광스러운 행적(行績)은 전적으로 트라쉬불로스에게 속한다. 라케다이몬인들에 의해 임명된 삼십 인 참주들은 아테네를 억압하여 일종의 노예 상태로 만들었다. 전쟁 중 행운의 도움으로 목숨을 건진 많은 시민들 중 일부는 고국으로부터 축출당했고, 또 일부는 사형에 처해졌다. 그들은 또 많은 사람들로부터 재물을 약탈해서 그들끼리 나누어 가졌다. 트라쉬불로스는 그들에게 전쟁을 선포한 첫 번째 사람일 뿐만 아니라 초기에는 유일한 인물이었다.

2. 그가 아티카(Attica)에 있는 아주 잘 요새화되어 있는 성채인 퓔레(Phyle)로 피신했을 때, 그와 같이 있는 자들은 삼십 명을 넘지 못했었다. 이것이 아테네인들의 안전의 시작이었고, 가장 영광스러운 국가의 자유를 지키는 보루(堡壘)였다. 실제로 참주들에게 처음엔 트라쉬불로스는 얼마 안 되는 추종자들과 더불어 경멸의 대상이었다. 그리고 바로 그 사실이 그를 경멸하였던 자들에게는 파멸을, 그들이 경멸하던 대상에게는 안전을 가져다주었던 것이다. 왜냐하면 그러한 점이 그의 적들로 하여금 공세를 취함에 있어 느리게 만들었고, 그의 병사들에게는 준비할 시간을 줌으로써 그의 군대를 강화시켰기 때문이다. 이런 사실로부터 모든 사람들은 이런 가르침을 명심해야 한다. 즉 전쟁에서는 어느 것도 경멸하여서는 안 된다는 것이고, 또한 두려움이 무엇인지를 알고 있는 자의 어머니는 울게 될 일이 별로 없을 것이라는 말은 근거 없이 말해진 것이 아니다. 그런데 아직은 트라쉬불로스의 군사력은 그가 희망했던 만치 그만큼 빨리 성장하지 않았다. 왜냐하면 이미 그 당시에 착한 시민들은 자유를 위해 싸우기보다는 훨씬 더 용감하게만 말하였기 때문이다. 그는 페이라이에우

스(Piraeus)[120] 지역으로 가서 무뉘키아(Munychia)[121]를 요새화 하였다. 참주들이 이 장소를 두 번씩이나 탈환하고자 시도했지만, 그들은 굴욕적인 격퇴를 당하고 나서, 무기와 보급품들을 다 팽개치고 곧바로 도시로 도주했다.

트라쉬불로스는 용기 못지않게 용의주도한 판단력을 보여 주었다. 그는 항복한 자들을 해치는 것을 엄금했던 것이다. 그는 시민이 시민을 아끼는 것이 옳다고 생각하였던 것이다. 그리고 먼저 타격을 가해 오지 않는 자는 그 누구도 상처를 입지 않았다. 그는 옷을 입은 시체(屍體)에서는 약탈하지 않았고, 그가 원하는 무기와 식량에 적합한 것 외에는 그 어느 것도 건드리지 않았다. 두 번째 전투에서 참주들의 우두머리인 크리티아스(Critias)가, 정말로[122] 트라쉬불로스와 대항하여 매우 용감히 싸우다가, 쓰러졌다.

3. 크리티아스가 전사했을 때, 라케다이몬의 왕 파우사니아스(Pausanias)가 아테네인들을 도우러 왔다. 그는 트라쉬불로스와 도시의 점유자들 사이에서 다음과 같은 조건으로 평화 협정을 체결하였다. 즉 삼십 인 참주들 그리고 그 후에 권력을 쥐게 되면서 전임자들과 똑같은 잔학한 행위를 저지른 다른 열 명을 제외하고, 그 누구도 추방이나 재산의 압수를 받아서는 안 된다는 것이었고, 국가의 통치가 국민에게 환원되어져야 한다는 것이었다. 트라쉬불로스의 또 하나의 고귀한 행동은 다음과 같다. 평화가 회복되고 나서, 그가 아테네에

120 그 당시 아테네와 성벽으로 연결된 항구.

121 페이라이에우스에 있는 해상 86미터의 가파른 언덕.

122 원문에 'quidem 정말이지, 확실히'의 뜻인데, 트라쉬불로스의 입장에서는 '뜻밖이었다'는 뉘앙스가 담겨 있음.

서 권력을 장악했을 때, 그는 한 법안을 제의하였다. 즉 과거에 저질러진 일과 관련해 그 누구도 고소당하고 처벌되어서는 안 된다는 것이었다. 그리고 그들은 그 법을 "사면의 법령"[123]이라고 명명(命名)하였다. 그리고 그는 진실로 그 법령이 통과되는 것뿐만 아니라, 실행 되도록 영향력을 행사하였다. 왜냐하면 그와 함께 유배되었던 이들 중의 어떤 이가 공식적으로 사면 받은 이들을 [다시] 사형에 처하기를 갈망할 때마다, 그는 그것을 금지하였고, 그렇게 함으로써, 그가 약속했던 것을 한결같이 충실히 지켰기 때문이다.

4. 이런 엄청난 공로에 대한 감사의 표시로, 시민들은 그에게 두 개의 올리브 나뭇가지로 만든 명예의 왕관을 증정하였다. 그리고 그 왕관은 동료 시민들의 폭력이 아니라 사랑의 징표였기 때문에, 어떤 질투도 유발하지 않고 그에게 큰 영광을 가져다주었다. 따라서 일곱 현자들 가운데 끼어 있는 피타코스(Pittacus)는, 뮈틸레네(Mytilene)[124]인들이 그에게 수백만 평의 땅을 선물로 주려고 했을 때, 다음과 같이 잘 말했던 것이다. "나는 그대들에게 간청하노니, 많은 사람들의 질투를 유발하고 또 그보다 더 많은 이들의 탐욕을 부채질할 선물을 내게 하지 말아 주게. 그러나 나는 팔만

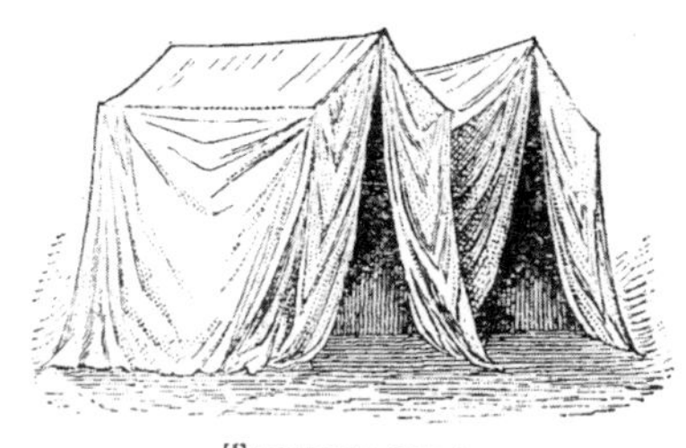
TABERNACULA

123 원문에 'illi oblivionis 망각의 조례들'이라고 되어 있는데, 그 해당 희랍어 'amnestia 기억하지 않는 것'에서 '대사면(大赦免)'의 의미가 유래함.

124 소아시아 뮈시아(Mysia) 지방 건너편 레스보스(Lesbos) 섬의 동남쪽에 있는 항구 도시.

평 이상을 바라지 않네, 그렇게 하면, 그것은 나의 공평성과 그대들의 선의(善意)에 부합할 것이네." 왜냐하면 작은 선물들은 오래 가고, 과다한 선물들은 자신의 것이 되지 못하기 때문이다. 따라서 트라쉬불로스는 그 왕관에 만족하였다. 그는 더 이상 요구하지 않았고, 그 누구도 그보다 더 높은 영예가 주어졌다고 생각하지 않았다. 다음 해에 그는 한 함대 사령관으로 킬뤼키아(Cilicia)[125]에 상륙했다. 거기서 그가 야영(野營)할 때 경계가 충분하지 않았다, 그래서 이방인들이 어떤 부락에서 야간 기습을 했을 때, 그는 그의 천막 안에서 죽임을 당했다(기원전 388년).

125 남쪽 소아시아에 있는 해안 지방으로 팜퓔리아(Pamphylia)와 시리아(Syria) 사이에 있음. 팜퓔리아 위쪽으로는 뤼키아(Lycia)와 카리아(Caria)가 있음.

IX. 코논

1. 아테네인 코논(Conon)은 펠로폰네소스 전쟁 시기에 공직을 시작했으며, 전쟁에서 중요한 역할을 담당하였다. 왜냐하면 그는 장군으로서 지상군을 지휘하였고, 또한 함대의 제독으로서 해상에서 큰 업적을 이룩했기 때문이다. 이에 대한 감사의 표시로 특별한 명예가 주어졌다. 즉 그에게 모든 섬을 관할하는 권리가 유일하게 주어졌다. 그리고 그러한 위임을 지닌 채, 라케다이몬의 속지(屬地)인 페라이(Pherae)[126]를 접수하였다. 그는 또한, 펠로폰네소스 전쟁이 아이고스포타모이에서 뤼산드로스에 의해 아테네 군의 참패로 종결되었을 때,[127] 총사령관이었다. 그러나 그는 그 당시 현장에 없었고, 그 결과로 그 교전은 졸렬하게 치러졌다. 왜냐하면 그는 군사학에 조예가 깊었고, 신중한 사령관이었기 때문이다. 그러므로 그 시절에 살았던 사람은 누구나, 만약 그가 현장에 있었다면, 아테네가 그와 같은 참사(慘事)를 겪지 않았을 것이라는 것을 의심하지 않았다.

2. 그러나 절망적인 상황이 닥치고, 고향 도시가 포위공격을 당하고 있다는 것을 들었을 때, 그는 자신의 안전을 도모하기보다는 동료

---

126 원문에 'colonia 속령'으로 되어 있는데, 이것은 로마 제국의 맥락에서의 '식민지'가 아니라 고대 희랍적 맥락에서 '속령'의 의미로 쓰이고 있음. 페라이는 펠로폰네소스 반도의 서남쪽 메세니아(Messenia) 지방의 항구 도시.

127 VI.1.1—2를 볼 것.

시민들에게 방패막이가 될 장소를 물색했다. 그래서 그는 이오니아(Ionia)와 뤼디아(Lydia)의 태수(太守)이고 또 왕의 사위 겸 가까운 친척인 파르나바조스를 찾아가서, 많은 공을 들이고 여러 위험을 감수(甘受)한 끝에 지대한 영향력을 확보하는 데에 성공했다. 왜냐하면 라케다이몬인들은 아테네를 정복하고 나서 그들이 아르타크세르크세스와 맺은 동맹 관계에 충실히 머물러 있지 않았기 때문이다. 티사페르네스(Tissaphernes)로부터 특히 영향을 받아, 아게실라오스(Agesilaus)를 전쟁하도록 아시아로 보냈다.[128] 티사페르네스는 아르타크세르크세스의 친밀한 친구들 중 하나였지만 왕의 우의(友誼)를 배반하고 라케다이몬인들과 야합(野合)을 하게 된 것이었다. 그와 대적(對敵)하여 파르나바조스가 명목상으로는 총사령관이었지만, 실재로는 코논이 군대를 통치하였고 모든 것은 그의 지시대로 행해졌다. 그는 뛰어난 장군 아게실라오스를 상당히 방해했고, 또 그의 전략에 좌절을 안겨주었다. 실제로, 만약 코논만 없었다면, 아게실라오스는 가능한 한 타우로스(Taurus)[129]까지 아시아를 왕에게서 탈취하였을 것이다. 보이오티아인들과 아테네인들이 스파르타에게 전쟁을 선포하였기[130] 때문에, 그가 국민에 의해 소환된 후에도, 코논은 왕의 장관들과의 관계를 여전히 잘 유지하였고 그들 모두에게 상당한 도움을 주었다.

3. 티사페르네스가 왕을 배반했다고 하는데, 그건 다른 사람들에

---

128 그 당시는 많은 국가 지도자들이 타민족을 침략하여 재물을 약탈하거나 강제로 징수하여 자기들 국가를 부유하게 만드는 것을 예사로 생각하였음.

129 소아시아의 높은 산맥으로 그 남부 해안지대에서 유프라테스 강까지 뻗쳐 있는데, 현재는 터키에 속해 있고 '토로스 산맥'으로 알려져 있음.

130 코린토스 전쟁(기원전 395—387),

게는 분명하나, 아르타크세르크세스에게는 분명하지 않았다. 왜냐하면 그는 군주에게 충실하기를 중지한 후에도, 중요한 봉사들을 많이 하여 후자의 주변에서 그의 영향력을 유지하였기 때문이다. 그리고 왕이 그의 배반을 그리 쉽게 믿으려 하지 않았다는 것은, 그가 그의 형제 키로스(Cyrus)를 이겨냈던 것[131]이 그의 덕분이었다는 것을 기억한다면, 그리 놀랄 만한 것이 못된다. 파르나바조스는 코논을 고발하여 왕에게 보냈고, 그가 거기 도착하자마자, 페르시아의 관습에 따라, 먼저 권력 서열 2위인 천인대장[132] 티트라우스테스(Tithraustes)에게 가서 군주를 알현하기를 원한다고 설명했다. 왜냐하면 그런 공식 절차가 없이는 그 누구도 군주의 면전으로 나아가도록 허용되지 않기 때문이다.

티트라우테스는 그에게 대답했다. "지체시키려는 것은 아니네. 그러나 그대가 마음속에 품고 있는 것을 편지로 전달하는 것보다 개인적인 알현을 더 선호하는 것인지 좀 생각해 보게. 왜냐하면 만약 그대가 왕을 알현하게 되면, 왕에게 경의를 표하는 것, 즉 희랍인들이 '프로퀴네시스'[133]라고 칭하는 것을 행하는 것이 필수적이네. 만약 그것이 그대에게 꺼림칙하다면, 그대가 원하는 바를 그대는 나를 통해 마찬가지로 잘 성취할 수 있네." 이에 대해 코논이 대답했다. "나 개인적으로는 왕에게 어떤 공경을 표하든 꺼림칙할 건 없네. 그러나 다른 나라들을 통치하는 것에 길들여진 국가에서 온 내가 아테네의 관습보다 이방인들의 관습에 더 부응한다면, 나의 조국은 그것을 수치스럽

131 앞서 vii.9.5를 볼 것.

132 친위대를 말함.

133 원문에 'προκύνεσις'는 무릎을 꿇고 경의를 표하는 것을 뜻함.

게 여기지 않을까 걱정이네." 그렇게 해서, 그는 그가 원했던 것을 적어서 그에게 건네주었다.

4. 왕이 통신문을 읽으면서, 코논의 권위에 의해 너무나 큰 영향을 받아, 그는 티사페르네스를 적(敵)으로 선포하였고, 라케다이몬인들과 전쟁을 수행하도록 명하였고, 코논에게 직권(職權)을 주어 그가 원하는 사람을 재무관(財務官)으로 선택하게 위임하였다. 코논은 선언하기를, 신하 중에 누가 적임자인지를 알기에 그러한 선택은 그의 영역이라기보다는 왕의 영역이라고 했다. 하지만 그가 추천해야 한다면, 그 지위는 파르나바조스에게 주어져야 한다고 했다. 그런 다음, 값진 선물들이 주어지고, 코논은 해안 지방으로 보내졌다. 거기서 그는 전함(戰艦)들의 건조를 키프로스인들(Cyprii)과 페니키아인들(Phoenices), 다른 해안 도시국가들에 부과(賦課)해서, 내년 여름에는 바다를 안전하게 항해할 수 있게 함대를 준비하였다. 코논 그 자신이 요청한 대로, 파르나바조스는 그를 돕도록 임명되었다. 이런 것이 라케다이몬인들에게 보고되었을 때, 그들은 그들의 전쟁 준비에 주의를 기울였는데, 이는 오직 한 이방인과 싸우는 경우보다 더 심각한 전쟁이 그들의 코앞에 다가왔기 때문이다. 왜냐하면 그들은 용감하고 예지(叡智)를 지닌 한 사령관이 왕의 군대를 지휘하며 그들과 전쟁할 것이고, 또 전략과 군력(軍力) 면

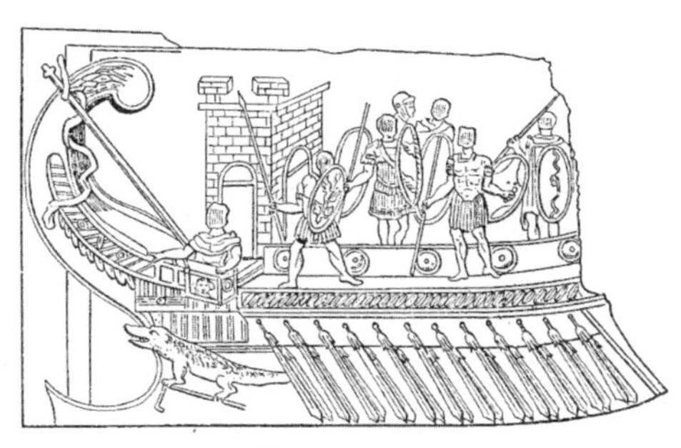

NAVIS LONGA

에서 그를 이기기가 어렵다는 것을 간파했기 때문이다. 이러한 정신 상태에서, 그들은 큰 함대를 구성해서 페이산드로스의 지휘 아래 항해하였다. 코논은 크니도스(Cnidus)[134] 앞바다에서 큰 해상 전투를 치른 끝에, 그들의 많은 선박을 나포하였고, 여러 척을 침몰시켰다. 그 승리로 아테네뿐만 아니라 스파르타의 지배하에 있던 모든 희랍 국가들이 자유를 확보하였다. 코논은 선박들 일부를 끌고 고향 도시로 돌아와서, 뤼산드로스에 의해 파괴되었던 페이라이에우스(Piraeus)와 아테네의 두 성벽을 재건하는 것에 관심을 가졌다. 그리고 그는 동료 시민들에게 파르나바조스한테서 받았던 오십 탈란트의 돈을 주었다.

5. 그러나 코논은 다른 사람과 똑같은 경험을 하였다. 즉 불운보다 행운이 있을 때 경솔하였다. 왜냐하면 펠로폰네소스인들의 함대에 승리를 거둔 후에, 조국이 입은 피해를 복수했다고 생각하며, 그가 지닌 권력 이상의 야망들을 품었기 때문이다. 하지만 그는 그 왕의 국력보다 조국의 국력이 신장(伸張)하기를 바랐기 때문에, 이런 야망들은 애국적이고 칭찬받을 만하였다. 크니도스 앞바다에서 싸운 저 유명한 해전은 이방인들 사이에서뿐만 아니라 모든 희랍 국가들에서도 그에게 높은 신망(信望)을 안겨주었을 때, 그는 이오니아(Ionia)와 아이올리아(Aeolia)[135]를 아테네에 복귀시키기 위해 비밀리에 음모를 꾸미기 시작했던 것이다.

그 고안(考案)은 충분히 은폐되지 않은 까닭에, 사르디스(Sardis)의

---

134 소아시아의 카리아(Caria) 지방에 속한, 구릉맥(丘陵脈)으로 이루어진 트리오피온(Triopion) 반도의 곶.

135 소아시아의 북서쪽 해르모스(Hermus) 강북의 지역.

총독, 티리바조스(Tiribazus)가 코논을 소환했다. 그는 어떤 중요한 사명 때문에 그를 왕에게 보내려 한다고 가장하였다. 코논은 그 소환에 응했지만 그가 도착하자마자, 그는 투옥되었고 얼마동안 갇힌 채 있었다. 그런 다음, 몇 저자들이 적어 놓은 바에 의하면, 그는 왕 앞으로 끌려가 거기서 그의 최후를 맞았다고 한다. 그와는 반대로, 페르시아의 사정(事情)에 우리가 가장 신빙할 만한 사가(史家)인 디논(Dinon)은 그가 도주(逃走)하였다고 적고 있다. 하지만 티리바조스가 알았는지 몰랐는지에 대해서는 의아(疑訝)해 한다.

X. 디온

1. 히파리노스(Hipparinus)의 아들 디온(Dion)은 쉬라쿠사(Syracusa) 태생으로 고귀한 가문에서 태어나, 두 명의 디오뉘시오스(Dionysius) 참주와 연계되었다. 즉 부(父) 디오뉘시오스는 디온의 누이인 아리스토마케(Aristomache)와 결혼하여 그녀에게서 두 아들, 히파리노스(Hipparinus)와 니사이오스(Nisaeus)를, 또 같은 수의 딸, 소프로쉬네(Sophrosyne)와 아레테(Arete)를 얻었다. 이 딸들 중에서 첫째를 그가 왕좌를 물려준 디오뉘시오스에게 시집을 보냈고, 아레테는 디온에게 아내로 주었다.

하지만 디온은 귀족인 일가친척과 조상들의 명성 외에도 많은 타고난 장점들을 지니고 있었다. 여기에는 쉽게 배우는 성향, 예의바름, 최고의 학문에 적합한 적성(適性), 그리고 적게 언급되지 않은 신체적 위엄, 게다가 아버지로부터 물려받은 상당한 재산이 있었는데, 거기에 참주(僭主)의 선물들을 보태 증가시켰다. 그는 부 디오뉘시오스와 친밀한 사이였는데, 그것은 그들의 인간관계 못지않게 그의 성격 덕분이었다. 왜냐하면 그는 그 참주의 잔악 행위는 싫어했지만, 그들의 인척(姻戚) 관계로 인해 그의 안전은 그에게 귀중하였고 또 자신의 가족을 위해서도 더욱더 그러했기 때문이다. 그는 중요한 정사(政事)에 참석하여 디오뉘시오스를 도왔다. 참주 자신의 강한 욕망이 작용했을 때를 제외하고, 그는 그의 충고로부터 많은 영향을 받았다. 실제로, 각별히 중요한 모든 공적(公的) 업무들은 디온을 통해서 수행되었고, 그가 그런 일들에 주의를 기울이고 자상하게 관할했으므로, 그는 참주의 잔학함의 평판을 자신의 인간성으로 누그러트렸다. 그가 디오뉘시오스에 의해 카르타고(Kartago)로 보내어졌을 때, 그는 그때까지 희랍 태생의 그 어느 사람보다 더 큰 존경을 받았다.

2. 이 모든 것을 디오뉘시오스는 놓치지 않고 눈여겨보았다. 그는 그에게 부여된 명예를 잘 의식하고 있었기 때문이다. 결과적으로, 그는 그 주위의 누구보다도 디온을 선호했고 그를 아들처럼 사랑했다. 그래서 플라톤(Platon)이 타렌투스(Tarentus)[136]에 왔다는 소식이 시칠리아에까지 전해지자, 그는 그 철학자를 그의 궁정에 초청하자는 젊은이의 요청을 거절할 수가 없었다. 그도 그럴 것이 디온은 그의 말을 몹시 듣고 싶어 했기 때문이다. 그리하여 그는 그 청년의 갈망을 들어주어 플라톤을 쉬라쿠사(Syracusa)[137]로 데려와서 성대한 의식을 베풀었다. 디온은 그를 너무나 흠모하고 사랑하여 온 마음과 영혼을 그에게 다 바쳤다. 그리고 실로, 플라톤 자신도 디온을 만나보고 그에 못지않게 기뻐했다. 따라서 한때 그를 노예로 팔아버리라고 명을 내렸던 디오뉘시오스에 의해 그 자신 가혹한 상처를 입었었지만, 플라톤은 다시 한 번 디온의 간청을 받아 들여 그 나라를 방문하였다.

그러는 동안 디오뉘시오스가 병이 들었었다. 그리고 그의 병세가 악화됨에 따라, 디온은 내의(內醫)들에게, 왕이 어떤 상태에 처해 있는지, 또 만약 왕이 더 큰 위험에 직면하면, 그 사실을 그에게 고의로 숨

---

136 '대희랍'의 저명한 연안도시로 현재는 이탈리아의 남단 타란토(Taranto) 만(灣)의 타란토임.

137 시칠리아의 남동쪽에 있는 항구.

기지 말 것을 간청하였다. 왜냐하면 누이의 아들들이 왕자로서 왕국의 일부를 차지해야 한다고 믿기 때문에, 그가 왕국을 분할하는 것에 관해 디오뉘시오스와 상의하고자 하기 때문이라고 했다. 이 요청을 내의들은 비밀로 간직하지 않고 몽땅 자(子) 디오뉘시오스에게 일러바쳤다. 후자는 그 정보에 의해 불안해진 나머지, 디온이 협의할 기회를 갖지 못하도록, 내의들로 하여금 강제로 아버지에게 수면제를 놓게 했다. 그리고 환자가 약을 들고 났을 때, 잠이 드는 것처럼 보였으나, 최후를 맞이하였다.

3. 그것은 디온과 디오뉘시오스 사이의 적대 관계의 시작이었고, 여러 여건(與件)들에 의해 악화되었다. 하지만 처음에 꽤 오랫동안 그들은 겉보기에는 친구처럼 지냈다. 플라톤을 아테네에서 소환하여 철학자의 충고를 받아들일 것을 디온이 끊임없이 간청하였을 때, 어떤 면에서는 아버지의 선례를 따르기를 소망했던 참주는 요청을 허락하였다. 동시에 그는 사가(史家)인 필리스토스(Philistus)를 쉬라쿠사로 불러들였는데,[138] 그는 참주 정치뿐만 아니라 참주에 대해서도 다정하지 않는 인물이었다. 그러나 나는 그에 관해서는 희랍 사가들을 다룬 나의 저서에서 보다 자세히 다루었다. 플라톤에 관해 말하자면, 그의 권위로 참주에게 미친 영향력이 상당했고 그의 달변은 너무나 지대해서, 그는 디오뉘시오스를 설득하여 그의 학정에 종지부를 찍고 쉬라쿠사인들에게 자유를 복원해 주도록 하였다. 그러나 디오뉘시오스는 필리스토스의 충고로 그렇게 하기를 단념했고 전보다 훨씬 더 심한 잔학행위를 시작했다.

4. 디오뉘시오스는 능력과 영향력, 민중에 대한 사랑이란 면에서

138 그는 부(父) 디오뉘시오스에 의해 한때 추방당했었다고 함.

다온에게 뒤지고 있다는 것을 감지하여, 경쟁자를 가까이 두면, 경쟁자가 자신의 몰락을 가져올 기회를 제공할까봐 두려웠다. 그래서 디오뉘시오스는 코린토스(Corinthus)[139]로 갈 삼단노 선박을 그에게 주면서 그가 그렇게 하는 이유는, 그들은 서로 두려워하여, 한 사람이 다른 사람을 선제공격을 할까봐, 두 사람의 안녕을 위한 것이라고 설명하였다. 그런 조치에 많은 사람들이 분개하였고, 참주에게 엄청난 증오를 유발했기 때문에, 디오뉘시오스는 디온의 모든 동산을 여러 배들에 실어 그에게 보냈다. 왜냐하면 그가 경쟁자에 대한 증오 때문이 아니라 자신의 안위(安危) 때문에 그렇게밖에 할 수 없었다는 인상을 남겨놓기를 바란 것이었기 때문이다. 그러나 그 후에 유배자가 펠로폰네소스에서 군대를 소집하며 자신에게 전쟁할 준비를 하고 있다는 소식을 그가 알게 되었을 때, 디오뉘시오스는 디온의 처 아레테를 다른 사람에게 시집보냈고, 그의 아들은 주색에 탐닉하게 해서 가장 추한 욕정을 배양하도록 하는 조건에서 키우도록 명했다. 그도 그럴 것이 성인이 되기도 전에, 그 소년에게 기생들이 안겨졌고, 그가 목에 찰 정도로 음식과 포도주를 들게 했고, 언제나 만취 상태에 있게 했다. 후에 그의 아버지가 고향 땅에 돌아왔을 때, 그 젊은이는 생활의 변화된 조건들을 감내하기가 불가능하다고 생각했기에 — 왜냐하면 이전 습관들로부터 그를 떼어내기 위하여 감독관들이 지명되었기 때문이다 — 그는 그의 집 옥상에서 몸을 날려서 처참하게 죽었다. 그러나 이제 나는 나의 주제로 복귀하련다.

5. 그 후에 디온이 코린토스에 도착하였고, 헤라클리데스(Heraclides)도 그곳에 피난와 있었다. 헤라클리데스는 기병대 지휘관

139 코린토스 지협 입구에 있는 옛 희랍의 예술과 상업의 중심지.

이었는데 디오뉘시오스에 의해 추방되었다. 두 유배자는 여러 방식으로 전쟁 준비를 하기 시작했으나, 별로 많은 것을 이룩할 수가 없었다. 왜냐하면 수십 년간 지속된 폭정[140]은 매우 강력하다고 간주되어서, 그렇게 위험한 행동 계획에 유인(誘引)될 수 있는 사람들이 별로 없었기 때문이다. 그럼에도 불구하고 디온은 자신의 인적(人的) 물적(物的) 자원보다는 그 폭군에 대한 증오에 의지하여, 단지 두 척의 수송선(輸送船)밖에는 보유하고 있지 않았지만, 지대한 용기를 가지고 출격에 나섰다. 이는 오십 년의 세월 동안 오백 척의 전함과 일만 명의 기병(騎兵)과 또 십만 보병(步兵)에 의해 방어되고 있는 왕조(王朝)를 공격하기 위함이었다. 그리고 그는 너무나 손쉽게 적들을 무너뜨렸다. 이건 모든 국가들을 깜짝 놀라게 한 성공담(成功談)이었다. 즉 시칠리아에 상륙한 지 이틀 만에 쉬라쿠사에 입성하였던 것이다. 이것은 지배받고 있는 민중의 헌신 위에 세워지지 않은 어떠한 통치권(統治權)도 안전하지 않다는 것을 보여준다.

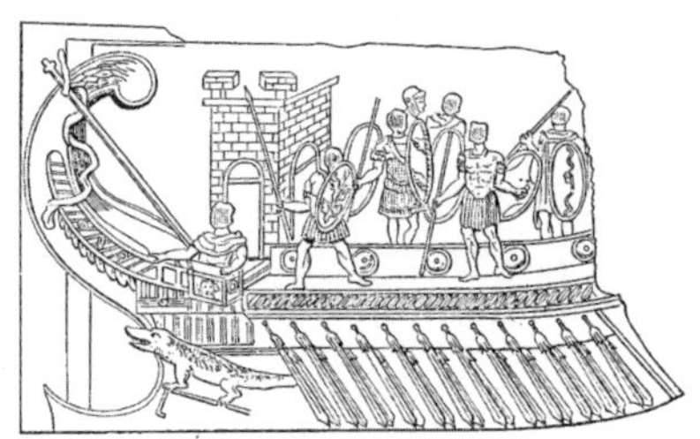

NAVIS LONGA

그 당시 디오뉘시오스는 본국을 떠나 이탈리아에서 적의 함대를 기다리고 있었다. 왜냐하면 그는 적들 중 아무도 대군(大軍)을 이끌지 않고는 그에게 다가오지 못할 것으로 생각하였기 때문이다. 그러나 그는 착각했다. 왜냐하면 디온은 적대자의 발아래 있던 바로 그 사람들의 도움으로 왕의 자존심을 깨부수었고, 디오뉘시오스가 통치했

140 디오뉘시오스 1세가 기원전 406년부터 367년까지 38년을 또 그의 아들이 지금까지 10년을 통치해왔음.

던 시칠리아의 전 지역을 장악하였기 때문이다. 또 같은 방식으로 도시에 종속된 섬과 요새[141]를 제외하고 쉬라쿠사를 장악하였다. 사실상 그의 성공은 너무나 대단했기에 폭군은 다음과 같은 조건하에서 평화협정을 체결하는 것에 동의했다. 즉, 시칠리아는 디온이, 이탈리아[142]는 디오뉘시오스가, 쉬라쿠사는 디오뉘시오스의 각별한 신임을 받고 있었던 아폴론크라테스(Apollocrates)가 통치하도록 하였다.

6. 그렇게 거대하고 그렇게 의외(意外)인 이 성공의 뒤를 이은 것은 급작스러운 변화였다, 행운의 여신은, 상습적 변덕을 통해, 얼마 전에 고양(高揚)했던 그 사람을 끌어내리기 시작했기 때문이다. 첫째로, 여신은 내가 조금 앞서 언급한 아들과 관련해서 그녀의 잔인함을 행사하였다. 왜냐하면 디온은 다른 사람에게 넘겨진 처를 다시 구해내고 나서, 아들을 타락한 방종(放縱)에서 덕으로 다시 이끌어가고자 노력하고 있을 때, 아버지는 아들의 죽음으로 가장 고통스러운 상처를 입었다. 다음으로, 그와 헤라클리데스 사이에 분쟁이 일어났는데, 이는 후자가 최고 권력을 디온에게 양보할 뜻이 없어서 그에게 적대적인 도당(徒黨)을 결성했기 때문이다. 그 귀족들에 대해 헤라클리데스도 디온 못지않게 영향력을 행사하고 있었고, 그는 만장일치로 그 함대를 지휘하도록 그들에 의해 선택되었고, 반면에 디온은 지상병력을 보유하였다. 디온은 이러한 상황을 감내할 수가 없었기에, 그는 호메로스(Homerus)의 그 유명한 구절을 그의 서사시 제2장에서 인용하였는데, 통치자가 많은 경우엔 한 국가가 잘 다스려질 수 없다는 것이

141 오르티기아(Ortigia) 섬과 그 위에 건설된 보루를 지칭하는데, 방파제로 쉬라쿠사 시와 연결되어 있었다고 함.

142 즉 디오뉘시오스 부자(父子)가 장악하고 있었던 남부 이탈리아를 말함.

다.[143] 그의 이러한 발언은 엄청난 불만을 야기하였다. 왜냐하면 그가 최고 권력을 겨누고 있는 것 같아서였기 때문이다. 그는 그것을 온화함으로 감소시키기 보다는 엄벌을 가해 분쇄하고자 하였다. 그리하여 헤라클리데스가 쉬라쿠사에 왔을 때, 그가 암살당하도록 모의하였다.

7. 이 행위는 모든 이들의 마음에 극심한 공포심을 불어넣었다. 그도 그럴 것이, 헤라클리데스가 죽임을 당하고 나서, 아무도 자신이 안전하다고 느끼지 않았다. 그러나 디온은 정적(政敵)이 제거되자, 그에게 반대한 것으로 알고 있던 사람들의 재산을 빼앗아, 더욱더 파격적으로 그의 군인들에게 나누어주었다. 돈을 그렇게 분배하고 나서, 그는 날마다 엄청난 경비를 사용하여, 곧 자금이 달리기 시작했는데, 그의 친구들의 재산을 빼놓고는 그가 손댈 곳이 없었다. 그렇게 행동한 결과, 그가 군인들을 자기편으로 만들었을 때, 그는 귀족층의 지지를 잃었던 것이다. 이러한 난관에 의해 야기된 불안감은 그를 좌절시켰다. 또 그는 비판에 익숙하지 않았다. 얼마 전까지만 해도 그를 칭찬하여 하늘 높은 줄 모르게 치켜 올렸던 바로 그 사람들에 의해 그가 나쁘게 생각되는 것을 그는 감내할 수가 없었다. 보통 사람들은, 그가 군인들의 선의(善意)를 잃고 나자, 이제[144] 마음에 품고 있었던 것을 보다 자유롭게 말했고, 그는 너그럽게 봐줄 수 없는 폭군이라고 말하였다.

8. 이 모든 상황을 눈여겨보며 어떻게 진압해야 할지 모르겠고, 또

---

143 《일리아스》 ii. 204. ούκ ἀγαθὸν πολυκοίρανίη, εἷς κοίρανος ἔστω, εἷς βασιλεύς. (다자 통치체제는 좋지 않고, 단 한 사람이 통치자요, 단 한 사람이 왕이어야 한다.)

144 원문에 'offensa...... voluntate 선의가 상처를 입게 되어'는 분사구로 그 이유를 나타내는 데, 그 이전 구절에서 디온이 물자의 보급으로 얻었던 '군인들의 호의'가 그가 궁색해짐에 따라 변한 것으로 이해됨.

그것들이 얼마나 심각해질지를 두려워하고 있었는데, 디온에게 칼리크라테스(Callicrates)라고 하는 인물이 나타났다. 그는 디온과 함께 펠로폰네소스에서 시칠리아로 온 아테네인인데, 약삭빠르고 속임수에 능해서 양심의 가책이나 명예심 같은 것은 아예 없는 인간이었다. 그는 디온을 찾아와서 이렇게 말했다. "당신은 민중의 반감과 군인들의 적대감으로 인해 큰 위험에 처해 있소. 이것을 회피할 길은 단 하나밖에 없소. 즉, 당신의 친구들 중 어느 한 사람을 택해서 그가 당신의 적인 것처럼 행동하도록 책무(責務)를 주는 것이오. 만약 당신이 거기에 딱 맞는 사람을 택할 수만 있다면, 그를 통해 모든 사람들의 감정들을 알아내고 그중에 당신에게 적대적인 자들을 제거하는 것은 쉬운 일이 될 것이오. 왜냐하면 당신의 진짜 적들은 당신의 적이라고 떠벌리는 자에게 그들의 진심을 털어놓을 테니 말이오."

이 계획은 승인되었고 칼리크라테스 자신이 제안된 역할을 떠맡았고, 디온의 부주의(不注意)의 대가로 그의 입지(立地)를 강화하였다. 그는 디온을 죽이기 위하여 공범자를 모았고, 디온의 적들에게 말을 건넸고 서약을 하게 함으로써 그들의 충성심을 확보했다. 추진된 음모는, 많은 사람들이 거기에 관련되어 탄로가 났고, 그 소식은 디온의 누이인 아리스토마케(Aristomache)와 디온의 아내 아레테(Arete)의 귀에까지 흘러 들어갔다. 두 여인이 걱정하는 사람의 위험과 관련하여, 공포에 질려 그를 찾아 방문하였다. 그러나 칼리크라테스가 그에게 적대하여 음모를 꾸미는 것이 아니라, 그의 지령에 의해 움직이고 있는 것이라고 그가 말했다. 그럼에도 불구하고 여인들은 칼리크라테스를 프로세르피나(Proserpina)[145]의 신전으로 데리고 가서 디온은 그로

---

145 명부(冥府) 하데스(Hades)의 여왕으로 희랍신 페르세포네(Persephone)를

부터 해를 입지 않을 것이라고 그로 하여금 강제로 서약하게 했다. 그러나 음모자는 그 서약으로 인해 일의 착수가 방해받기는커녕 일을 더 서둘러 추진하도록 재촉받았다. 그는 그 시도를 달성하기 전에, 그의 계획이 탄로날까봐 두려워했던 것이다.

9. 이렇게 계획을 세우고, 얼마 후에 다가온 축제일[146]에 디온은 군중을 피해 집에 머물다가 다락방에 누워있을 때, 칼리크라테스는 공모자들에게 훨씬 더 강하게 요새화된 도시 지역을 위임하고, 자신은 궁전을 경비병들로 포위하고, 믿을만한 장정들을 문들 앞에 배치해서 계속 지키게 했다. 그런 다음 그는 삼단노의 군선(軍船)에 무장 군인들을 싣고 그것을 형제 필로스트라토스(Philostratus)에게 맡기고, 마치 노 젓는 자들을 훈련시키는 듯이, 항구에서 왔다 갔다 하라고 명을 내렸다. 만약 행운의 여신이 어찌해서 그의 계획을 좌초시키는 경우, 그가 도주해서 자기 목숨을 건지기 위한 수단을 마련해 놓고자 함이었다. 그는 추종자들 무리에서 자킨토스(Zacinthos)[147] 출신의 매우 대담하고 매우 힘이 센 젊은이 몇 명을 선발해서 비무장 상태로 디온에게 가라고 지시했는데, 그렇게 함으로써 그들이 그에게 문안드리려고 온 것처럼 보이기 위해서였다. 젊은이들은 안면이 있었기에, 쉽게 들여보내졌다. 그러나 그들이 문지방을 넘어서자마자, 그들은 문을 잠그고는 침상에 누워 있는 디온을 덮쳐 그를 꼼짝 못하게 붙들었다. 그때 그들이 낸 소음은 밖에서도 들을 수 있었다.

앞서 자주 언급 하였듯이, 이 경우에도 절대 권력에 대한 증오와

뜻함.

146 칼리크라테스가 서약을 한 그 프로세르피나 여신의 축제였음.

147 펠로폰네소스 반도의 서북부 엘리스(Elis) 지방 연안의 섬.

사랑보다는 두려움의 대상이길 바란 자들의 삶이 얼마나 비참한지 모든 사람에게 극명하게 드러났다. 왜냐하면 디온 자신의 호위병들은, 만약 그들이 호의를 지니고 있었다면, 그 문을 부수어 열고 그를 구할 수도 있었을 것인데, 그는 공격자들의 수중에 있었지만 아직 살아 있었고, 이들은 무기를 갖고 있지 않아 밖에서 무기를 넣어 달라고 청하였기 때문이다. 그러나 그를 돕고자 하는 사람이 아무도 없다는 것이 드러나자, 쉬라쿠사 출신의 뤼코(Lyco)라는 사람이 창문을 통해 한 군도(軍刀)를 들여보냈고, 폭군은 그것으로 목이 베어 졌다.

LECTUS

10. 살해가 저질러지고 군중이 이 광경을 보려고 모여 들었을 때, 살인자가 누구인지 알지 못했기에 몇 사람이 죽임을 당했다. 디온이 변을 당했다는 소문이 순식간에 퍼져나갔고, 그 범죄를 끔찍하게 생각하는 많은 사람들이 그 장소로 달려왔던 것이다. 잘못된 혐의에 이끌려 죄진 자들 대신 무고한 사람들을 죽인 것이다. 디온이 죽었다는 소식이 알려지자마자, 사람들의 감정은 기막힐 정도로 변했다. 그가 살아 있을 때는 그를 폭군이라고 불렀던 바로 그 사람들이 이제 와서는 저마다 그가 나라를 구했고 폭군으로부터 자유롭게 했다고 주장하는 것이었다. 그리하여 돌연히 동정이 증오의 뒤를 이었고, 이제 사람들은, 가능하기만 하다면, 그들의 피를 흘려서라도 그를 황천(黃泉)에서 구해내고 싶어 했다. 그리하여 그는 도시의 가장 왕래가 빈번한 곳에 공적(公的) 비용을 들여 기념비적인 무덤에 묻혔다. 그는 대략 오십오 세의 나이에 죽었고, 그것은 그가 펠로폰네소스에서 시칠리아에 돌아온 지 삼 년 후였다.

XI. 이피크라테스

1. 아테네인 이피크라테스는 위대한 업적으로 명성을 얻었는데, 전술(戰術)에 대한 지식으로 더 명성을 얻었다. 그도 그럴 것이 그는 그가 살던 시대의 가장 유명한 인물과 비교되는 지도자였을 뿐만 아니

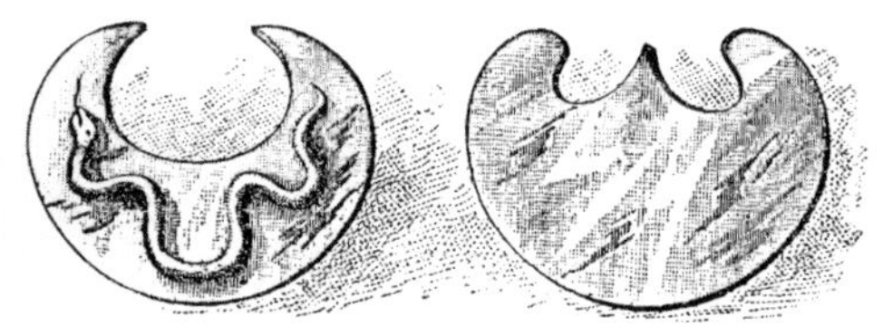

PELTAE

라, 그보다 이전 시대의 인물들 중에서도 그를 능가할 사람은 없었다. 생애의 상당 부분을 전쟁터에서 보냈는데, 그는 자주 군대를 지휘하였고 그 자신의 잘못으로 진 전쟁이 없었다. 그는 언제나 전략 덕분에 승리를 거두곤 했다. 이 점에서 그는 엄청나게 압도적이어서 병기(兵器) 분야에 기발한 것들을 많이 소개하였고 또 많은 것들을 개량했다. 그가 보병들의 무기를 변화시켜서, 그가 사령관이 되기 전에 사람들은 매우 큰 방패와 짧은 창, 작은 군도를 사용하였다. 반면에 그가 펠타(pelta)[148] 또는 트라키아 방패 — 보병 부대는 그때부터 '펠타 병들'이라고 불리어졌다 – 를 도입함으로써 병사들이 무게의 부담이 줄

148 둥근 방패는 '파르마parma'라고 불리었고 그와 대칭적으로 두운(頭韻)을 맞추어 '펠타pelta'라는 것은 반달 모양의 가벼운 방패였다고 함.

어들어 보다 쉽게 움직이고 돌진하도록 만들었다. 그는 창의 길이를 두 배로 만들었고 군도(軍刀)의 길이를 더 늘였다. 그는 사람들에게 청동(靑桐) 동체(胴體) 갑옷이나 쇠사슬 갑옷 대신 리넨 갑옷들을 지급(支給)하여 사람들이 착용하는 흉갑들의 성격을 바꾸어 놓았다. 그런 식으로 그는 병사들을 보다 활동적으로 만들었다. 장비(裝備)의 무게를 줄인 반면, 가볍고 그들의 신체를 마찬가지로 잘 보호하도록 고안(考案)해냈던 것이다.

SOLDIER WITH CLIPEUS, LORICA AND HASTA

2. 그는 트라키아인들과 전쟁을 벌였다. 아테네인들의 동맹자인 세우테스(Seuthes)를 왕좌에 다시 앉혔다. 코린토스(Corinthus)에서[149] 그는 군대를 너무나 엄격하게 통솔하여서, 희랍의 어느 군대도 이보다 잘 훈련받지 못했을 뿐만 아니라 통솔자의 명령에 이보다 더 복종한 군대는 없었다. 그리고 그는 그들로 하여금 다음과 같은 습관을 갖게 하였다. 즉 전쟁의 신호가 총사령관에 의해 주어지면, 통솔자의 지시 없이, 매우 일사불란하게 위치를 점(占)함으로써, 각 병사는 가장 능숙한 장군에 의해 하나씩 위치를 지정받은 것처럼 보였다. 이 군대에 힘입어 그는 라케다이몬의 한 연대(mora)[150]를 멸살하였는데, 이 전과(戰果)는 전 희랍에 걸쳐 높이 평가되었다. 같은 전쟁에서 그는 그들의 모든

SCUTA

149 기원전 395~386년에 걸친 코린토스 전쟁을 지칭함.

150 그 당시 하나의 'mora 연대'는 400에서 900에 이르는 병사들을 가리켰음.

군사력을 패주시켜서, 큰 영광을 안았다. 아르타크세르크세스가 이집트의 왕에게 전쟁을 걸기를 원했을 때, 그는 이피크라테스를 아테네에 요청하였고, 그는 일만이천 명의 용병 군대를 거느리게 하도록 했다. 그 군대를 아테네인은 너무나 철저히 온갖 군사 규율을 훈련시켜서, 옛날에 파비우스(Fabius)[151]의 병사들이 진짜 로마인들이라고 불렸듯이, 그와 마찬가지로 "이피크라테스의 병사들"이라고 함은 희랍인들 사이에서 가장 높은 명예의 칭호가 되었다. 이제는 라케다이몬인들을 도우러 가서, 그는 에파미논다스(Epaminondas)[152]의 계획을 무산(霧散)시켰다. 만약 그의 도착이 임박하지 않았다면, 테베인들은 스파르타를 장악하고 불태워버리기 전까지는, 스파르타를 떠나지 않았을 것이다.

3. 그는 고귀한 영혼과 거대한 체구 그리고 명령하는 상을 지니고 있었기에 그의 등장(登場)만으로도 모든 사람은 경탄을 금치 못하였다. 그러나 테오폼포스(Theopompus)[153]가 기록해 놓았듯이, 그는 행동이 너무 느렸고 인내심이 너무 부족하였다. 그렇다고 해도, 그는 한 선량한 시민이었고 매우 신뢰받는 시민이었다. 이러한 점은 다른 경우들에서와 마찬가지로 특히 마케도니아인 아뮌타스(Amyntas)[154]의 자식들을 보호하는 데서 두드러지게 드러났다. 왜냐하

---

151 저 유명한 'Q. Fabius Maximus Cunctator 지연가(遲延家) 파비우스 대왕'으로 카르타고와의 포에니 전쟁(기원전 264~146)에서 지연 전술로 한니발(Hannibal)을 무찌름.

152 테베인들의 야전 사령관이며 테베 국력의 창설자.

153 유명한 희랍의 역사가.

154 알렉산드로스 대왕의 조부(祖父).

면 아뮌타스가 죽은 후에, 페르디카스(Perdiccas)와 필리포스(Philippus)의 어머니인 에우뤼디케(Eurydice)는 이 두 소년들을 데리고 와서 이피크라테스에게서 피난처를 구했고 그의 모든 권력의 보호를 받았기 때문이다. 그는 동료 시민들의 헌신을 즐거워하며 아주 고령에 이르기까지 살았다. 그는 티모테오스(Timotheus)[155]와 함께 싸운 동맹 간의 전쟁[156] 기간 중에, 단 한 번 목숨 걸고 자신을 변호해야 할 경우가 있었다. 그 일에서 그는 결국 무혐의 처분을 받았다.

그는 코투스(Cotus) 왕의 딸인 트라키아 태생의 한 여인에게서 므네스테우스(Mnestheus)란 아들을 남겨 놓았다. 므네스테우스가 언젠가 아버지나 어머니 중에 누구를 더 생각하느냐고 질문을 받았을 때, 어머니라고 대답했다. 모든 사람이 그의 대답에 놀라움을 표시했을 때, 그가 정당하게 말했다. 아버지는 그가 할 수 있는 한, 나를 트라키아 사람으로 만들려고 했고, 반대로 나의 어머니는 나를 아테네인으로 만들려고 했으니까요.

155 코논의 아들.

156 'Social War 사회적 전쟁'이라고도 칭함.

XII. 카브리아스

1. 카브리아스(Chabrias)는 아테네인이었다. 그 역시 가장 위대한 사령관들 중 하나로 평가되었고 기록할 가치가 있는 많은 공훈을 남겼다. 그러나 그중에서도 그가 보이오티아인들을 도우려고 테베(Thebae)에서 고안해 낸 전투태세가 가장 뛰어났다. 그 전쟁에서, 저 원숙한 영도자 아게실라오스(Agesilaus)는, 이미 용병의 무리들을 패주시키고 난 터이라, 승리를 확신하고 있었는데, 카브리아스가 남아있는[157] 마름모꼴 전투대형에게 자리에서 물러서는 것을 엄금했고, 자그마한 원형 방패(scutum)[158]를 무릎에 올려놓고 긴 창을 앞으로 내밀어 적의 돌진을 막아내게 했다. 이러한 새로운 전술을 눈여겨보고서, 아게실라오스는 감히 공격에 나서지 않았고, 이미 돌격한 그의 군대를 나팔을 불어 퇴각하게 했다. 이러한 작전은 전 희랍에 걸쳐 너

TUBA

157 원문에 'reliquam phalangem 남아있는 밀집 대형'으로 나와 있는데, 형용사 'reliqua'의 의미에 대해 해석이 까다로움. 일차적으로는 '다른 부대로부터 지원 받지 않고 있는'의 의미 또는 '군대의 일부'를 가리킨다고 사료됨.

158 사각형으로 둥글게 휜, 가죽으로 된 작은 방패.

무나 유명해져서, 아테네 광장(forum)[159]에 아테네 시민들이 공적(公的)으로 그를 기리는 입상을 세우려할 때, 그는 그의 전투 자세가 제작되기를 원했다. 그때부터 레슬러들과 다른 예술가들도, 그들이 승리를 거두었을 때의 그들의 포즈를 선택했다.

2. 카브리아스는 유럽에서 많은 전쟁을 수행했다. 그가 아테네의 장군이었을 때 그는 자신의 책임하에 이집트에서 전쟁을 벌였다. 왜냐하면 그는 넥타나비스(Nectanabis)를 도와주러 가서 그의 왕좌를 공고히 해주었기 때문이다. 그는 퀴프로스에서도 그와 같은 일을 했다. 하지만 이 번에는 그는 아테네에 의해 에우아고라스(Euagoras)[160]를 돕도록 공적(公的)으로 보내졌다. 그리고 그는 그 섬을 완전히 정복할 때까지, 거기를 떠나지 않았다. 이 일로 아테네는 큰 명성을 얻었다. 그러는 동안에 이집트인들과 페르시아인들 사이에서 전쟁이 터졌다. 아테네는 아르타크세르크세스와 동맹관계였다. 라케다이몬인들은 이집트인들 편을 들었는데, 이들로부터 그들의 왕 아게실라오스는 상당량의 전리품을 받고 있었다. 카브리아스는 그것을 유심히 보다가 아게실라오스에게는 어느 것도 뒤지고 싶지 않아서 자신이 책임을 지고 이집트인들을 도우려고 가서, 이집트의 함대를 지휘하였다. 다른 한편 아게실라오스는 지상군을 지휘하였다.

3. 그 결과 페르시아 왕의 태수들은 아테네에 공사(公使)들을 보내 항의하였는데, 카브리아스가 이집트인들과 동맹하여, 자신들의 왕과 전쟁을 하였기 때문이다. 아테네인들은 카브리아스가 귀국할 확정된 시간을 지정하고, 그가 복종하지 않는 경우엔 그에게 사형 언도를 내

159 희랍에서는 'agora 아고라'라고 하였음.

160 퀴프로스의 살라미스(Salamis) 시의 세습적 왕족으로 여기서는 1세를 가리킴.

릴 것이라고 선언하였다. 이 위협의 결과로 그는 아테네에 귀환했으나, 절대적으로 필요한 시간 이상으로 길게 머무르지는 않았다. 왜냐하면 그는 동료 시민들의 눈총을 받아가며 사는 것이 달갑지 않았는데, 그 이유로는 그는 화려하게 살았고 보통 사람들의 시기심을 피하기 어려울 정도로 자유분방하게 살았기 때문이다. 위대하고 자유로운 국가들의 공통된 허물은 질투는 영광의 동료이고 또 사람들은 그들 자신의 수준보다 높게 뛰어난 이들의 콧대를 꺾는 일에 즐거움을 느낀다는 것이다. 가난한 사람들은 부유한 사람들의 행운을 인내심 있게 바라볼 수가 없는 것이다. 따라서 이러한 이유 때문에 카브리아스는, 할 수만 있다면, 그곳을 떠났다.

카브리아스가 아테네를 떠나 유일하게 기뻐한 사람은 아니었다. 즉 거의 모든 지도자급 인사들은 그와 같이 느꼈던바, 그들은 국민들의 시선으로부터 멀어지는 만큼 의심의 눈초리로부터 자유로워지는 것이라고 믿었다. 따라서 코논이 삶의 상당 부분을 퀴프로스에서 보냈던 것같이, 이피크라테스는 트라키아에서, 티모테오스(Timotheus)는 레스보스(Lesbos)에서, 또 카레스(Chares)는 시게움(Sigeum)[161]에서 그렇게 했던 것이다. 카레스가 행동과 성격 면에서 다른 사람들과 차이가 있었던 것도 사실이다. 그럼에도 불구하고 그는 아테네에서 대접을 받았고 상당한 영향력을 행사했었다.

4. 카브리아스는 동맹국들 전쟁에서 다음과 같이 죽음을 맞이했다. 아테네인들은 키오스(Chios)를 공격하고 있었다. 카브리아스는 개인 자격으로 함대에 승선하고 있었지만, 병사들은 그들의 직속상관들

---

161 거구(巨口) 카레스는 용병대장으로 전쟁에 종사하지 않을 때, 소아시아 트로이 근처 항구 도시 시게움에서 수년간을 살았음.

보다 그를 더 우러러보았다. 그것이 그의 죽음을 재촉하였던 것이다. 그가 항구에 먼저 진입하기를 갈망하여, 키잡이 병사에게 배를 그 지점으로 돌리라고 명하여, 스스로가 자신의 멸망을 초래했던 것이다. 왜냐하면 그가 진입을 강제했을 때, 나머지 배들은 그의 뒤를 따르지 않았기 때문이다. 결과적으로 그는 사방에서 몰려오는 적들에게 포위가 되었고, 그가 용맹스럽게 싸웠지만, 배는 충각(衝角)에 들이받혀서 가라앉기 시작했다. 그런 상황에서도 카브리아스는 바다에 몸을 던져 도피할 수도 있었을 것이다. 그도 그럴 것이 아테네 함대가 지척에 있어 헤엄치는 자들을 들어 올릴 수 있었기 때문이다. 그러나 그는 그의 무기를 버리고 배를 포기하기보다 죽기를 선호했다. 나머지 사람들은 그렇게 하는 것에 동조하지 않고 헤엄을 쳐서 그들의 목숨을 건졌다. 하지만 그는 치욕스러운 삶보다 명예로운 죽음이 더 낫다고 생각하여 맞붙어 싸우다가 적의 무기에 죽임을 당했다.

GUBERNATOR

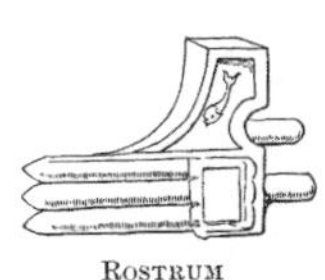

ROSTRUM

XIII. 티모테오스

1. 티모테오스(Timotheus)는 코논의 아들이자 아테네인이었다. 그는 아버지로부터 물려받은 영광을 자신의 많은 덕들로 증대시켰다. 그는 능변이었고, 정력적이었고, 부지런하였고, 그에 못지않게 전술에서도 정치적 수완에서도 능숙했다. 화려한 업적들이 많이 있지만, 다음 것들이 가장 많이 찬양받고 있다. 전쟁에서 그는 올린토스(Olynthius)인[162]들과 뷔잔티오스(Byzantius)인들을 상대로 승리를 거두었다. 그는 사모스(Samos) 섬을 접수했고, 아테네는 그 이전의 전쟁에서 도심지를 포위 공격하느라 천이백 탈란트를 쏟아부었다. 그는 국가의 비용을 한 푼도 들이지 않고 그 돈을 국민에게 환원해 주었다. 그는 코투스(트라키아 왕)에게 전쟁을 걸어 천이백 탈란트에 상당하는 전리품을 되찾아와, 공적(公的) 금고에 납입했다. 그는 퀴지코스(Cyzicus)[163]를 봉쇄에서 해방시켰다. 그는 아리오바르자네스(Ariobarzanes)[164]를 도우러 아게실라오스와 같이 갔었는데, 라코니아

---

162 에우보이아(Euboea) 섬에 있는 칼키스(Chalcis) 지방의 올린토스(Olynthus) 시의 주민. 현재는 그 도시와 마주하는 본토의 아울리스(Aulis) 시는 다리로 연결되어 있음. 그 섬은 '이보이아'라고도 불림.

163 케르손네소스 반도 위쪽 비튀니아(Bithynia)와 대륙을 잇는 지협(地峽)의 끝부분으로 마르마라(Marmara) 해(海)의 연안에 위치해 있던 나라.

164 페르시아의 왕 아르타크세르크세스 2세의 밑에서 프뤼기아(Phrygia), 뤼디아(Lydia), 이오니아(Ionia)에 걸친 넓은 지역을 총괄하던 태수.

(Laconia)인은 봉사의 대가로 현금을 받았던 반면, 티모테오스는 보상을 받아 일부를 자기 앞으로 챙기는 대신 동료 시민들이 추가적 영토와 도시들을 얻게 되는 것을 선호했다. 그에 따라, 그는 크리토테(Crithote)와 세스토스(Sestus)[165]를 증여 받았다.

2. 그는 함대의 사령관으로 지명되어, 펠로폰네소스 주변을 항해하면서, 라코니아(Laconia) 지방[166]을 약탈했고, 그들의 함대를 패주시켰다. 코르퀴라(Corcyra)[167]를 아테네의 영향력 아래로 끌어들였다. 그는 또한 에페이로스인들(Epirotes), 아타마니아인들(Athamanes), 카오니아인들(Chaones),[168] 또 해안가에 사는 모든 족속들을 동맹으로 만들어 아테네에 종속시켰다. 일이 이렇게 되자, 라케다이몬인들은 오래 지속되어 왔던 패권 다툼을 포기하고, 자발적으로 아테네에 해상에서 패권의 지위를 양보했고, 해상에서 아테네의 통솔권을 인정하는 평화 조약을 체결하였다. 그 승리는 아테네인들에겐 너무나 큰 기쁨이었고, 그때 처음으로 평화의 여신[169]에게 공적(公的) 자금으로 마련한 제단들이 봉헌되었고, 또한 그 여신을 기리기 위해 여신상(女神像)을 떠받

ARA

165 두 도시 모두 케르손네소스 반도의 헬레스폰토스(Hellespont) 해협의 북쪽 연안에 위치함.

166 라케다이몬인들의 주요 활동 지역.

167 에페이로스(Epirus) 지방 서편 이오니아 해(海)의 큰 섬.

168 이들 모두 에페이로스 지방에 살던 족속들.

169 평화의 여신을 위한 제단은 과거에도 있었지만, 여기서 새로운 것은 그것이 연례행사로 자리매김하였다는 것.

치는 방석[170]이 마련되었다. 그의 영광스러운 행적을 영구(永久)히 기억하기 위해, 아테네인들은 티모테오스의 입상(立像)을 국가의 비용으로 아고라에 설치하였다. 이것은 그때까지 모든 사람들 중 유일하게 그에게만 찾아온 명예였다. 즉, 사람들이 아버지에게 입상을 세워준 후에, 아들은 그와 똑같은 감사의 표시를 받았던 것이다. 그렇게 해서 아들의 새로운 입상은 아버지의 입상 옆에 세워져, 아버지의 아주 오래된 기억을 소생시켰다.

3. 티모테오스가 지긋한 나이에 접어들어 공직 생활을 중지하였을 때, 전쟁이 터져 아테네인들을 사방에서 위협하기 시작했다. 사모스(Samos)는 반기(叛旗)를 들었고, 헬레스폰토스는 동맹을 이탈했고, 그 당시에도 강했던 마케도니아의 필리포스(Philippus)는 많은 책략을 꾸몄다. 필리포스에 대항하여, 카레스(Chares)가 급파되었으나, 그가 나라를 지킬 능력이 있다고 생각되지는 않았다. 이피크라테스의 아들이며 티모테오스의 사위인 메네스테우스(Menestheus)가 장군으로 임명되었고, 그가 전쟁을 떠맡도록 결정되었다. 경험과 지혜의 면에서 걸출한 두 사람, 아버지와 장인이 그에게 고문관으로 주어졌다. 이들의 신망은 대단히 높아서 그들을 통해 손실되었던 것이 다시 회복되리라는 강한 희망이 솟구쳤던 것이다. 그런 다음 세 사람은 사모스(Samos)를 향해 항해했고, 그들이 오고 있다는 조언(助言)을 들은 카레스는, 자기가 없이는 어떤 것도 이룩되지 않는 것처럼 보이게 하기 위하여, 그의 병력을 이끌고 같은 곳으로 갔다. 그들이 섬 근처로 접근할 때, 엄청난 폭풍이 일어났는데, 늙은 두 장군은, 그것을 피하는 것

170 원문의 'pulvinar 신상(神像)을 올려놓는 받침대'는 또한 신들의 향연을 위해 예물을 올려놓는 방석(lectisternium)의 기능도 있었음.

이 상책이라고 생각하여, 그들의 함대를 정박시켰다. 그러나 카레스는 대담한 진로를 채택하면서 그가 운(運)을 지배하는 사람이라고 믿었다. 그가 목적지에 도달해서 티모테오스와 이피크라테스에게 메시지를 보내어 그에게 합류(合流)하라고 했다.

그 이후 상황이 나쁘게 흘러, 여러 선박을 잃고서, 카레스는 출발했던 곳으로 다시 돌아와 아테네에 공식 보고를 보냈다. 그가 주장하기를, 티모테오스와 이피크라테스에 의해 그가 궁지에 빠지지만 않았다면, 그가 사모스를 쉽게 탈취할 수 있었을 것이라 했다. 아테네인들은 충동적인 기질과, 불신과 변심(變心)하는 기질, 그리고 적의를 품고, 질투하는 기질을 지니고 있었는데, 더군다나 고발된 인물들이 강력하여서, 그들 모두를 본국으로 소환하였다. 그들은 반역죄로 고소를 당했다. 티모테오스에게는 유죄 판결이 났고 벌금은 백 탈란트로 확정되었다. 그렇게 되자, 그는 조국의 배은망덕함에 화가 나서 칼키스(Chalcis)[171]로 가서 은둔하였다.

4. 티모테오스의 사망 후, 국민들은 그들이 그에게 내린 선고(宣告)를 후회하였다. 그래서 벌금의 10분의 9를 면제해 주고, 그의 아들 코논으로 하여금 도시 장벽의 일부를 보수하는 데에 십 탈란트만을 지불하도록 하였다. 이 사건에서 우리는 행운의 여신의 변덕을 본다. 그의 조부(祖父) 코논이 적으로부터 빼앗은 전리품으로 재건(再建)했던 바로 그 장벽들을, 손자 코논이 가문에 큰 불명예를 끼치며 개인 재산으로 수리비를 담당하도록 강제되었다. 따지고 보면, 티모테오스는 절제하고 현명한 인생을 살았다는 것을 증명하기 위해 여러 예들을 들

171 에우보이아(Euboea)의 수도로 희랍 본토를 마주하고 있음. 그 일은 기원전 355년에 일어났고, 그는 바로 그 해에 사망하였음.

수 있겠지만, 나는 기꺼이 한 예만 들겠다. 그것으로부터 그가 친구들에게 얼마나 귀한 존재였는지를 쉽게 상상해볼 수 있을 것이다. 그가 청장년의 나이에[172] 아테네에서 한 소송에 휘말렸을 때, 본국에 있는 친구들뿐만 아니라, 외국에 있는 친구들까지 사적(私的) 신분으로 그를 변호하기 위해 몰려왔다. 후자 가운데 테살리아(Thessalia)의 참주 이아손(Iason)이 있었는데, 그 당시 그는 통치자들 가운데 가장 강력한 인물이었다. 그 위대한 인물은, 그 자신 본국에서조차 호위병들이 없이는 안전하다고 생각하지 않았음에도, 수행원 하나도 거느리지 않고 아테네에 온 것이었다. 그는 명예를 지키기 위해 싸우고 있는 티모테오스 곁을 지켜주지 못할 바에는 차라리 자신의 생명을 위험에 빠트리는 것을 선호(選好)할 정도로 그의 손님 친구에 대해 헌신적이었던 것이다.[173] 하지만 티모테오스는 훗날에 국민의 명에 의해 바로 그 이아손에게 전쟁을 걸었는데, 이것은 조국(祖國)의 권리를 손님 환대의 법도(法度)보다 더 신성하게 간주했기 때문이다.

아테네 장군들의 시대는 이피크라테스, 카브리아스, 그리고 티모테오스와 더불어 종말을 고했고, 그 걸출한 인물들의 사망 이후로는 도시에서 활동한 어떤 장군도 언급할 가치가 없다.

---

172 원문의 'adulescentulus 청년'은 일반대화에서는 '축소(縮小)'의 의미가 없이 통용되었다고 함. 이때 그의 나이 사십이었고, 기원전 373년이었음.

173 그 당시 손님 접대는 신들에게서 부여받은 '특권'으로 여겨졌고 방문을 통해 맺어진 우정관계는 신성시(神聖視) 되었음. 본문에는 다음과 같이 간단히 표현되어 있지만, — "tantique hospitem fecit, ut 그처럼 손님 접대를 했으므로" — 그것의 함축적 의미를 파악하는 것이 여기서 유효함.

XIV. 다타메스

1. 나는 이제, 두 명의 카르타고인들인 하밀카르(Hamilcar)와 한니발(Hannibal)을 제외하고, 모든 이방인들[174] 중 가장 용감하고 가장 명민한 사람의 얘기로 넘어가고자 한다. 나는 그에 관한 세목(細目)들을 더 많이 이야기하려고 하는데, 이는 그의 업적이 덜 알려져 있고, 또한 그의 성공 사례(事例)들은 군사력보다는 전략에 의지했기 때문이며, 이 측면에서 그는 당대의 그 누구보다도 뛰어났기 때문이다. 그리고 이러한 사정이 제대로 설명되지 않는 한, 그의 장점들은 이해될 수 없다.

다타메스(Datames)는 카리아(Caria)[175] 국적인 아버지 카미사레스(Camisares)와 스퀴타이족[176] 어머니(Scythissa)에게서 태어났다. 그는 먼저 아르타크세르크세스의 궁전을 지키는 병사들 중 하나로 경력을 시작했다. 아버지 카미사레스(Camisares)는 개인적인 과감함과 전쟁에서의 용맹 덕택으로, 그리고 많은 장소에서 왕에게 충성심을 발휘했기 때문에, 백색 시리아인들[177]이 거주하고 있는 카파도키아

---

174 희랍 · 로마 시대에 'barbarus 이방인'이라 함은 희랍이나 로마의 관습이 낯설었던 외국인을 뜻했는데, 후에 '야만인'의 뜻이 가미되었음.

175 소아시아의 동남부 지방.

176 흑해 북방에 자리 잡고 살던 민족.

177 레우코쉬리(Leucosyri).

(Cappadocia)에 인접한 킬뤼키아(Cilicia)[178] 지방의 총독으로 있었다. 다타메스는 처음에는 군인으로 봉사하면서, 왕이 카두시아인들(Cadusii)[179]과 벌이던 전쟁에서, 그의 자질(資質)을 보여 주었다. 왜냐하면 이 전쟁에서 왕의 군대 수천 명이 전사하였음에도, 그의 공훈은 상당한 가치가 있었다. 그 전쟁에서 카미사레스가 전사하였기 때문에, 다타메스가 아버지가 지배하던 지방의 총독이 된 것이다.

2. 그 후, 아우토프로다테스(Autophrodates)[180]가 왕의 명령을 받고, 반란을 일으킨 족속들을 추격할 때, 그는 아버지와 같은 용맹함을 드러냈다. 그도 그럴 것이, 적들이 벌써 페르시아 진영에 진입했을 때, 적들을 소탕하고 남아있는 왕의 군대를 구원할 수 있었던 것은 다타메스에게 힘입은 것이었다. 그리고 그 공적으로 인해, 그는 더 많은 요직을 담당하였다. 그 당시 투이스(Thuys)는 파플라고니아(Paphlagonia)의 군주였는데, 저 오래된 퓔라이메네스(Pylaemenes) 가문 출신이었다. 호메로스에 의하면 퓔라이메네스는, 트로이 전쟁에서 파트로클로스(Patroclus)[181]에 의해 죽임을 당했다는 인물이었다. 이 군주는 왕의 명령에 복종하지 않았다. 그 이유로 인해 왕은 전쟁을 결심하고, 전투의 운영을 파플라고니아인의 가까운 친척인 다타메스에게 맡겼다. 왜냐하면 그들의 부와 모는 오누이였기 때문이다. 상황이 이렇

---

178 소아시아 동남부에 있었던 고대국가.

179 그 당시 카스피아 해 연안에 살던 호전적 부족.

180 역사적으로는 그 정확한 이름이 '아우토프라다테스 Autophradates'로 알렉산드로스 대왕 시절에 페르시아의 사령관으로 알려져 있음.

181 호메로스 서사시 《일리아스》5권 576행에 의하면, 그것은 메넬라오스(Menelaus)였음.

다 보니, 다타메스는 무기에 의존하기에 앞서 먼저 그의 친척에게 그의 의무를 상기시키고자 노력하였다. 다타메스는, 친척이 되는 사람으로부터 어떤 비열한 행동을 두려워하지 않았기에, 호위가 없이 그에게 왔는데 하마터면 그의 생명을 잃을 뻔했다. 왜냐하면 투이스는 사적으로 그를 죽이기를 원했기 때문이다. 파플라고니아인에게 아주머니가 되는 다타메스의 어머니가 그와 동행했다. 그녀는 그 음모를 알게 되어 아들에게 알려주었다. 그는 싸우면서 위험을 피했고 투이스에게 전쟁을 선포하였다. 비록 다타메스가 그 전쟁을 하는 동안, 뤼디아(Lydia)와 이오니아(Ionia) 그리고 프뤼기아(Phrygia) 전체의 총독인 아리오바르자네스(Ariobarzanes)로부터 조금도 도움을 받지 못했지만, 그는 전혀 지치지 않고 싸움을 계속해, 투이스와 그의 아내, 아이들까지 생포하였다.

3. 다타메스는 성공의 소식이 자신의 도착 전에 왕의 귀에 들어가지 않도록 애를 썼다. 그리하여 그 누구도 알지 못한 채, 그는 왕이 있는 장소로 왔다. 그 다음 날, 투이스는 체구가 크고, 머리카락은 길고, 수염은 축 늘어지고, 얼굴은 매우 거무스름하였으므로, 그는 투이스에게 태수들이 입는 고급 의상을 입혔다. 또한 그는 목걸이와 금팔찌들, 그리고 다른 왕실 장식품들로 그를 단장하였다. 다타메스 자신은 농부 이중 외투와 거친 털로 덮인 겉옷을 입은 채, 머리엔 사냥꾼 모자를 눌러쓰고, 오른손엔 몽둥이를 그리고 왼손에는 투이스가 매여 있는 가죽 끈을 잡은 채, 마치 그가 잡은 야생 동물을 끌고 오듯이, 파플라고니아 사람을 그의 앞으로 몰아세웠다.

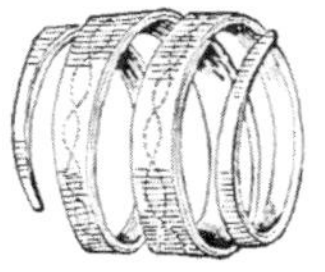

ARMILLA

그들의 이상야릇한 옷차림과 포로의 괴이한 차림새가 사람들의 이목을 집중시켰고 결과적으로 많은 군중이 운집하였을 때, 어떤 사람이 투이스를 알아보고 왕에게 보고하였다. 처음엔, 아르타크세르크세스가 믿으려고 하지 않았기에 파르나바조스(Pharnabazus)를 보내어 조사하게 했다. 그로부터 실상을 알게 되자, 그는 곧바로 두 사람을 면전에 들이도록 명하였고, 포획과 가장(假裝)을 크게 기뻐했다. 특히 그는 거의 생각하지 못했는데, 뛰어난 군주가 그의 손아귀에 떨어졌기 때문이다. 따라서 그는 다타메스에게 아낌없이 하례(賀禮)를 했고, 그를 이집트와의 전쟁에 대비하여 그 당시 파르나바조스와 티트라우스테스(Tithraustes)의 주도하에 소집되던 군대에 보내면서 동시에 그에게 두 페르시아인들과 동등한 권위를 부여하였다. 그 후에 왕이 파르나바조스를 소환하였을 때, 통수권은 다타메스에게 넘어갔다.

4. 다타메스가 이집트로 진군하기 위해 분주히 군대를 정비하고 있을 때, 왕이 급히 보낸 서신이 그에게 도착했다. 거기에는 킬뤼키아(Cilicia) 너머 카파도키아(Cappadoci)[182]에 인접한 카타오니아(Cataonia)의 통치자 아스피스(Aspis)를 공격하라는 명(命)이 담겨 있었다. 왜냐하면 아스피스는 숲이 우거지고 요새들로 공고(鞏固)한 지역에 살면서 아르타크세르크세스에 대한 충순(忠順)을 인정하기는커녕 국경에 인접한 지역들을 황폐시켰고, 왕에게 수송되는 물자들을 가로챘다는 것이었다. 다타메스는 그 지역들과는 꽤 멀리 떨어져 있고 더 중요한 일로 딴 데로 돌리려는 참이었지만, 그럼에도 그는 왕이 갈망하는 바를 해야 한다고 생각했다. 그리하여 그는 오직 몇 명이지만 용감한 병사들을 데리고 배를 타고 떠났는데, 그것은 적이 방심하고 있을 때 소수의

182 흑해 남쪽에 위치한 산수(山水)가 수려한 지방.

병력으로 적을 분쇄하는 것이, 방어할 준비가 되어 적에 대항하여 모든 병력을 동원하는 경우보다 더 쉽다고 생각했기 때문이었는데, 그의 예상(豫想)은 적중했다.

배를 타고 킬뤼키아(Cilicia) 해안에서 하선(下船)하여, 다타메스는 밤낮으로 행군하여 타우로스(Taurus) 산맥을 넘어 목적지에 도달했다. 아스피스가 어디에 있는지를 수소문해서 그는 후자가 그리 먼 곳에 있지 않고 그곳으로 사냥 나왔다는 것을 알게 되었다. 다타메스가 무엇을 할지 고려하고 있는 동안, 그가 그곳에 온 이유가 알려지게 되었다. 아스피스는 그를 수행하고 있는 병사들에 추가해 피시디아(Pisidia)[183]을 동원해 그에게 저항할 준비를 했다. 다타메스가 이 소식을 들었을 때, 그는 무기를 챙기고 그의 병사들에게 그를 따르라고 명했다. 그 자신은 적을 상봉하기 위해 전 속력으로 말을 달렸다. 아스피스는 그 자신을 향해 돌진하고 있는 그의 모습을 멀리서 보고는 공포에 사로잡혔고, 저항할 생각을 포기하고 항복하고 말았다. 다타메스는 그를 쇠사슬에 묶어서, 왕에게 인도(引導)하라고 뮈트리다테스(Mythridates)[184]에게 넘겨주었다.

5. 이 모든 일이 진행되는 동안, 아르타크세르크세스는 얼마나 중요한 전쟁에서 얼마나 사소한 일 쪽으로 일급 장수를 빼돌렸는지를 기억하고, 스스로를 자책하였으며, 그리고 다타메스가 아직 출발하지 않았을 거라고 생각하고, 사자(使者)를 보내어 그에게 아케(Ace)에 있는 부대를 떠나지 말라는 메시지를 보냈다. 그런데 사자가 목적지에 도달하기도 전에, 그는 가는 도중에 아스피스를 왕에게 데리고 가

183 무사(武士)들 그 지역의 용병(傭兵) 역할을 하던 호전적 족속.

184 아르타크세르크세스의 아들.

는 사람들을 만났다. 그러한 신속한 행동으로 다타메스는 아르타크세르크세스로부터 높은 신망을 얻었지만, 궁신(宮臣)들로부터는 그에 맞먹는 질투를 얻었다. 그들은 그들 모두보다 그가 더 높이 평가되고 있음을 깨달았기 때문이다. 그런 이유로 그들 모두는 그를 영락시킬 모략에 가담했다. 다타메스에게 우호적인 궁중의 금고지기 판단테스(Pandantes)가 이 음모에 관해 그에게 쓴 편지에, 만약 그가 사령관으로 있는 이집트에서 어떤 불행한 일이 생기면, 큰 위험에 빠질 것이라고 알려주었다. 왜냐하면 왕들의 관습은 재난들은 사람들의 탓으로 돌리고 성공은 그들 자신의 행운의 덕으로 돌렸기 때문이다. 또 왕들은 일을 나쁘게 처리했다고 보고된 사람들을 멸망시키는 데 쉽게 유도(誘導)된다고 했다. 게다가 다타메스는, 왕에게 각별히 영향력을 행사하는 자들의 신랄한 반목(反目)을 샀기 때문에, 더 큰 위험에 빠지게 될 것이라고 했다.

다타메스가 편지를 읽었을 때, 이미 아케(Ace)에 있는 군대에 도달했지만, 그에게 적어 보낸 편지가 참되다는 것을 알고 있는 이상, 왕을 위한 봉사를 그만두기로 작심하였다. 그럼에도 그는 명예를 더럽힐 일은 아무것도 하지 않았다. 왜냐하면 그는 마그네시아(Magnesia)[185]의 만드로클레스(Mandrocles)에게 군대의 지휘를 맡겼고, 자신은 휘하 병사들과 함께 카파도키아로 가서 인접 지역인 팜플라고니아(Pamphlagonia)를 점령하였고, 왕에 대해서는 그의 감정들을 감추었기 때문이다. 그리고 그는 비밀리에 아리오바르자네스(Ariobarzanes)와 우정을 맺었고, 일군(一群)의 병사들을 모집했고, 요새화된 도시들을 자신의 친구들에게 맡겼다.

185 테살리아(Thessalia) 동북쪽의 해안지방.

6. 그러나 그때가 겨울철이었으므로 이러한 절차들이 순조롭게 진행되지 못했다. 피시디아(Pisidia)인들이 그에게 대항하여 군대를 육성한다는 소식을 듣자, 그는 아들 아르시다이우스(Arsidaeus)를 군대와 함께 거기로 보냈다. 젊은이는 전투에서 전사했다. 아버지는 별로 크지 않은 군대를 이끌고, 그가 입은 심각한 상처를 숨기면서, 그들을 향해 출정하였다. 왜냐하면 그는 패배의 소식이 병사들의 귀에 들어가기 전에 적과 접전하기를 바랐고 아들이 죽었다는 소식이 병사들의 사기(士氣)를 꺾어 놓을까봐 두려워하였기 때문이다. 그는 서둘러 목적지에 도착해서 많은 수의 적들에 의해 포위될 수 없고, 또한 그의 군대가 전투준비를 하는 데에 방해를 받지 않을 그런 지점에 진영을 꾸렸다.

그는 장인인 미트로바르자네스(Mithrobarzanes)를 기병 사령관으로 대동(帶同)하였다. 하지만 이 사람은 사위의 위치에 절망하여 적군으로 이탈했다. 다타메스가 이 소식을 듣자, 그가 그처럼 가까운 친척에 의해 내버려졌다는 소문이 나돌게 되면, 나머지 모든 사람들도 그 예를 따를 것이라는 것을 알아차렸다. 그리하여 그는 미트로바르자네스가 저편으로 간 것은 그의 명령에 의한 것이고, 그가 적에 의해 일단 받아들여지면, 그들을 보다 쉽게 파멸시킬 수 있을 것이라는 소문이 나도록 했다. 그런 고로 그를 포기하는 것은 옳지 않고, 모든 병사들은 당장 그의 뒤를 따라야 한다는 것이었다. 만약 그들이 강건하게 행동한다면, 적은 성벽 안팎에서 공격을 받을 것이기 때문에, 적은 저항할 수 없을 것이라고 했다. 이러한 착상이 승인받자, 그는 군대를 이끌고 미트로바르자네스를 추격했다. 그리고 장인이 적 진영에 거의 도착했을 때, 다타메스는 공격 명령을 내렸다. 이 이상한 전술에 놀란

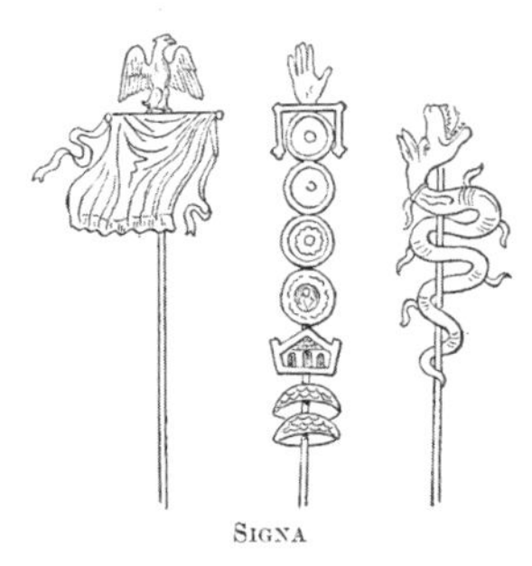
SIGNA

피시디아인들은 탈주병들이 나쁜 의도를 가지고 또 잘 준비된 각본에 따라 행동하는 것이니, 그들을 받아들인다면 더 큰 재난이 야기될 수 있다고 믿었다. 먼저 그들은 탈주병들을 공격했다. 탈주병들은 무슨 일이 일어나고 있는지 또는 왜 그렇게 되었는지를 이해하지 못하였기 때문에, 그들이 도망병으로 찾아간 그들과 맞붙어 싸우도록 강제되었고, 그들이 한때 포기했던 사람들의 편에 서는 수밖에 다른 도리가 없었다. 그리고 아무 편도 그들을 그냥 놔두지 않았기 때문에 그들은 순식간에 박살이 났다. 다타메스는 저항하며 남아있는 피시디아인들을 공격하여, 첫 돌진에 그들을 소탕하고 도망병들을 추격하여 다수를 죽이고 적의 진영을 탈취했다.

이 전술로 다타메스는 한 번에 배반자들을 징벌하고 적을 정복했는데, 그것이 가능했던 것은 그의 몰락을 위하여 고안되었던 음모를 그의 안전의 수단으로 전환시켰기 때문이다. 나는 그 어디서도 이보다 더 현명한 사령관의 책략도 또 더 민첩한 실행을 읽지 못하였다.

7. 그러나 그의 장자(長子) 스키스마스(Scismas)는 이 사람에게서 이탈하여, 왕한테 가서 부친의 반역을 보고하였다. 그가 상대해야 할 사람은 용감하고 정력적인 사람인 데다가, 심사숙고하고 나서 용감하게 실천했고, 또 시도하기 전에 숙고하였기 때문에, 이 소식은 아르타크세르크세스를 충격에 빠트렸다. 그는 아우토프로다테스(Autophrodates)를 카파도키아로 보냈다. 다타메스는, 아우토프로다테

스가 그 지방에 들어오는 것을 미리 막기 위하여, 킬뤼키아 관문들[186]이 위치해 있는 숲이 무성한 산길을 점령하려고 노력했다. 그러나 그는 그렇게 급하게 병력을 소집할 수가 없었다. 그 계획이 좌절되자, 그는 일군(一群)의 병력을 끌어 모아, 적에 의해 포위될 수 없는 위치를 선택했다. 그 지점은 상대방이 불리한 상황에 빠져들지 않고는 통과할 수 없는 곳이었다. 그리고 만약 적이 거기서 싸우겠다고 결정했다고 해도, 적의 큰 숫자는 작은 병력에 비해 많은 이점(利點)이 없었다.

8. 비록 아우토프로다테스가 그 상황을 이해했다 해도, 그런 대군(大軍)을 이끌고 후퇴하거나 오랜 기간 동안 한 장소에 있기보다는 차라리 접전하기로 결정하였다. 그에게는 이만 명의 이방인 기마병들, 페르시아인들이 카르다케스(Cardaces)[187]라고 부르는 십만 보병, 같은 종족의 삼천 명의 투석(投石)병들. 거기에 추가해서 팔천 명의 카파도키아인들, 일만 명의 아르메니아인들, 오천 명의 파플라고니아인들, 일만 명의 프뤼기아인들, 오천 명의 뤼디아인들, 삼천 명 가량의 아스페디아인들과 피시디아인들, 이천 명의 킬뤼키아인들, 같은 수의 카프티아인들, 또 삼천 명의 희랍인 용병들, 또 그와 더불어 엄청난 수의 가벼운 무기를 든 병사들이 있었다.

이러한 군사력에 대적(對敵)하는 다타메스의 유일한 희망은 그 자신과 천혜(天惠) 위치에 있었다. 왜냐하면 그의 군사력은 이십 분의 일도 채 되지 않았기 때문이다. 그가 지닌 그런 군사력에 의존하여, 전쟁에 임해 수천 명의 적병(敵兵)을 죽인 반면에, 그의 군대에서 그가 잃

---

186 원문 'Ciliciae portae 킬뤼키아의 관문'은 킬뤼키아의 동부에 있는 산중 협로로 타우로스(Taurus) 산맥을 통해 카파도키아로 가는 관문.

187 지방의 용병(傭兵).

은 숫자는 천 명 이상이 되지 않았다. 그의 승리를 기념하기 위하여, 그는 그 다음 날 그 전날 싸웠던 장소에 전승 기념비를 세웠다. 거기에서 그는 진영을 옮겼고, 항상 숫자적으로는 엄청 열세였지만, 모든 접전에서, 승리자가 되어 떠났다. 그 이유는 적들이 어떤 좁은 협곡에 갇히는 경우가 아니라면, 그는 결코 응전(應戰)하려 하지 않았기 때문이다. 그런 대치와 접전이 자주 있었는데, 그 이유는 그 지방에 대한 그의 지식과 그의 기발한 전략 덕분이었다. 그때 아우토프로다테스는, 전쟁을 연장하는 것이 적에게보다 왕에게 더 큰 손해가 된다는 것을 깨닫자, 그가 다시 왕의 호의를 받을 목적으로 다타메스에게 왕과의 화해를 역설하고 나섰다. 그런데 다타메스는 평화에 믿음이 가지 않았지만, 그럼에도 불구하고 조건을 받아들였고, 공사(公使)들을 아르타크세르크세스에게 보내기로 말했다. 그리하여 왕이 다타메스에게 걸었던 전쟁은 종말을 고했다. 아우토프로다테스는 프뤼기아(Phrygia) 속으로 들어가 은퇴했다.

TROPAEUM

9. 하지만 왕은, 다타메스에 대해 진정할 수 없는 증오를 품어 왔는데 이제 전쟁으로 그를 제압할 수 없다는 것을 알게 되자, 비열한 방법으로 그를 제거하고자 시도했으나, 다타메스는 많은 음모들을 피했다. 예컨대, 친구에 포함된 어떤 사람들이 그에게 적대적 음모를 꾀하고 있다는 소식이 그에게 보고되었을 때, 그는, 그 사람에 관해 제기된 고발들을 믿지도 말고 무시하지도 말아야 한다고 생각했기 때문에, 그에게 보고된 것이 참인지 또는 거짓인지를 알아내기를 바랐다. 따라서 그는 매복이 있을 거라고 그에게 보고된 지점을 향해 출발

했다. 그러나 그는 용모와 체구에 있어 그와 매우 흡사한 남자를 뽑아, 그 자신의 의상(衣裳)을 그에게 입히고는, 자신이 보통 차지하는 그 장소로 그 남사가 가도록 명령하였다. 그러나 다타메스는 어느 보통 병사처럼 장비와 의상을 갖추고 근위대 사이에 끼어 행진을 시작했다.

매복자들은 군대가 지정된 장소에 도달하자, 행렬에서의 그의 위치와 또 그의 복장을 보고 오도(誤導)되어, 다타메스의 자리를 차지한 그 사람에게 공격을 가했다. 그러나 다타메스는 함께 행진하는 이들에게 이미 그가 행동하는 것을 보고 그대로 따라 하도록 준비를 시켜 놓았었다. 그는 매복자들이 앞으로 돌진하는 것을 보자마자, 그들을 향해 무기들을 던졌다. 그리고 전체가 그와 같은 행동을 하였으므로, 매복자들이 공격 목표로 삼았던 그 사람에게 채 도달하기도 전에, 쓰러져 죽었다.

10. 그럼에도 너무나 영악한 이 사람은, 끝내 아리오바르자네스의 아들 뮈트리다테스(Mithridates)의 올가미에 잡혔다. 왜냐하면 그가 왕에게 약속하기를, 그가 무엇을 하든 처벌받지 않고 할 수 있도록 왕이 그에게 허가해 주고 또 페르시아의 격식에 따라 그의 오른손을 내밀어 서약해 준다면, 다타메스를 죽이겠노라고 말했기 때문이다. 그가 왕의 사자(使者)로부터 서약을 받았을 때,[188] 뮈트리다테스는 군대를 준비시켰고, 다타메스와는 [멀리 있어] 만나지 않고서 우호관계를 맺었다. 그런 다음, 그는 왕의 현(縣)들을 급습하고 요새들을 휩쓸었고, 상당히 많은 전리품을 빼앗아서 그의 병사들에게 나누어주었고 또 그 일부는 다타메스에게 보냈다. 그런 식으로 그는 몇 개의 요새들을 그에게 넘겨주었다. 그는 이와 같은 행동을 오랫동안 계속하면서 그가 왕에

188 사자가 왕을 대신해서 그의 오른손을 내미는 행위.

게 적대해 끊없는 전쟁을 하고 있다는 것을 다타메스에게 확신시켰고, 또한 어떤 배신의 의혹도 일으킬 일을 피하기 위하여, 그는 그와의 어떤 회견도 하지 않았고, 그와 얼굴을 마주치려고도 하지 않았다. 그는 멀리 거리를 두고 우호관계를 수립하여, 그들이 서로에게 도움을 주어서가 아니라 왕에 대해 그들이 느끼는 공동의 증오에 의해 결합되어 있는 듯이 보이게 했다.

11. 뮈트리다테스는 왕에 대한 그의 적개심이 충분히 확신을 들게 하였다고 생각했을 때, 이제 더 큰 군대를 일으켜 아르타크세르크세스에게 직접 전쟁을 감행할 때라고 다타메스에게 확신을 들게 하였다. 그리고 그는 그 문제에 대해, 만약 그가 시인한다면, 그가 원하는 어떤 장소에서든지, 회의를 개최해서 그를 초청하라고 했다. 그 제안은 수락되었고, 그들의 회합 시간과 장소가 지정되었다. 뮈트리다테스는 지극히 신임하는 단 한 사람만 데리고 그곳을 며칠 전에 미리 가서는, 여러 다른 장소에 긴 칼들을 묻어 두고 조심스레 표시를 해 놓았다. 그리고 그 회합이 열리는 바로 그날, 양편은 사람들을 보내 그 장소를 조사하고 장군들 자신의 몸도 수색하게 했다. 그리고 두 사람은 만났다.

그들이 얼마 동안 거기서 회담을 하고 난 후, 그들은 반대 방향으로 떠났다. 이제 다타메스가 벌써 상당한 거리에 떨어져 있었을 때, 뮈트리다테스는, 어떤 의심도 불러일으키지 않기 위해, 다타메스가 그의 수행원들에게로 가 합류하기 직전에, 그 회담 장소로 다시 돌아와서는, 마치 피곤해서 좀 쉬려는 듯, 한 무기가 묻혀 있던 지점에 와서 털썩 앉았다. 그리고는 그가, 회담 도중에 무언가 말할 것을 잊었다는 듯이, 다타메스를 다시 불렀다. 그러는 사이 그는 숨겨 두었던 검(劍)을 들어 올려, 칼집에서 빼내어 그의 외투 밑에 숨겼다. 다타메스가 왔을 때, 그는 그에게 말하기를, 그가 막 떠나려고 할 때, 그들이 앉아 있는 장소에서도 잘 보이고, 한 진영을 설치하는 데에도 딱 맞는 곳을 눈여겨 보아두었다고 했다. 그는 그 장소를 가리켜 보여주었고, 다타메스가 그것을 보려고 등을 돌리자, 배신자는 검을 그의 등에 깊이 꽂았고, 그 어느 누가 그를 도우러 오기도 전에, 그를 죽였다. 이렇게 해서, 결코 비열한 수단에 의존하지 않고, 전략으로 많은 사람을 누르고 승리를 거두었던 그 위대한 인물은 가장된 우정에 제물(祭物)이 되어버렸다.

XV. 에파메이논다스

1. 에파메이논다스(Epaminondas)는 폴륌니스(Polymnis)의 아들이고 테베인이었다. 이 사람에 대해 글을 쓰기 전에, 나는 독자들에게, 다른 나라들의 관습들을 그들 자신의 관습에 따라 판단하거나 또는 자신들에게 품위 없다고 생각된 것이 다른 국민들에게도 그렇게 간주될 거라고 생각하지 않도록, 준비시켜야 한다고 생각한다. 왜냐하면 우리의 관념에 따라 음악은 비중이 있는 인사에게는 적절치 않고, 하물며 춤을 춘다는 것은 심지어 죄악에 들어가기 때문이다. 희랍인들 기준에서 보면, 그런 모든 재예(才藝)는 온당하고 칭찬할 만했다. 내가 에파메이논다스의 삶과 습관을 묘사하고자 하기에, 나는 그 목적에 기여하는 그 어느 것도 생략해서는 안 된다고 생각한다. 그래서 나는 먼저 그의 가문에 관해, 다음은 그가 공부한 주제들과 그의 선생들에 관해서, 그 다음은 그의 성격과 소질들에 관해서, 그리고 기록할 가치가 있는 것은 무엇이든 말할 것이다. 끝으로, 나는 많은 사람들이 모든 덕들보다 더 높이 평가하는 그의 업적들에 관해 설명할 것이다.

LECTOR

2. 그러니까 그는 내가 언급한 아버지로부터 태어났고, 지금은 조상들로 인해서 그리 넉넉하지는 않지만, 명예

로운 가문 출신이었다. 그는 어느 테베인 못지않게 좋은 교육을 받았다. 왜냐하면 그는 키타라를 치는 것과 악기의 반주에 맞추어 노래하는 것을 디오뉘시오스(Dionysius)에게서 배웠기 때문이다. 디오뉘시오스는 이름이 널리 알려진 다몬(Damon)이나 람프로스(Lamprus) 못지않게 음악계에서 명성이 자자했다. 피리 부는 것은 올륌피오도로스(Olympiodorus)에게서, 춤을 추는 것은 칼리프론(Calliphron)한테서 배웠다. 철학 선생은 타렌툼(Tarentum)의 피타고라스 신봉자 뤼시스(Lysis)였다. 그리고 그는 이분에게 너무나 헌신하여서 청춘 시절임에도 그 나이 또래의 어느 젊은이보다도 근엄하고 엄숙한 그 노인과 더 친근하였다. 그리고 그는 그가 배움에 있어 동료 학생들을 훨씬 능가하게 될 때까지 스승은 그가 떠나는 것을 허용하지 않으려고 했다. 그리고 여기서 쉽게 이해될 수 있는 것은 그가 유사한 방식으로 다른 모든 재예(才藝)들에 있어서도 모든 이들을 능가했다는 것이다. 이 마지막 항목들은, 우리의 관습에 비추어보면 대수롭지 않고, 오히려 경멸할 만하겠지만, 희랍에서는 특히 지나간 시절에는, 지극히 존중되었다.

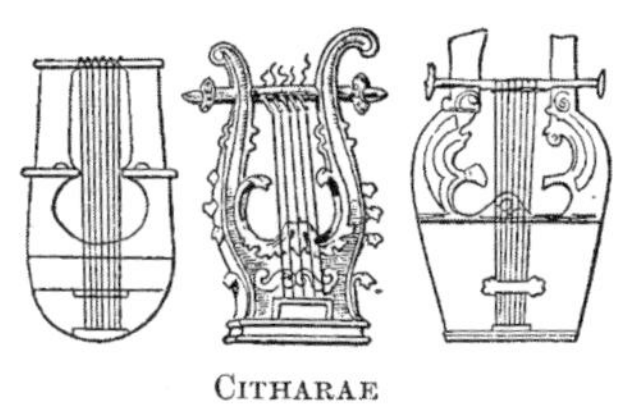
CITHARAE

에파메이논다스가 군(軍)에 종사할 나이가 되고 레슬링 훈련을 하자마자, 그는 힘을 더 기르기보다는 날렵하게 되는 데에 더 신경을 썼다. 그도 그럴 것이, 그는 전자는 경기자(競技者)들에게 필요하겠지만, 후자는 전쟁 수행에 도움이 될 것이라고 생각했다. 따라서 그는 달리기와 레슬링을 철저히 훈련하여, 서 있는 동안 상대방을 휘감아 힘차게 내던질 수 있었다. 그러나 무기를 사용하는 데에 그는 최대한 노력을 기울였다.

3, 이 육체의 힘에 매우 많은 정신적 재능들이 보태졌다. 왜냐하면 그는 절도(節度) 있고, 신중하고, 진지하고, 기회를 잘 포착하고, 전쟁에 능숙하고, 행동이 용감하고, 기개가 있었기 때문이다. 진실을 너무나 사랑하여서 농담으로도 거짓말을 하는 법이 없었다. 그는 자제력 있고, 자애롭고, 놀라울 정도로 참을성이 있어, 사람들의 부당 대우뿐만 아니라 친구들의 부당 대우까지 잘 참아냈다. 그는 비밀들을 지키는 데에 아주 각별했는데, 그건 가끔 웅변 못지않게 값진 자질이었다. 그리고 그는 경청할 줄 아는 사람이었다. 왜냐하면 그는 이것을 통해 정보를 가장 쉽게 얻었기 때문이다. 그렇기에 그가 국사(國事)에 관한 논의나 철학적 논의가 있는 집회에 참석하면, 그는 그 논의가 끝날 때까지 결코 자리를 뜨는 법이 없었다.

그는 가난을 아주 쉽게 견디었기에 국가로부터 영예 외에는 얻는 것이 없었다. 그는 자신의 필요한 것들을 충족하기 위해 친구들의 부(富)를 축내는 일은 거절했다. 반대로, 다른 이들을 도와주는 데에 있어, 신뢰를 너무나 잘 활용해서 그와 그의 친구들 사이에 모든 소유물들은 공동으로 나누고 있다고 생각될 정도였다. 왜냐하면 만약 동료 시민 중 한 사람이 적에 의해 납치가 되었거나, 또는 결혼 적령기에 있는 어느 친구의 딸이 자금이 부족해 시집갈 수 없다면, 그는 친구들과 의논해서 각자가 내야할 기부금을 정했는데, 그 총액은 각 기부자의 재산에 맞추었기 때문이다. 그렇게 해서 필요한 액수를 만들고 나서, 돈을 받기 전에, 그는 돈이 필요한 사람을 기부자들에게 소개하였다. 그렇게 함으로써 그는 도움을 받은 사람이 각 기부자에게 얼마의 빚을 지고 있는지를 알게 했던 것이다.

4. 그의 절제는 퀴지코스(Cyzicus) 출신 디오메돈(Diomedon)에 의해 시험대에 올랐다[189]. 왜냐하면 그는 아르타크세르크세스 왕의 요청으로 에파메이논다스를 뇌물로 매수하려고 했기 때문이다. 디오메돈은 상당한 양의 금을 가지고 테베에 와서 오(五) 탈란트를 들여, 에파메이논다스가 그 당시에 상당히 애착을 느끼고 있는 미퀴토스(Micythus)라는 한 청년을 자기편으로 끌어들였다. 미퀴토스는 에파메이논다스에게 가서 디오메돈이 온 이유를 설명했다. 그러나 그 위인(偉人)은 디오메돈의 면전에서, 이렇게 말했다. "돈은 필요 없소. 왜냐하면 왕이 바라시는 것이 테베인들의 이익과 부합하는 것이라면, 나는 사례를 받지 않고 그것을 할 준비가 되어 있기 때문이오. 그러나 만약 그 반대라면, 금과 은은 충분치가 않소. 왜냐하면 나는 이 세상의 모든 부(富)를 준다 해도 나의 조국의 사랑과 맞바꾸지 않을 것이기 때문이오. 나를 모르면서, 그대가 나를 유혹하려고 시도하고 나를 그대 자신과 같은 사람이라고 믿는 것에 대해 놀라지는 않소. 그리고 나는 그대를 용서하오. 그러나 나의 경우엔 실패한 것이니, 그대가 다른 사람들을 타락시키지 않도록 여기를 당장 떠나시오. 그리고 자네 미퀴토스여, 이 사람에게 그의 돈을 내어 주게. 만약 자네가 당장 그렇게 하지 않으면, 나는 그대를 사직 당국에 넘길 것이오." 디오메돈은 안전하게 그곳을 떠나며 가지고 온 돈도 다시 그대로 가져가도록 청했을 때, 에파메이논다스가 이렇게 대답했다. "나는 그대의 청을 들어주겠소. 하지만 그것은 그대를 위해서라기보다는 나 자신을 위한 것이오. 왜냐하면 나는, 만약 그대의 돈이 그대로부터 탈취된다면, 어떤 사람이 이렇게 말할까봐 두려워하기 때문이오. 즉 나에게 제공된 것을 거절했던 것을

---

189 기원전 368년.

강제로 빼어 수중에 넣었다고 말이요."

에파메이논다스는 그런 다음 페르시아인에게 어디로 향하려고 하는지 물었고, 디오메돈이 아테네라고 했을 때, 안전하게 도착하도록 그에게 호위병 한 명을 붙여주었다. 그리고 그는 그것이 충분치 않아서, 내가 이미 위에서 얘기한 아테네인 카브리아스를 통해 디오메돈이 해를 입지 않고 배에 타도록 조치를 취했다. 청렴에 관해서 이 증명이면 충분할 것이다. 사실상 나는 아주 많은 예들을 들 수도 있다. 그러나 나는 절제해야 한다. 왜냐하면 이 한 권의 책에 여러 걸출한 인물들의 생애들을 포함하기로 계획했고, 나보다 앞선 여러 저자들이 개별적으로 이들에 관해 수천의 글줄을 바쳤기 때문이다.

5. 에파메이논다스는 또한 달변이어서, 그 어떤 테베인도 웅변에 있어서 그에게 필적하지 못했고, 그는 짧은 답변에 요령 있는 만큼 연속적인 연설에도 탁월했다. 그에게는 메네클리다스(Meneclidas)라고 하는 비방자가 있었다. 그는 그와 같은 테베 출신이고 국가 행정에 있어 경쟁자였으며, 적어도 테베인 치고는 숙련된 연사였다. 왜냐하면 테베 사람들은 정신보다는 신체의 힘이 더 크니까 말이다. 이 사람은, 전쟁에서 에파메이논다스가 활약하는 것을 보았기 때문에, 테베인들에게 전쟁보다는 평화를 추구할 것을 역설하곤 했는데, 그것은 그 사령관의 도움이 필요 없게 하기 위함이었다. 에파메이논다스가 그에게 말한다. "그대가 동료 시민들에게 전쟁에서 주의를 딴 데로 돌리게 하는 것은, 그대가 말로 그들을 속이는 것이네. 왜냐하면 편함이라는 이름으로 그대가 권유하는 것은 노예 생활이기 때문이네. 왜냐하면 평화는 전쟁을 통해 얻어지는 것이네. 그러니까 영속적으로 그것을 즐기기를 바라는 이들은 전장에서 잘 훈련되어 있어야 하네. 그러니까

그대들이 희랍의 지배자가 되기를 갈망한다면, 그대들은 연무장(演武場)보다는 군대 진영을 자주 찾아가야 하네."

바로 똑같은 메네클리나스는 에파메이논다스가 자식들이 없고 결혼도 하지 않고 또 특별히, 전쟁에서 아가멤논의 명성을 얻은 듯이 도도하다고 빈정대었을 때, 에파메이논다스는 이렇게 대답했다. "메네클리다스여, 아내와 관련해서 나를 헐뜯기를 그만하게. 그 문제에 관해 자네의 경우보다 더 본받고 싶은 것이 어디에 있겠는가!" 메네클리다스는 간통의 혐의를 받고 있었다. "더 나아가서, 나를 아가멤논(Agamemnon)의 경쟁자로 생각하는데, 그대는 잘못 짚었네. 왜냐하면 그는, 전 희랍과 함께, 한 도시를 점령하는데 꼬박 십년이 걸렸지만, 그와 반대로, 나는 우리의 이 도시 하나만으로 그리고 단 하루 만에 라케다이몬인들을 소탕하여[190] 모든 희랍을 해방시켰기 때문이네."

6. 그가 아르카디아(Arcadia)[191]인들의 집회에 가서, 그들이 테베인들과 아르고스인들[192]과 동맹할 것을 원한다고 하자, 그와 반대로 아테네의 대사이고 그 당시에 가장 뛰어난 웅변가인 칼리스트라토스(Callistratus)가, 오히려 그들에게 아테네인들과 동맹을 맺기를 요청하면서, 연설 중에 테베인들과 아르고스인들에 대해 많은 공격을 퍼부었다. 그리고 그들 가운데서 이렇게 언급하였다. 그는 아르카디아인들은 각각의 도시가 어떤 종류의 시민들을 배출하였는지 명심해야 하는데, 그들로부터 그 나머지 사람들을 헤아려 볼 수 있다고 했

190 기원전 371년 보이오티아의 지점(地點) 레욱트라(Leuctra) 전투.

191 펠로폰네소스 반도의 중부 지방.

192 펠로폰네소스 반도의 동남부 아르골리스(Argolis) 지방의 주요 도시.

다. 왜냐하면 모친 살해자들인 오레스테스(Orestes)[193]와 알크마이온(Alcmaeon)[194]이 아르고스 출신이었기 때문이다. 오이디푸스(Oedipus)는 테베에서 출생했는데, 그는 아버지를 죽이고 어머니에게서 자식들을 낳았다고 했다. 에파메이논다스 이 사람은 답변함에 있어, 먼저 다른 문제들을 논의하고 나서, 드디어 이 두 조롱거리들에 대해 언급했다. 그가 말하기를, 아테네 연설가의 어리석음에 놀랐는데, 그가 언급한 자들 모두는 순수하게 태어났지만, 고국에서 범죄를 저지르고 고국에서 추방을 당한 후에, 아테네인들이 받아주었다고 했다.

그러나 그의 가장 눈부신 웅변은 레욱트라(Leuctra) 전쟁[195] 전에 스파르타에 대사로서 와있을 때였다. 왜냐하면 모든 동맹국들의 대사들이 거기 운집해 있었을 때, 그는 수많은 저 사절단의 회합 앞에서 라케다이몬인들의 폭정을 그처럼 신랄하게 비판하여서, 그는 스파르타인들의 기세를 레욱트라 전쟁 못지않게 저 유명한 연설로 흔들어 놓았기 때문이다. 그가 라케다이몬인들에게 동맹국들의 지지를, 뒤에 가서 명백해졌듯이, 제거하는 데 성공한 때가 바로 그때였다.

7. 그에게 인내심이 있었고, 조국에 대해 노여움을 보이는 것이 불경(不敬)하다고 생각하여 동료 시민들의 불의(不義)를 쉽게 견딘 것은, 다음의 증거로부터 잘 드러난다. 테베인들은 질투 때문에 그를 군대

193 아가멤논(Agamemnon)과 클뤼타임네스트라(Clytemnestra)의 아들로 신탁의 명을 받아 그의 아버지를 죽인 어머니를 살해함.

194 암피아라오스(Amphiaraus)와 에리퓔레(Eriphyle)의 아들로 아버지의 요청과 신탁의 인가를 받아 그의 어머니를 살해했음.

195 기원전 371년 보이오티아의 레욱트라라는 지점(地點)에서 이루어진 스파르타와의 접전인데, 에파메이논다스는 대승(大勝)을 했음.

사령관으로 지명하는 것을 거부하고, 전쟁 경험이 없는 사람을 지도자로 선택했다. 그 사람의 실책으로 수많은 병사들이 안전을 걱정하는 상황에 처했을 때가 ― 그들은 좁은 협곡에 갇혀 적에 의해 진로가 차단된 상태였기 때문에 ― 에파메이논다스의 용의주도함이 필요한 때였다. 그는 거기서 사적으로 한 병사로 복무하고 있었다. 그들이 도와달라고 그에게 호소했을 때, 그는 모욕을 완전히 잊어버리고 군대를 포위망으로부터 구출해서 고국으로 안전하게 인도(引導)하였다. 그리고 이러한 일을 한 번이 아니라, 여러 번 했다. 가장 돋보이는 경우는 그가 라케다이몬인들을 상대로 해서 군대를 펠로폰네소스로 이끌고 갈 때, 두 동료를 대동했는데, 이들 중 한 사람이 용기 있고 정력적인 사람, 펠로피다스(Pelopidas)였다.

이들 모두는 반대자들의 고발에 의해, 적개심의 대상이 되어서, 지휘권이 그들로부터 박탈되었고 그들 대신 다른 지도자들이 그들의 지위에 임명되었었다. 에파메이논다스는 국민의 결정에 복종하기를 거부했고, 동료들을 설득해서 하던 일을 하게 했고, 시작했던 전쟁을 계속하게 했다. 왜냐하면 그가 그렇게 하지 않으면, 그 장성들의 무능함과 전략 부재에 기인하여 전군(全軍)이 망해버리고 말 것임을 잘 알고 있었기 때문이다. 테베에는 법에 의해 부여된 기간을 지나 통수권을 그대로 붙들고 있는 자는 사형으로 처벌하는 법이 있었다. 에파메이논다스는 그 문제의 법이 조국의 안전을 위해 통과되었었다는 것을 깨닫고, 그것이 국가의 멸망에 기여하기를 바라지 않았다. 결과적으로, 그는 국민이 정한 시간보다 넉 달 더 길게 통수권을 유지하고 있었던 것이다.

8. 그들이 귀향한 후, 그의 동료들은 이 죄로 인해 재판에 회부되

었다. 에파메이논다스는 그들이 모든 책임을 그에게 돌리고, 그들의 변론에서 그들이 법을 어긴 것은 그의 지시에 의한 것이었다고 말하도록 허용하였다. 그 항변(抗辯)으로 그들은 위험에서 벗어났고, 에파메이논다스는 할 말이 없을 테니, 아무도 그가 대답하리라고는 생각하지 않았다. 그러나 그는 법정에 들어섰고, 반대자들이 제기한 고소한 항목들 중 어느 것도 부인하지 않았고, 그의 동료들이 말했던 모든 것을 인정했고, 법에 명시된 처벌에 복종하기를 거부하지 않았다. 그러나 그는 재판관들에게 그의 선고문[196]에 다음과 같은 기록을 넣어 달라는 단 한 가지 청을 했다.

"에파메이논다스는 테베인들에 의해 사형을 언도 받았다. 그 이유로는 그가 장군이 되기 전에는 보이오티아인 중에 어느 누구도 감히 전쟁터에서 대적하지 못한 라케다이몬인을, 그가 테베인들로 하여금 레욱트라에서 정복하도록 강제했기 때문이다. 그리고 그는 단 한 번의 전투에서 테베를 파멸로부터 구했을 뿐만 아니라, 모든 희랍을 해방시켜 자유롭게 했으며, 두 민족의 상황을 그처럼 변화시켜 놓아, 테베인들이 라케다이몬인들을 공격했던 것이고, 반면에 라케다이몬인들은 자신들의 안전을 얻었다면, 거기에 만족하였던 것이다. 그리고 그는 메세네(Messene)[197]를 복원함으로써 스파르타를 포위 상태에 놓이게 하고서야 전쟁에 종지부를 찍었던 것이다."

그가 이렇게 말을 하고 났을 때, 웃음과 즐거워하는 소리가 들렸고, 어느 배심원도 그의 유죄 판결에 표를 던질 엄두를 내지 못했다.

196 원문에 'periculum 시험, 위험'이란 일차적 의미 외에 '조서(調書)' 또는 '판결 기록'의 뜻이 있음.

197 스파르타의 동북부에 있는 도시 국가로 메세니아 지방의 수도.

그렇게 해서 그는 사형의 죄과(罪科)에서 가장 위대한 영광을 이끌어냈다.

9. 마지막으로, 그는 만티네아(Mantinea)[198]에서 총사령관일 때, 전투 대형을 갖추고 너무 대담하게 적에게 돌진하여, 라케다이몬인들에 의해 식별되었다. 라케다이몬인들은 그 한 사람의 죽음으로 그들 나라의 안전이 확보될 것이라고 믿었기 때문에, 모든 공격을 그에게만 집중했고 뒤로 물러서지 않고 싸우다가, 그들은 많은 피를 흘리고, 많은 적들을 죽인 끝에, 드디어 에파메이논다스도 용감히 싸우다가, 멀리서 던진 창에 맞고 쓰러지는 것을 보았다. 보이오티아인들은 그의 죽음으로 어느 정도 저지를 당했지만, 그들은 적을 완전히 격파하기 전까지는 싸움터를 떠나지 않았다. 그러나 에파메이논다스는 치명적 부상을 입었다는 것과 동시에, 만약 그가 창대에서 분리되어 그의 몸에 박힌 창의 머리 부분을 뽑아내면, 곧바로 죽게 될 것임을 깨닫고, 보이오티아인들이 승리를 거두었다는 소식이 들릴 때까지, 그것을 그냥 놔두었다. 그 소식을 듣자마자, 그가 소리쳤다. "내가 정복되지 않은 채 죽으니, 충분히 살았다." 그런 다음 쇠가 뽑히고 그는 즉시 숨을 거두었다.

SPARUS

10. 에파메이논다스는 한 번도 아내를 거느린 적이 없었다. 이것 때문에, 망나니 아들이 하나 있는 펠로피다스(Pelopidas)로부터 핀잔을 들었다. 왜냐하면 그의 친구는 위대한 테베인이 자식들을 남겨 놓지 않는다는 것은 그의 나라에 해를 끼치는 것이라고 말했기 때문이다.

---

198 펠로폰네소스의 아르카디아 지방의 도시로 에파메이논다스가 스파르타에 승리하고 전사한 곳으로 유명함.

에파메이논다스가 대답했다. "그대의 아들과 같은 자식을 남겨놓는 것이 조국에 더 해를 끼치는 것이 아닌가 눈여겨보게. 내겐 자손이 있을 필요가 없네. 왜냐하면 나는 레욱트라 전투를 내 여식[199]으로 뒤에 남겨 놓았는데, 그것은 필연적으로 나보다 더 오래 살 뿐만 아니라 불후의 명성으로 남을 것이기 때문일세." 펠로피다스의 지휘 아래 유배자들이 테베를 장악하고 라케다이몬 수비대를 요새에서 몰아낼 때, 시민들이 죽임을 당하고 있는 동안에도, 에파메이논다스는 그냥 그의 집에 머물러 있었다. 그 이유인즉슨, 동포들의 피로 그의 손을 더럽히는 것이 마음에 내키지 않아, 나쁜 자들을 돕는 것도 또는 그들과 맞붙어 싸우는 것도 그에겐 탐탁지 않았기 때문이다. 그도 그럴 것이, 그는 모든 시민의 승리는 화를 가져온다고 생각했기 때문이다. 그 후에 라케다이몬인들과의 전투가 카드메아(Cadmea)[200]에서 시작되었을 때, 그는 최전방에서 싸웠다.

만약 내가 그 누구도 부인하지 않을 이 한 가지만 보탠다면, 이 위대한 인물의 미덕과 그의 생애에 관해 충분히 언급되었다고 할 것이다. 에파메이논다스의 탄생 이전에 그리고 그의 사망 이후에, 테베는 끊임없이 다른 나라들의 주도권에 종속되었다. 이와 반대로, 그가 국가의 수반으로 있었던 동안엔 테베는 모든 희랍의 지도자였다. 이 사실은 한 사람이 시민들 전체보다도 더 가치가 있었음을 보여준다.

---

199 원문에서 'nata 딸'과 'pugna 전투'는 다 여성명사로 언어유희가 가능함.

200 테베에 있는 성채로서 페니키아 왕족 카드모스(Cadmus)에 의해 창건되었다는 요새.

XVI. 펠로피다스

1. 펠로피다스(Pelopidas)는 테베인이고 일반 대중보다는 역사가들에게 더 잘 알려져 있다. 나는 그의 덕들을 어떤 식으로 설명해야 할지 망설여진다. 만약 내가 그의 행적을 설명하기 시작하면, 전기(傳記)라기보다는 역사를 쓰고 있는 것처럼 보일까봐 걱정이다. 그리고 내가 가장 중요한 공적(功績)들만 다룬다면, 희랍 문학에 익숙지 않은 사람들에게 그가 얼마나 위대한 사람이었는지가 석연히 이해되지 않을까봐 걱정이다. 따라서 나는 각각의 것을 마주하며, 내가 할 수 있는 한, 독자들의 무지뿐만 아니라 포만 상태도 치료하겠다.

라케다이몬인, 포이비다스(Phoebidas)는 올륀토스(Olynthus)[201]를 향해 군대를 이끌고 갔다. 테베를 거쳐 행군하는데, 몇몇 테베인들이 부추겨, 카드메아(Cadmea)라고 하는 도시의 성채를 점령하였다. 이들은 반대파에 더 쉽게 저항하기 위해 라케다이몬인들의 이익을 지지했다. 그러나 그는 이 일을 그의 국가의 계획에 의해서가 아니라 자신의 사적인 계획에 의해서 행하였다. 이 행위 때문에 라케다이몬인들은 그에게서 통수권을 박탈하고 벌금형 판결을 내렸다. 그럼에도 반목을 산 이상, 그들을 자유롭게 놓아두느니 차라리 포위하고 있는 것이 더 낫다고 생각했기 때문에, 그들은 성채를 테베인들에게 돌려주지를 않

201 마케도니아(Macedonia) 남단에 좁고 길쭉한 세 반도가 시작되는 칼키디케(Chalkidike) 지역에 있던 도시.

았다. 왜냐하면 펠로폰네소스 전쟁 후 아테네가 정복된 이후, 그들은 테베인들을 경쟁자로서 또 그들에게 감히 저항하려 하는 유일한 민족으로 간주하였기 때문이다. 이러한 의도로, 그들은 테베의 최고위직들을 그들의 동조자들에게 나누어주었고, 반대파의 지도급 인사들은 사형에 처하거나 귀양 보냈는데, 펠로피다스도 이들에 끼어 있었다. 내가 쓰기 시작한 이 사람은 고향에서 추방되어 유배길에 올랐던 것이다.

2. 추방된 거의 모든 이들이 아테네에서 피난처를 구한 이유는 한가하게 살기 위해서가 아니라, 조국을 회복시키기 위해서 행운이 처음 제공하는 기회라면 무엇이라도 이용하기 위해서였다. 따라서 행동할 시간이 도래했다고 생각하자, 그들은 테베 내에서 같은 감정을 지니고 있는 동료 시민들과 함께 적들을 기습 공격하여 도시를 해방시킬 시간, 즉 주요 행정 장관들이 연회를 하며 회합하는 바로 그날[202]을 선택하였다. 위대한 일들은 자주 그렇게 많지 않은 병력으로 성취되었다. 그러나 확실한 것은, 그렇게 강력한 권력이 그렇게 초라한 시작에 의해서 전복된 경우는 지금껏 결코 없었다. 왜냐하면 그렇게 큰 위험에 맞닥뜨릴 사람들은 모두 백 명이 넘지 않았을 때, 유배의 형벌을 받은 사람들 중 오직 열두 명이 함께 갔기 때문이다. 하지만 그 라케다이몬의 권력이 박살난 것은 바로 그 소수(小數)에 의한 것이었다. 왜냐하면 이들은 그 당시에 반대파보다는 전 희랍의 종주국인 스파르타인들과 전쟁을 더 많이 하였기 때문이다. 스파르타의 제국적 권력은, 이 시작에 의해 뒤흔들린 이후, 얼마 안 있어 레욱트라 전투에서

---

202 희랍에서 매년 선출되는 세 집정관들의 임기가 끝나는 날로서 성욕 촉진의 축제(Aphrodisia)가 열렸음.

산산조각이 났다.

따라서 열두 명의 영웅들이 땅거미가 질 때쯤 테베에 도착하도록, 펠로피다스의 인솔 아래 낮에 아테네를 떠났다. 그들은 원정(遠征)이 별다른 시선을 끌지 않게 하기 위해 사냥개들을 데리고 그물들을 지

RETIA

고 또 농민들의 옷차림을 하고 갔다. 그들이 계획했던 바로 그 시간에 테베에 도착해서는, 날짜와 시간을 지정해 준 카론(Charon)의 집에 도착했다.

3. 나는 여기에다, 본론과 직접적 관련은 없지만, 지나친 자신감에는 항상 얼마나 큰 위험이 도사리고 있는지를 삽입하고자 한다. 유배자들이 도시에 도착했다는 소식이 곧바로 테베의 행정 관리들의 귀에 들어갔다. 하지만 그들은 술 마시고 여흥에 여념이 없어서, 그 소식을 대수롭지 않게 여겼고 그런 중차대한 문제에 대해 물어볼 생각도 안했다. 그들의 어리석은 행동을 한층 더 분명하게 보여주는 또 다른 일이 있었다. 아테네의 사제 아르키아스(Archias)가 테베의 수석 집정관이던 아르키아스(Archias)에게 쓴 편지가 하나 접수되었는데, 그 안에는 그 원정의 자상한 내용이 적혀 있었다. 그 편지는 아르키아스에게 건네졌지만, 그는 이미 연회에 심취한 터라, 그 봉인을 뜯지도 않고 베개 밑에 넣으며 이렇게 말했다. "진지한 문제들은 내일로 연기하네." 이제 그들 모두는 그 밤이 지나면서, 술에 취한 채, 펠로피다스가 지휘하는 유배자들에 의해 죽임을 당했다. 그 일이 끝나자, 민중

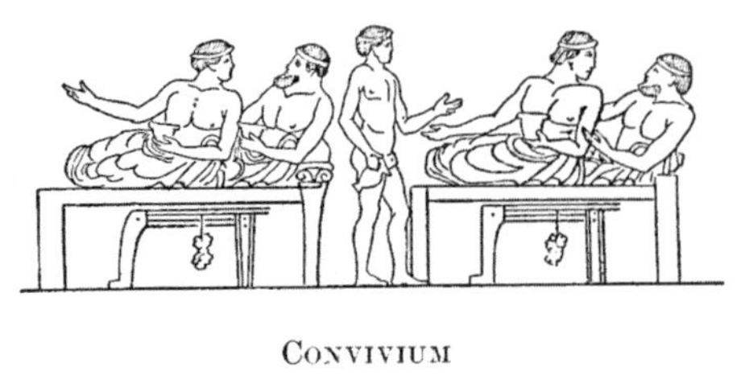

CONVIVIUM

들은 무기를 들고 자유를 찾으라는 외침을 들었다. 그들은 도시에서 뿐만 아니라 시골의 모든 방면에서 급히 달려와서, 라케이다이몬 수비대를 성채에서 몰아냈고, 그들의 나라를 억압으로부터 해방시켰다. 성채 점령의 원인을 제공했던 자들 중 일부는 죽임을 당했고, 또 일부는 추방을 당했다.

4. 이토록 어수선한 기간 동안, 내가 이미 말했듯이, 에파메이논다스는, 그것이 동료 시민들과의 투쟁인 한, 조용히 집에서 머물렀다. 그런 고로 테베를 해방시킨 영광스러운 행적은 전적으로 펠로피다스에게 속하지만, 그 밖의 거의 모든 명성은 에파메이논다스와 나누어가졌다. 왜냐하면 레욱트라 전투에서, 에파메이논다스가 총사령관이었지만, 펠로피다스가 라케다이몬의 마름모꼴 전투 대형을 제일 먼저 돌파한 정예부대[203]의 지휘관이었기 때문이다. 더군다나, 그는 에파메이논다스의[204] 다른 모든 위험들도 나누어가졌다. 스파르타를 공략함에 있어 그는 일익(一翼)을 담당했고, 메세네가 빨리 수복되도록, 그는 대사로서 페르시아인들에게 갔던 것이다.[205] 마침내 그는 테베의 두

203 300명의 중무장한 중대로 '친한 친구 두 명의' 조(組)들로 짜여 있었다고 함.

204 에파메이논다스를 지칭하기 위해 편집자 할름(Halm)에 의해 'eius 그의'가 보충(수정) 되었다고 함.

205 펠로피다스는 기원전 367년에 페르시아에 갔고, 메세네는 이미 기원전 370년에 독립국가로 만들어져 있었다고 함.

번째 인물되었고, 비록 둘째였다고 해도, 그는 에파메이논다스 다음이었다.

5. 그러나 펠로피다스는 불운과 싸웠다. 왜냐하면 우리가 보았듯이, 시초(始初)에 고국으로부터 추방당했고, 그가 테살리아(Thessalia)를 테베의 영향권 아래 두기를 소망하며, 모든 나라가 성스럽게 준수하고 있는 대사(大使)의 권리가 충분히 보호되고 있다고 생각할 때, 그는 이스메니아스(Ismenias)와 같이 페라이(Pherae)[206]의 폭군 알렉산드로스(Alexandros)에 의해 체포되어 감옥에 처넣어졌다. 에파메이논다스는 알렉산드로스에게 전쟁을 걸어, 그를 구조하였다. 그 일 이후로, 그는 그에게 난폭한 짓을 한 그 인간과는 결코 화해될 수가 없었다. 그리고 바로 그 이유로 해서 그는 테베인들을 설득하여 테살리아를 도우러 출발해서 그 나라의 폭군들을 추방하자고 했다. 그가 그 전쟁에서 최고사령관직을 수여받아 군대를 이끌고 출정하였을 때, 적을 보자마자 곧바로 전투에 돌입하기를 주저하지 않았다. 그 전쟁에서 알렉산드로스를 알아보자마자 분노에 불타서, 폭군을 향해 말에 박차를 가해서, 그의 장병들로부터 얼마간의 거리가 생겼을 때, 소나기같이 날아 온 무기를 맞고 쓰러졌다. 이 일은 폭군의 병력이 이미 꺾이기 시작했을 때 일어났기에, 승리의 큰 물결 속에서 일어난 것이었다. 그 공적으로 인해, 테살리아의 모든 도시들은 전사한 펠로피다스에게는 금관들과 청동 입상들을 증정했고 그의 자식들에게는 상당한 면적의 땅을 증여했다.

206 파가사이(Pagasae) 만의 항구 도시 파가사이 바로 위에 있는 테살리아 도시.

XVII. 아게실라오스

1. 라케다이몬 사람 아게실라오스(Agesilaus) 는 다른 모든 역사가들뿐만 아니라, 특히 소크라테스와 가장 친한 크세노폰(Xenophon)에 의해서 칭찬받았다.

그는 먼저 형의 아들인 레오튀키다스(Leotychides)와 왕권을 두고 투쟁하였다. 라케다이몬인들에게, 실제적 권력보다는 명목상이지만, 언제나 두 명의 왕을 갖는다는 관습이 내려왔다. 헤라클레스(Hercules)의 후손들이자, 스파르타의 초기 왕들이었던 프로클레스(Procles)와 에우뤼스테네스(Eurysthenes) 가문에서 왕들이 나왔다. 이 가문 중 한 가문이 그 다른 가문을 대신해 왕이 되는 것은 불법이었다. 그러니까 각 가문은 승계 순서를 정해 놓고 있었다. 첫 번째로, 왕위를 지니고 있다가 서거한 사람의 자식들 중 장자(長子)에게 주목하였다. 그러나 만약 그가 남자 자손을 남겨놓지 않았다면, 그의 제일 가까운 친척이 선출되었다. 이제 아게실라오스의 형, 아기스(Agis) 왕이 서거하였었다. 그는 레오튀키다스(Leotychides)라는 아들을 인정하지 않았지만, 임종의 자리에서는 아들이라고 선언하였다. 그는 먼저 왕의 칭호를 놓고 삼촌과 충돌했지만, 성공하지 못했다. 우리가 이미 예증했던 것과 같이, 그 당시 야심차고 강력했던 인물인 뤼산드로스(Lysander)에 힘입어, 아게실라오스가 선호되었다.

2. 아게실라오스가 왕좌를 차지하게 되자마자, 유럽보다 아시아

에서 싸우는 것이 더 낫다고 지적하며, 그 왕에게 전쟁을 걸도록 라케다이몬인들을 설득했다.[207] 그도 그럴 것이, 아르타크세르크세스가 희랍에 보낼 지상군과 함대를 준비하고 있다는 소문이 파다하게 퍼졌기 때문이다. 아게실라오스는, 권한이 주어지자마자, 너무나 신속하게 행동하여서, 그 왕의 태수들이 그가 오고 있다는 소식을 채 접하기도 전에, 그는 병력을 이끌고 아시아에 도착했다. 그렇게 하여 그가, 그들 모두가 준비도 안되고 모르는 상황에서 그들을 엄습했다. 그 당시에 왕의 총독들 중 최고의 권련을 쥔 티사페르네스(Tissaphernes)에게 그의 도착이 알려지자마자, 라케다이몬인에게 휴전을 요청했는데, 구실은 라케다이몬인들과 왕을 화해시키고자 힘써보겠다는 것이었고, 실제로는 그의 병력을 소집하려는 목적 때문이다. 그렇게 해서, 그는 삼 개월의 휴전을 얻어냈다. 양쪽 편은 휴전 협정을 충실히 준수할 것이라고 선서하였다.

아게실라오스는 그 약속을 지극히 충실히 지켰다. 반대로, 티사페르네스는 모든 시간을 그 전쟁 준비에 바쳤다. 라케다이몬인이 그것을 알고 있었음에도 불구하고 그의 선서를 지켰고, 그렇게 함으로써, 그가 상당한 우위를 점했다고 말했다. 그 이윤즉슨, 티사페르네스가 그의 위증으로 말미암아 사람들의 마음을 그에게서 돌아서게 만들었을 뿐만 아니라 신들의 분노를 샀기 때문이다. 그 반대로, 그는 서약을 지킴으로써 군대의 마음속에 자신감을 불어넣었는데, 그 이윤즉

207 그 당시 전쟁은 두 가지 유형이었는데, 그 하나는 아테네와 스파르타의 패권다툼이었고, 그 다른 하나는 유럽과 아시아의 정복 전쟁이었다. 전쟁은 그 목적이 영토를 확장하고 전리품을 많이 획득하여 국부(國富)를 이룬다는 것이었고, 그 사이에 '자유의 수호'라는 명분이 끼어 있었음.

슨, 그들은 신들의 호의가 자신들에게 있다는 것을 알아차렸고, 사람들은 보통 그런 선서를 지키는 자들 편에 서기 때문이다.

3. 그 휴전 기간이 끝나자, 그 당시 많은 사람들이 가장 부유한 지역으로 간주한 카리아(Caria) 지방에 많은 주택을 지니고 있던 그 이방인은, 적들이 십중팔구 그곳을 공격 목표로 잡을 것이라고 확신하고서, 모든 부대들을 그곳에 집결시켰다. 그러나 아게실라오스는 프뤼기아(Phrygia)[208]를 향해 방향을 틀었고, 티사페르네스가 어디로 이동하기도 전에, 그 지방을 황폐화시켰다. 그의 병사들은 엄청난 전리품으로 부유해졌고, 아게실라오스는 겨울을 나기 위해 군대를 에페소스(Ephesus)로 다시 이끌고 왔다. 거기서 그는 무기 제조장들을 차렸고 상당한 정력을 쏟아 부어 전쟁 준비를 했다. 그리고 무기들이 훨씬 더 세심하게 만들어지고 훨씬 더 예술적인 모양새를 내도록 하기 위하여, 그는 제조 과정에 가장 많은 정력을 투입했다고 보이는 장인(匠人)들에게 보상금을 제공했다. 또 여러 가지 연습 형태들에서도, 동료들을 능가한 자들에게 푸짐한 상들을 나누어주었다. 그리고 그런 식으로 해서, 그는 근사하게 무장되고 우수하게 훈련된 군대를 만드는 데에 성공하였던 것이다.

그의 부대들을 겨울 숙소로부터 이끌고 나갈 시간이 되었다는 생각이 들 때, 그가 보기에, 만약 그가 어디를 향해 행군할 것이라고 공개적으로 미리 언명한다면, 적(敵)들은 그의 말을 믿지 않고, 그가 그의 말과는 다른 어떤 행동을 취할 것이라고 확신하여, 그들의 수비대들을 다른 지역들에 배치할 것이라고 했다. 그리고 실제로 그가 사르디스(Sardis)로 행진해 나갈 것이라고 공표했을 때, 티사페르네스는 전에

208 카리아보다 훨씬 북쪽, 마르마르 해 아래쪽의 넓은 지방.

그랬던 것처럼, 방어해야할 곳은 카리아(Caria)라고 생각했다. 그리고 그가 잘못 생각하였고 또 꾀에 속아 넘어갔다는 것을 알아차렸을 때,

Officina Vulcani

그가 국민을 방어하러 가기엔 너무 늦어버렸다. 왜냐하면 그가 그 장소에 도착하였을 때, 아게실라오스가 이미 여러 장소들을 덮쳐서 엄청난 분량의 전리품들을 챙기고 난 후였기 때문이다. 더군다나, 그 라코니아인은 적이 기병 병력에 있어 월등하다는 것을 감지하고 그들과 평지에서 조우하는 것을 언제나 피했지만, 보병부대가 훨씬 효과적인 장소들에서는 전투를 벌였다. 그렇게 해서, 그가 전투를 자주 할 때마다 적들의 월등한 군사력을 패주시켰다. 그리고 아시아에서 전투들을 그런 방식으로 전개했으므로 모든 사람들의 생각에는 그가 승자(勝者)로 각인되었다.

4. 아게실라오스가 페르시아로 진격해서 바로 왕을 공격하겠다고 벌써 마음속에 품고 있을 때, 민선 장관들이 본국으로부터 보내 온 메시지가 도착하였다. 아테네와 보이오티아가 라케다이몬에 대해 선전포고를 했다는 메시지였다. 따라서 즉시 귀환하라는 것이었다. 이러한 갈림길의 시점(時點)에서 그의 애국심은 전쟁에서의 용맹 못지않

게 경탄의 대상이 되어야 한다. 왜냐하면 그가 승리하는 군대를 지휘하고, 페르시아 왕국을 정복할 수 있는 능력에 자신감이 넘쳐흘렀음에도, 그처럼 멀리 떨어져 있는 행정장관들의 명령에 복종함에 있어서는, 마치 스파르타의 집회광장[209]에 참석하는 어느 사적(私的) 개인과 별 다름이 없는 듯이, 경의(敬意)를 표했기 때문이다. 그것은 우리의 장군들도 따라 했으면 하는, 내가 간절히 바라는 본보기이다![210] 그러나 이제 다시 우리의 주제로 복귀하자. 아게실라오스는 가장 부유한 왕국을 얻는 것보다도 좋은 평판을 선호했고, 또한 조국의 관습에 부응하는 것이 무력으로 아시아를 정복하는 것보다 훨씬 더 영광스럽다고 생각했다. 그러니까 그런 정신으로, 그는 병력을 이끌어 헬레스폰토스 해협을 건너갔던 것이며, 또 그처럼 속도를 내어 크세르크세스가 꼬박 일 년 걸렸던 행군을 단 삼십일 만에 끝냈다. 그가 벌써 펠로폰네소스 반도에 근접하자, 아테네인들, 보이오티아인들 그리고 그들의 동맹들이 그를 코로네아(Coronea)[211]에서 저지하고자 했으나, 그는 그들 모두를 몇몇 전투에서 격파했다.

승리 가운데서 가장 영광스러운 대목은 이것이었다. 많은 도망병들이 미네르바(Minerva)[212]의 신전 안으로 뛰어 들어갔다. 아게실라오스가 그들을 어떻게 하면 좋겠느냐고 질문을 받았을 때, 전투 중에 여

---

209 원문에 'comitium 집회 광장'으로 나오는데 희랍의 'agora 광장'에 해당하고 그곳에서는 또한 민선 장관들의 집회도 열렸다고 함.

210 원로원에 복종하기를 거부한 율리우스 카이사르, 안토니우스와 옥타비아누스에 해당 되는 촌평.

211 보이오티아 중부지방의 도시.

212 로마 신화에서 희랍 여신 아테네에 해당하는 지혜 · 기예 · 전쟁의 여신.

러 상처를 입었고 또 스파르타에 칼을 겨눈 모든 자들에 대해 격앙되었지만, 그럼에도 분노를 종교에 대한 존중심으로 이겨냈고, 그들에게 상처를 입히는 것을 엄금했다. 그리고 그가 신들의 신전들을 성스럽게 여긴 것은 비단 희랍에서만이 아니라, 이방인들 가운데 있을 때도 그들의 모든 입상들과 제단들을 최고의 종교심을 보이며 보존하였다. 따라서 그가 공개적으로 선언하기를, 그런 장소들을 피난처로 택한 탄원자들에게 상처를 입힌 자들에게 신성 모독의 죄가 없다고 간주된다든가, 또는 신전들에서 도적질하는 자들보다 신성한 의무들을 대수롭지 않게 여기는 자들이 훨씬 더 엄하게 처벌받지 않는 것에 놀랐다고 했다.

5. 이 전투가 끝나고 나서, 전쟁은 온통 코린토스(Corinthus) 부근에 집중되었고, 그래서 그것은 '코린토스 전쟁'으로 불렸다. 여기 한 전투에서 적군(敵軍)의 일만 명 병사가 아게실라오스의 지휘 아래 죽임을 당했고, 참사의 결과로 숙적들의 권력은 박살이 난 것같이 보였다. 하지만 그는 으스대는 거만(倨慢)함과는 거리가 아주 멀었다. 오히려 희랍의 운을 애도했는데, 그 이유즉슨, 적대자들의 과오로 인해 그가 승리하는 과정에 너무나 많은 시민들의 목숨을 잃었기 때문이다. 그도 그럴 것이, 만약 희랍인들에게 양식(良識)이 있었다면, 그 숫자로 페르시아인들에게 능히 보복을 할 수 있었을 것이기 때문이다. 다시 한 번, 그가 적들을 성벽 안으로 몰아넣었고 많은 사람들이 코린토스를 공략하라고 재촉하였을 때, 그는 그런 행위는 그의 용맹을 발휘할 만한 가치가 못된다고 일축했다. 그의 역할은 탈선한 자들에게 의무를 상기시키는 것이지, 희랍의 가장 유명한 도시들을 습격하는 것이 아니었기 때문이다. 그가 말했다. "만약 우리가 우리를 편들어 이방인들

과 싸운 이들을 파멸시키고자 한다면, 저들이 조용히 있는 동안에, 우리는 우리 자신들을 쇠락시키게 되는 것이다. 그 일이 끝나고 그들이 원하는 때면 언제든지, 그들은 어려움 없이 우리를 분쇄하고 말 것이다."

6. 그러는 동안 저 유명한 재앙이 레욱트라에 있는 라케다이몬인들을 덮쳤다. 많은 사람들에 의해 그가 원정길에 오르도록 압력을 받았지만, 결과에 대한 어떤 예감이 있었던지, 그는 그렇게 하기를 거부했다. 에파메이논다스가 스파르타를 공격하였고, 도시가 무방비 상태였을 때, 그는 그 자신이 사령관으로서 유능하다는 것을 보여 주었기에, 그 당시에 그가 아니었다면, 스파르타는 존재하지 않았을 것이라는 것이 모든 사람들에게 분명해졌다. 그 아슬아슬한 상황에서 모든 시민을 구해준 것은 그의 기민한 기지(機智)였다. 적의 도착으로 인해 공황에 사로잡힌 일부 청년들이 테베인들 쪽으로 탈출하기를 소망하여 도시 밖에 있는 한 고지(高地)를 점령하였었다. 그때 아게실라오스는, 만약에 적진(敵陣)으로 이탈한다면, 그것은 대단히 위험하다는 것을 깨달았기 때문에, 그의 부대들을 이끌고 그들에게 합류하고 나서 그들이 좋은 의도를 가지고 했다는 듯이 그런 위치를 점유한 것은 대단히 훌륭한 판단이라고 칭찬하면서 그런 조치가 행해졌어야 함을 이미 알고 있노라고 말했다. 그렇게 그의 위장된 칭찬을 통해, 그는 청년들의 마음을 다시 얻었다. 또 그의 중대원들의 일부를 그들과 합류하게 해놓고, 그는 그 고지를 무사히 빠져나왔다. 그들은 탈출 음모에 가담하지 않았던 사람들의 숫자가 불어나자, 감히 탈출할 생각을 못하고, 그들의 진짜 기획이 알려지지 않았다고 생각했기에 더 기꺼이, 조용히 머물러 있었다.

7. 레욱트라 전투 이후, 라케다이몬인들은 결코 회복하지 못했고, 그들의 이전(以前) 권력도 획득하지 못했다는 것은 의심의 여지가 없었다. 아게실라오스는 그 기간에 그가 할 수 있는 것은 무엇이든지 해서 그의 나라를 도왔다. 예컨대, 라케다이몬인들이 무엇보다도 자금이 부족했을 때, 그는 그 왕에게 반기를 든 모든 나라들을 도와주었고, 이들은 그에게 상당한 액수의 금전을 제공했는데, 그는 그것을 다 그의 나라를 위한 봉사에 바쳤다. 그리고 다음은 그를 위해 각별히 찬탄할 만한 내용이었다. 비록 어마어마한 예물들을 왕들과 왕자들, 또 여러 나라들이 그에게 증정하였지만, 그는 결단코 어느 하나라도 자기 집에 가져간 적이 없었고, 그의 일상적 생활양식이나, 라코니아인식(式) 의상에도 변화라곤 없었다. 그는 자신의 선조 에우뤼스테네스(Eurysthenes)[213]가 사용하였던 같은 집에 만족하며 살았다. 그 집에 들어서면, 어떤 방탕의 흔적도 또는 사치의 흔적도 눈을 뜨고 찾아볼 수가 없었다. 하지만 그 반면, 내핍과 검약의 여러 표시들이 눈에 들어왔다. 실제로, 그 집은[214] 가재도구 면에서 검소한 살림을 하는 여느 시민의 집과 다를 바 없었다.

8. 그런데 자연은 이 위대한 사람에게 심적 자질(資質)들을 부여함에 있어 호의를 보였지만, 그의 신체를 형성함에 있어서는 그녀가[215] 그에게 불친절하였다고 그는 생각했다. 왜냐하면 그는 키는 작고, 체구는 왜소하였고, 한쪽 발을 절뚝거렸기 때문이다. 이러한 결함들로

213 역사적으로는 그의 조상이 프로클레스(Procles)였다고 함.

214 원문에는 'domus 집'이란 여성 명사가 빠져 있지만, 그 수식어 'instructa 설치되어 있는'에서 그 의미가 부각됨.

215 여성인 자연(natura)을 지칭함.

인해 그의 풍채는 다소 변변치 않게 보여서, 무얼 모르는 외지(外地)인들은 그의 모양새를 보고 그를 깔보기가 일쑤였다. 그러나 그의 덕들을 알고 있는 사람들은 한량없이 그에게 경탄하였다. 그가 나이 여든 살에 타코스(Tachos)를 도우러 이집트에 갔을 때였다. 그는 부하들과 함께 바닷가에서 자리를 잡고 앉았는데, 거기엔 천막도 없고, 누울 자리라고는 땅에 짚을 깔고 그 위에 한 가죽을 덮어 놓은 것이 다였다. 거기에서 모든 동료들은 수수하고 닳아빠진 옷을 입고서 비스듬히 옆으로 기대며 앉아[216] 있었다. 그들의 모양새는, 그들 가운데 왕이 있다는 것을 암시하기는커녕, 그들은 별로 돈이 많지 않은 사람들일 것이라고 말해 주는 듯했다.

스파르타인의 도착 보고가 왕의 고급 관리들에게 도달했을 때, 그들은 서둘러 그의 야영장으로 온갖 선물들을 가져왔다. 그들이 아게실라오스가 누구냐고 물었을 때, 그들은 그때 거기서 식사를 하는 사람들 중의 하나가 그라는 사실을 거의 믿을 수가 없었다. 그들이 가져왔던 것을 왕의 이름으로 그에게 제공하였을 때, 그가 처한 상황에서 필요한 얼마간의 고기와 음식들을 제외하고는 다른 모든 것들, 향수들, 화환들, 후식들은 그의 하인들에게 나누어 주었고 나머지 것은 다시 가져가라고 명했다. 그런 행위는 이방인들로 하여금 그를 한층 더 얕보게 했는데, 그것은 그가 고급 물건들을 잘 접해보지를 않아서 그런 선택을 한 것이라고 단정해서였다.

아게실라오스는, 그의 국민에게 선물로 주라고 넥타네비스(Nectanebis) 왕으로부터 이백오십 탈란트를 받고 나서, 이집트에서 돌아오는 도중, 퀴레네(Cyrene)와 이집트 사이에 위치한 '메넬라오스

216 고대 희랍의 만찬에서의 편한 자세.

(Menelaus)의 항구'[217]라고 불리는 장소에 도착하였을 때, 병이 들어 사망하였다. 거기서 그의 친구들은, 시신을 스파르타로 잘 이송(移送)하여야 했기에, 꿀이 없어 밀랍을 발라서 그의 고향 땅으로 운반하였다.

217 퀴레네는 리비아에 있는 키레나이카 지방의 수도이며 고대 희랍 · 로마의 식민지로 쾌락 지상주의가 성했다고 함. 메넬라오스는 호메로스 시에서 아가멤논의 동생이고 헬레나의 남편이었음.

XVIII. 에우메네스

1. 에우메네스(Eumenes)[218]는 카르디아 출신이었다. 만약 이 사람의 덕에 같은 양의 행운이 깃들였다 해도, 진실로 더 위대한 사람이 되지 않았을 것이나, 그는 더 한층 유명해지고 더 많은 명예를 얻었을 것이다. 왜냐하면 우리는 한 사람의 위대성을 행운이 아니라 덕으로 측정하니까. 그도 그럴 것이, 그의 생애는 마케도니아인들의 전성기에 속했고, 그들의 나라에 살면서, 그가 다른 나라 출신이라는 사실은 그에게 상당한 불이익으로 작용하였다. 왜냐하면 고귀한 가문[219]이 아니라는 것 이외에는 그에게 부족한 것이 없었기 때문이다. 비록 그가 고향 도시에서는 최고의 지위에 있었지만, 마케도니아인들은 그가 가끔 그들보다 선호된다는 것에 분노하였다. 그러나 그들은, 그가 근면, 주의력, 인내심에 있어서 더 나아가, 능란한 재치와 정신적 기민함에 있어서도 그들보다 더 우수했기 때문에, 그런 수모를 꾹 참는 수밖에 별 도리가 없었다.

에우메네스는 아주 젊어서, 아뮌타스(Amyntas)의 아들인 필리포스(Philip)의 친구가 되었고, 얼마 안 있어 왕과 아주 친밀해졌다. 이는 그의 젊은 나이에도 그의 덕이 돋보였기 때문이다. 그래서 필리포스는

218 케르손네소스 북쪽 멜라스(Melas) 만(灣)의 해안도시. 마케도니아의 영향권 안에 있었지만, 그 본령이 아닌 외지(外地)로 간주되었음.

219 마케도니아 귀족 집안이 아니라는 것.

그에게 비서 역할을 주어, 그 자신 가까이에 있게 하였는데, 그 직책은 우리 로마인들의 경우보다 희랍인들 사이에서 훨씬 더 높은 명예로 간주되었다. 우리의 경우에 서기관들은, 실제로 그들이 그러하듯이, 고용인으로 간주된다. 반대로 희랍에서는, 그가 존경할 만한 가문 출신이고 보증된 성실성과 능력을 갖추고 있지 않는 한, 아무도 그런 직책을 떠맡지 못한다. 왜냐하면 그는 필연적으로 그의 상관의 모든 계획들을 알게 되기 때문이다. 에우메네스는 필리포스와의 우정으로 만들어진 이 지위를 칠년 간 유지했다. 필리포스가 암살되었을 때, 그는 알렉산드로스와 더불어 같은 직위를 십삼 년을 더 유지했다. 그 세월의 후반기에, 그는 두 기병대 중 하나를 통솔하였는데, "우애단(團) Hetaerice"[220]이라고 불렸다. 그러나 그는 두 왕들로부터 언제나 조언(助言)의 요청을 받았고 그들의 모든 논의에 참여했다.

2. 알렉산드로스가 바빌론에서 사망하면서, 왕국들을 그의 친구들에게 나누어줄 때, 임종 자리에서 그의 반지를 페르디카스(Perdiccas)에게 건네주면서, 최고 권력도 위임하였다. 이것으로부터 모든 사람은 그가 그의 자식들이 성년이 될 때까지, 통치를 페르디카스에게 위임했다고 추론하였다. 왜냐하면 크라테로스(Craterus)와 안티파테르(Antipater)는 그 자리에 없었는데, 이들이 페르디카스보다 우선권을 지니고 있었기 때문이다. 쉽게 알 수 있듯이, 알렉산드로스가 모든 이들 가운데 가장 존중했던 헤파이스티온(Hephaestion)은 죽었다. 그 당시에 카파도키아(Cappadocia)[221]는 에우메네스에게 주어졌고, 아니, 주기로 약속되었는데, 왜냐하면 그것은 아직 적의 수중

---

220 희랍어로서는 'ἑταιρεϊκή 우애(友愛)로 다져진'의 뜻임.

221 소아시아의 동부지방.

에 있었기 때문이다. 페르디카스는 에우메네스의 우정을 획득하고자 온갖 노력을 다 기울였다. 왜냐하면 그 남자에게서 충성심과 능력을 보았기 때문이고, 그의 호감을 얻게 되면, 그 자신의 계획들을 실행해 나감에 있어 에우메네스야 말로 그에게 매우 유용할 것은 의심할 여지가 없었기 때문이다. 그의 복안(腹案)은 큰 권력을 잡은 거의 모든 사람이 한결같이 갈망하는 바, 모든 부분들을 차지해서 통일하는 것이었다. 그러나 그런 복안을 그 사람만이 아니라 알렉산드로스의 친구들이었던 여타의 모든 사람들도 품고 있었다. 먼저, 레온나토스(Leonnatus)는 마케도니아를 찬탈할 것을 제의했다. 그는 약속들을 아끼지 않고 많이 하여 에우메네스로 하여금 페르디카스로부터 이탈하고 그와 동맹을 맺게 하려고 애를 썼다. 그런 시도(試圖)에 실패하자, 레온나토스는 에우메네스를 죽이려 했는데, 만약 그가 밤중에 그의 감시병들의 눈을 피해 도주하지만 않았다면, 그 일에 성공했을 것이다.

3. 그러는 동안 알렉산드로스의 죽음에 이어서 저 악명 높은 말살 전쟁들이 터졌다. 모두들 페르디카스를 억누르기 위하여 단합하였다. 비록 에우메네스는 모든 자들을 혼자서 저항할 수밖에 없는 그의 친구의 약점을 직시했지만, 그는 친구를 저버리지 않았고 또 충성 대신 안전을 갈망하지도 않았다. 페르디카스는 그를 타우로스 산맥과 헬레스폰토스 사이에 놓여 있는 아시아 지방의 총독으로 지명하여 유럽 적대자들을 혼자서 대항하게 했다. 그 자신은 프톨레마이오스와 전쟁하기 위하여 이집트로 갔다. 에우메네스의 군사들은 입대한 지가 얼마 안 되고 훈련이 부족하고 수가 많지도 강하지도 않았다. 안티파트로스(Antipater)와 크라테로스(Craterus), 두 사람 다 실전에서 출중할

뿐만 아니라 유명한 인물인데, 마케도니아 대군(大軍)을 이끌고 헬레스 폰토스를 건넜다는 소식이 들려왔다. 그 당시에 마케도니아 군사들은 로마 병사들이 지금 누리고 있는 명성을 지니고 있었다. 전 세계를 지배하기에 언제나 가장 용맹하다고 간주되었기 때문이다. 그리고 에우메네스가 만약 그의 군사들이 누구와 대적하려고 이끌리는지를 알게 된다면, 가기를 거부할 뿐만 아니라 그 소식을 듣자마자 흩어지고 말 것이라는 것을 이해하였다.

그래서 병사들이 진실을 알 수 없도록 샛길로 그들을 이끌어가고 또 그들이 어떤 이방 족속이나 그따위 무리를 적대해서 진군하고 있다고 믿게 하는 것이 상책인 것처럼 보였다. 따라서 에우메네스는 이 계획을 잘 실행에 옮긴 결과 그의 군대는 누구와 싸우는지를 채 알기도 전에, 전쟁을 시작하였다. 그는 또한 적에 앞서 싸움터를 선택함으로써 전투의 주력(主力)이 열세였던 보병대보다 훨씬 우세한 그의 기병대의 몫이 되도록 했다.

4. 그들이 한나절 이상 치열한 전투를 벌였을 때, 적의 사령관 크라테로스가 쓰러졌고, 부사령관인 네오프톨레모스(Neoptolemus)도 뒤를 따랐다. 후자와 에우메네스는 맞붙어 싸웠다. 그들이 마상(馬上)에서 맞붙잡고 땅바닥으로 떨어졌을 때, 그들은 서로 개인적 원수였고 그들의 다툼은 신체의 싸움이라기보다 한층 더 정신의 싸움이라는 것은 누가 보아도 분명하였다. 왜냐하면 그들은, 그중의 하나가 죽임을 당하기까지는 분리될 수가 없었기 때문이다. 에우메네스는 적으로부터 여러 차례 공격을 당해 상처를 입었지만, 전투에서 벗어나지 않고, 가일층 용맹하게 적을 공격하였다. 기병대가 소탕되고, 지휘관 크라테로스가 죽임을 당하고, 그 밖의 고위 장교들과 많은 병사들이 포

로가 되었다. 그 이유는 적의 보병대가 한 지형(地形)으로 살살 유인되어서, 그곳에서 빠져나간다는 것은 에우메네스의 동의 없이는 불가능하였기에, 그들은 휴전을 간청했기 때문이다. 그들은 그것을 획득하고 나서, 약속을 지키지 않고, 그들이 가능하자마자, 안티파테르에게 귀환하였다.

에우메네스는 싸움터에서 반쯤 죽은 채로 옮겨진 크라테로스를 치료하려고 애썼다. 그것이 불가능한 것으로 드러나자, 사망한 사람의 위엄과 이전(以前)의 우정을 마음속에 새기며 — 왜냐하면 두 사람은 알렉산드로스의 생존 시(時)에는 친밀한 관계였기에 — 그는 그에게 성대한 장례식을 치러주었고, 그의 재를 마케도니아에 있는 그의 아내와 자식들에게 보내 주었다.

5. 이러한 사건들이 헬레스폰토스에서 일어나는 동안, 페르디카스는 나일강(Nilus) 근처에서 셀레우코스(Seleucus)와 안티게네스(Antigenes)에 의해 죽임을 당했고, 권력은 안티파테르에게 넘어갔다. 그때, 에우메네스를 포함하여 새로운 통치자의 편에 서있지 않았던 이들은 군대 투표에서 사형을 언도받았다. 그는, 그것이 심한 타격이었지만, 조금도 굴하지 않고 전쟁을 지속해 나갔다. 그러나 그의 부족한 자원(資源)은 비록 그의 높은 기상(氣象)을 꺾지는 못했다 해도, 저해(沮害)했다. 안티고노스(Antigonus)[222]가 그를 추격하면서, 비록 그가 모든 종류의 군대를 풍부히 지니고 있었고 행군하고 있는 에우메네스를 자주 괴롭혔지만, 소수가 대군을 저항할 수 있을 장소들을 제외하고는, 결코 그를 전투로 끌어들일 수가 없었다. 하지만 결국엔, 전략에 의해 그의 경계(警戒)가 흐트러진 것은 아니었다 해도, 에우메네스

222 알렉산드로스의 가장 위대한 장군들 중 하나였음.

는 우세한 숫자의 적군에 의해 포위되었다. 하지만 그는 많은 부하를 잃어 가며 그곳을 탈출했고, 노라(Nora)라고 불리는, 프뤼기아 지방에 있는 한 요새화된 장소에서 피난처를 구했다.

그곳에 갇혀 지내고 한 곳에 머물러 있음으로 해서, 훈련시킬 장소가 없어서, 그의 군마(軍馬)들을 못 쓰게 될까봐 걱정이 되어, 에우메네스는 교묘한 한 방법을 고안해 냈다. 그 방법에 따르면, 한 장소에 서있는 상태에서 짐승이 체온을 보존하면서 운동을 하게 하여서 그 놈이 음식을 더 자유롭게 섭취하고 육체적 활동의 이점을 잃지 않게 하기 위함이었다. 그는 말의 머리를 가죽 끈으로 묶고 앞발이 땅에 닿지 않게 아주 높이 쳐든 다음, 매질을 하여 그것이 껑충 뛰며 뒷발질을 하게 하였다. 이 운동은 경마장에서 뛰는 것 못지않게 말로 하여금 땀을 흘리게 했다. 그 결과, 모든 사람이 놀라워할 정도로, 몇 달 동안을 갇혀 지내다가 요새 밖으로 인도되어 나온 짐승들이, 마치 목장에 있다가 나온 것 같은 그런 좋은 상태였다. 이 봉쇄 기간 동안, 그가 바라는 만큼 자주, 안티고노스의 설치물들과 공성(攻城) 구축물들의 일부에 불을 지르거나 허물어뜨렸다. 그러나 그는 겨울이 지속되는 동안에는, 같은 장소에 머물렀는데, 그것은 그가 야영(野營)할 수가 없었기 때문이다. 봄이 가까이 다가왔을 때, 그는 항복을 가장하며, 협상이 협의되는 동안, 안티고노스의 장교들의 허를 찔러 속여 넘기고는 한 사람의 인명 손실도 없이 도주에 성공했다.

6. 에우메네스가 아시아에 있었을 때, 알렉산드로스의 어머니인 올륌피아스(Olympias)가 한 통의 편지와 사자(使者)들을 그에게 보내, 그녀가 왕좌를 차지하고 그녀 자신이 통치자가 되기 위하여 마케도니아에 오는 것에 대해 ― 왜냐하면 그녀는 그 당시에 에페이로스

(Epirus)[223]에 살고 있었기 때문이다 — 그의 조언(助言)을 구하는 것이었다. 그는 그녀에게 조언하기를 지금은 어떤 행동도 취하지 말고, 알렉산드로스의 아들[224]이 왕좌를 차지할 때까지 기다리라는 것이었다. 그러나 만약 그녀가 마케도니아에 강하게 이끌린다면, 여러 가지 분한 일들은 다 잊어버리고 그 누구에 대해서도 너무 엄하게 권력을 휘두르지 말 것을 당부했다. 그녀는 이런 권고들의 어느 것도 받아들이지를 않았다. 그녀는 마케도니아로 출발했고, 거기에서 아주 무자비하게 행동했다. 그러나 그녀는 멀리 떨어져 있는 에우메네스에게 청원하기를, 필리포스의 가문과 가족의 철천지 원수들이 그의 가계(家系)마저 파괴하려 드는 것을 용납하지 말고 알렉산드로스의 자식들을 원조(援助)해달라는 것이었다. 그녀는 말하기를, 만약 그가 그녀의 호의를 허용한다면, 그는 그녀를 돕기 위하여 가능한 한 곧 군대를 정비하여 이끌고 와야 한다는 것이었다. 그 일을 보다 쉽게 하기 위하여, 그녀는 충직하게 남아있는 모든 총독들에게 그의 말에 복종하고 그의 지시를 따르라고 통고하였다. 이런 일들에 깊이 감동하여, 에우메네스는, 만약 그것이 행운의 뜻이라면, 친절한 행위들에 보답하여 목숨을 잃는 것이 배은망덕하게 목숨을 구하는 것보다 더 낫다고 생각하였다.

7. 따라서 그는 병력을 모집했고 안티고노스와 전쟁을 벌이기 위하여 준비했다. 많은 마케도니아 귀족들이 그와 같이 있었는데, 여기에는 전에 알렉산드로스의 경호원[225]이었고 그 당시에는 페르시아의

---

223 마케도니아의 서남쪽에 있는 지방.

224 록사네(Roxane)의 아들 알렉산드로스(Alexander)를 의미함.

225 고위 관리만이 경호원으로 활동하였음.

SELLA

총독이었던 페우케스테스(Peucestes)가 있었다. 그리고 마름모 꼴 대형(隊形)의 사령관 안티게네스(Antigenes)가 있었다. 만약 외국인인 그가 거기에 있는 많은 마케도니아 출신 장군들을 제치고 총사령관직을 차지하게 되면, 그가 어떤 시기심 — 그는 그것을 결국엔 회피할 수 없었다 — 에 직면하게 될 것을 두려워하였다. 그래서 그는 진영(陣營)의 한가운데에 알렉산드로스의 이름으로 천막을 세웠고, 그 안에 황금 왕좌와 왕홀(笏)과 왕관을 더불어 갖다 놓고, 그곳을 지극히 중대한 안건들을 토의하기 위하여 모두가 매일 만나는 장소로 지령을 내렸다. 그는, 만약 그가 통치권의 모양새만 갖추고 전쟁을 수행해 나간다면, 시기심을 덜 유발할 것이라고 믿었기 때문에, 그는 짐짓 알렉산드로스의 이름으로 행동하는 척했다. 그리고 그는 일을 그렇게 했다. 왜냐하면 그들은 에우메네스의 본부가 아니라 알렉산드로스의 본부에서 회의를 개최하였으므로, 에우메네스는 어느 정도까지는 뒷전에 머물러 있으면서도, 실제로는, 모든 것이 그의 지령에 의해서만 이루어졌기 때문이다.

8. 그는 파라이타카이(Paraetacae)[226]에서 안티고노스와 싸웠는데, 본격적 전쟁은 아니고 행군 도중에 일어난 일이었지만, 그를 무찔러버리자, 후자는 겨울을 나기 위해 메디아(Media)[227]로 돌아

DIADEMA

226 고대 페르시아 북부 파라이타케네(Paraetacene) 지방에 살았던 민족.

227 카스피아 해(海) 남쪽 지방.

가는 수밖에 없었다. 그는 페르시아의 근방에서 병사들을 위한 월동(越冬) 지역을 배분하였는데, 그 자신의 소망보다 군인들의 의지에 따랐다. 그도 그럴 것이, 아시아를 쳐부수고 페르시아를 정복했던 저 알렉산드로스 대왕의 마름모꼴 대형(隊形) 대대(大隊)는, 영광과 방종의 긴 경력을 뒤로 하고, 이제는 지휘관들에게 복종하는 대신 그들에게 명령할 권리를 요구하고 나섰다. 그야말로 오늘날 우리의 고참병들이 하듯이 말이다. 그러니까 우리의 군인들이 마케도니아 병사들이 했던 그대로 따라하여, 방종과 불법성으로 모든 것을, 적들이나 친구들을 가리지 않고, 파멸시키는 위험이 그들에게 도사리고 있는 것이다. 그러나 만약 어느 사람이 옛날 고참병들의 역사를 읽으면, 그는 그들과 이들이 같다는 것을 인식하게 되고, 차이점은 오직 시대의 차이뿐이라고 결론지을 것이다. 그건 그렇다 치고, 나는 그 사람들 얘기로 되돌아가겠다. 그들은 겨울나기 구역들을 전쟁의 필요성에 따르기보다는 그들 자신의 쾌락을 염두에 두고 선정하여서, 서로 멀리 떨어져 있었다. 안티고노스가 이것에 관해 소식을 들었을 때, 그는 적대자들이 경계를 늦추지 않을 시에, 그들에게 상대가 안 된다는 것을 잘 알고 있었기에, 어떤 새로운 계획을 활용해보기로 작정하였다.

그가 겨울을 나고 있던 메디아로부터 적(敵)의 월동 지역으로 가려면, 두 길이 있었다. 이 두 길 중 짧은 길은 물이 부족하여 사람이 살지 않는 황무지 지역들을 통과하는 것이지만, 단지 열흘 정도밖에 안 걸리는 노정(路程)이었다. 그러나 누구나가 사용하는 다른 길은 길이가 두 배로 빙 돌아가는 길이지만, 보급이 풍부하고 온갖 일상 용품들이 풍족하였다. 만약 그가 두 번째 길로 행군한다면, 적대자들은 그가 길의 삼분의 일을 채 가기도 전에, 정보를 입수하게 될 것임을 잘 의식하고 있었다. 하지만 만약 그가 사막을 통해 빠르게 행군한다면, 그에게 적을 급습하여 패주시킬 희망이 있었다. 그런 목표를 마음속에 그리며, 그는 가능한 한 많은 자루들과 가죽 부대들 준비하도록 명령하였다. 거기에 덧붙여 식량을, 그것도 열흘 치 익힌 음식을 구입하도록 명령했다. 그리고 가능한 한 불을 작게 막사에서 만들었다. 그는 기획된 진로를 모든 이들로부터 숨겼다. 그렇게 준비가 되자, 그는 선택한 길을 따라 출발했다.

9. 그가 거의 거리(距離)의 반을 답파했을 때, 그의 진영으로부터의 연기는 에우메네스로 하여금 적이 접근하고 있다고 의심하게 했다. 그는 장군들과 회의를 열었다. 그들은 어찌 해야 할지 심사숙고하였다. 그들 자신의 부대(部隊)들이 안티고노스의 도착에 대응할 만치 재빨리 소집될 수 없다는 것이 모든 이에게 분명했다. 모든 사람이 최고의 관심사에 주저하며 절망하고 있을 때, 에우메네스는 말하기를, 그들이 지금껏 그렇게 하지 않았지만, 신속하게 행동하고 그의 명령들에 복종한다면, 그들을 그 궁지(窮地)에서 구출해 낼 것이라고 했다. 왜냐하면 적군이 5일 간의 행군을 남겨 둔 상태이지만, 그는 그들을 적어도 그만큼은 더 길게 지연시키도록 모든 수단을 동원할 것이라고 했기 때문이다. 그러니까 그의 장교들은 사방을 뒤져 각자 자기 부대원들을 소집해 놓아야 한다고 했다.

그러나 안티고노스의 속도를 견제하기 위하여, 그는 다음과 같은 계획을 고안했다. 그는 적의 진로와 반대되는 산맥의 기슭에 믿을 만한 사람들을 보내서, 밤이 시작될 무렵 가능한 한 넓은 지역에 큰 모닥불들을 지피고, 두 번째 야경 시간에는 그것들이 저번보다 작도록 하고, 세 번째 야경에서는 매우 작게 해, 진영에서 예사롭게 진행되는 일을 그대로 재현함으로써 적들로 하여금 에우메네스가 거기에 진을 치고 있고 또한 그들이 그리로 오고 있음이 보고된 것처럼 일을 꾸미도록 했다. 또 그들이 그 다음 날 밤에도 똑같이 그렇게 해야 한다고 했다. 이 지령들을 받은 자들은 그것들을 한 치의 틀림도 없이 수행하였다. 안티고노스는 땅거미가 질 무렵 화염들을 보았다. 그는 그의 도래(到來)가 알려졌고 따라서 적들이 그와 상대하기 위하여 그들의 병력을 거기로 집중한 것이라고 믿었다. 그는 그의 계획을 변경했고, 또 그가 그들을 불의(不意)에 습격할 수 없음을 생각하며, 공급이 풍족하고 좀 더 시간이 걸리는 우회로(迂廻路)를 선택했다. 하루는 그가 있던 곳에 그냥 머물며 병졸들을 쉬게 하고 군마(軍馬)들이 원기 회복을 하도록 해서 군대가 더 나은 상태에서 전쟁을 할 수 있도록 했다.

UTER

10. 그렇게 해서 에우메네스는 약삭빠른 한 장군의 허(虛)를 찔렀고 그의 재빠른 진군을 견제했지만, 그 자신에게도 별로 득이 되는 것이 없었다. 왜냐하면 그의 동료 장군들의 질투와 마케도니아 고참병들의 배신으로 인해, 그가 전투에 있어서 승리를 가져다주었음에도 불구하고, 그는 배신을 당해 안티고노스의 수중에 떨어지고 말았기 때문이다.[228] 그렇게 되기는 했지만, 군대는, 그 일이 있기 전 세 개의 개별적 시간에, 그를 방어하고 결단코 그의 곁을 떠나지 않을 것임을 맹세했었다. 그러나 그들 중 일부는 그의 참된 가치에 대해 너무나 악의를 품고 있었기에 그를 배반하지 않는 것보다 차라리 그들의 서약

228 기원전 316년.

을 깨버리는 것을 선호했던 것이다.

그럼에도 안티고노스는, 비록 에우메네스가 그의 철천지원수였다고 해도, 그의 동료들이 동의하였다면, 그를 구제할 수도 있었다. 실제로 그는 모든 이들이 임박했다고 감지하고 있던 이 일들에 있어서, 에우메네스보다 그에게 더 도움을 줄 사람은 없었다는 것을 잘 알고 있었으면서도 말이다. 왜냐하면 안티고노스는 가공할 만한 힘을 지니고 있는 셀레우코스(Seleucus), 뤼시마코스(Lysimachus), 프톨레마이오스(Ptolemaeus)에 의해 위협받고 있었고, 그들과 패권을 놓고 다투어야 했기 때문이다. 그러나 그의 동료들은, 만약 그가 에우메네스와 화해를 한다면, 그들은 그 위인(偉人)과 비교하여 하찮게 취급을 받게 될 것임을 지레짐작하고 동의해 주려고 하지 않았다. 그밖에도, 안티고노스 자신이 그처럼 성이 나 있었으므로 가장 큰 이득을 얻을 것이라는 큰 희망의 싹수가 없이는 진정될 수도 없었다.

11. 그렇게 해서, 그가 에우메네스를 감금하고 나서 수비대장으로부터 죄인을 어떻게 다루어야 할지 물음을 받았을 때, 안티고노스가 대답했다. "가장 사나운 사자나 가장 야만적 코끼리처럼 다루어라." 그도 그럴 것이, 그는 그의 목숨을 살려둘지 또는 내칠지 아직도 마음을 정하지 못했기 때문이다. 그러나 에우메네스는 두 종류의 사람들로부터 방문을 받았는데, 한 부류는 그들의 증오로 인해 그의 불행을 보고 마음껏 즐기기를 원했고, 또 다른 부류는 오랜 우정으로 인해 그와 얘기를 나누며 그를 위로해 주기를 원했다. 또한 많은 사람들은 그 인물을 보고 싶어서, 그리고 너무나 오랫동안 그리고 너무나 크게 두려워했던 인물이 이제 어떤 모습을 하고 있는지를, 어떤 인물이기에 그들은 그의 몰락에 승리의 희망을 놓았는지를 살펴보

기 위해서 왔다.

하지만 에우메네스는, 오랫동안 갇혀 있던 터라, 경비병들의 최고 사령관인 오노마르코스(Onomarchus)에게 말하기를, 그가 꼬박 삼일 동안 갇혀만 있는데, 한 패배한 적을 그처럼 학대하는 것이 안티고노스의 통상적(通常的) 지혜와 부합하지 않아 상당히 의아하다고 했다. 그는 그가 처형되도록 또는 방면되도록 명령을 내리지 않아 의아하다고 했다. 이 말은 오노마르코스에게 매우 오만하게 들렸으므로 그는 톡 쏘아 대꾸했다. "글쎄올시다. 만약 그것이 그대의 마음에 꺼린다면, 왜 그대는 적의 수중에 떨어져버리느니 차라리 전투를 하다 죽지 않았소?" 그에게 에우메네스는 이렇게 대답했다. "자네 말마따나 그렇게 되었으면 좋았겠지. 그런데 그렇게 되지 않은 이유는 내가 지금껏 나보다 더 강한 적수는 단 한 번도 만난 적이 없었기 때문이네. 그러니까 내가 누구와 전투를 벌이면, 그는 내게 지고 말았네." 그리고 그것은 맞는 말이었다. 그를 영락(零落)시킨 것은 적의 용맹이 아니라 전우들의 배반이었다. 왜냐하면 그는 위풍당당한 외모, 고초를 잘 견뎌내게 하는 지구력(持久力), 또 덩치만 크다기보다는 우아한 풍채를 지니고 있었기 때문이다.

12. 안티고노스가 자기가 감히 전적인 책임을 지고 적의 운명을 결정내고자 하지 않았기 때문에, 그는 안건을 중진 회의에 부쳤다. 좌중이 모였을 때, 그들 모두는 당황해 하였다. 그들이 너무나 자주 절망에 빠질 만치 수년간에 걸쳐 그들에게 고통을 안겨주고 그들의 가장 위대한 장군들을 목 베어죽인 한 남자를 처형하는 데에 그처럼 시간을 질질 끌고 있는 것을 기이하게 여겼다. 간단히 말해서, 그가 살아 있는 한, 그들의 마음의 평화를 위협할 수 있고 그의 죽음만이 그

들의 고초를 풀어줄 수 있는 그런 유일한 사람이었다. 끝으로, 그들은 묻고 있었다. 만약 안티고노스가 그를 살려 둔다면, 어떤 친구들에게 그는 의지한난 말인가? 그들은 에우메네스와 함께 하며 그에게 봉사하지는 않을 것이라 말했다. 안티고노스는, 그 회의의 결정을 알고 나서도, 엿새 동안 숙고할 시간을 가졌다. 그러나 그 다음 군대 내부에서 어떤 반란이 일어날 것을 두려워하기 시작하면서, 그는 그 누구도 죄수에게 접근하는 것을 금지했고, 그에게 일용할 양식을 박탈하도록 명을 내렸다. 하지만 에우메네스는 이틀 이상 굶주림에 허덕이지 않았던 것이, 그때 그들은 진영을 옮기고 있었는데, 안티고노스가 모르는 그의 경비병들에 의해 그는 목 졸림을 당했던 것이다.

13. 그렇게 해서 사십오 세의 나이에, 그는 안티고노스의 용맹에 눌려서가 아니라, 마케도니아인들의 거짓 증언에 의해 희생자가 되었다. 그의 나이 이십 세 때부터, 내가 위에서 말했듯이, 필리포스에게 칠 년을 봉사했고, 알렉산드로스 밑에서는 같은 지위를 십삼 년간 유지했고, 그 기간 중 일 년 동안은 기병대를 총지휘했고, 알렉산드로스 대왕의 사거(死去) 후엔 한 군단의 사령관으로 저 가장 유명한 장군들을 격파하거나 그들의 목을 베었던 것이다. 알렉산드로스 대왕의 사거(死去) 이후에 왕의 칭호를 참칭한 그 모든 이들의 평가 속에서 그의 위상(位相)이 얼마나 높았던가는 다음 사실로부터 가장 쉽게 판단될 수 있었다. 즉 에우메네스 살아생전에는 그 누구도 왕이라 하지 않고 다만 태수(太守)로 불리었던 것이다. 그러나 그의 사거 이후에는 그 같은 인물들이 곧바로 왕의 국권(國權)과 칭호를 내세웠고, 모든 이들이 초기에 공표했던 것과는 달리, 이제는 더 이상 그 누구도 알렉산드로스의 자식들을 위해 왕좌를 지키고 있는 것이라고 주장하는 시도를 하

지 않고 있다가, 자식들의 유일한 옹호자가 제거된 마당에서 경쟁자들은 그들의 진짜 복안(腹案)들을 드러냈다. 그런 범죄에 연루된 지도자들은 안티고노스, 프톨레마이오스, 셀레우코스, 뤼시마코스, 카산드로스였다.

하지만 안티고노스는 에우메네스의 장례를 치르도록 시신을 그의 친척들에게 보냈다. 그들은 그에게 한 군인으로서 또한 명민한 인물로서의 합당한 장례식을 치러주었다. 거기엔 모든 군단(軍團) 병사들이 참가했고, 그의 유골은 카파도키아에 있는 그의 어머니와 부인, 자식들에게 보내어졌다.

XIX. 포키온

1. 아테네인 포키온(Phocion) 은 종종 군대를 지휘했고 최고위 관직들을 역임했지만, 군사적 업적보다는 청렴한 삶으로 훨씬 더 잘 알려졌다. 그래서 먼저 언급된 측면이 아니라 나중에 언급된 측면이 널리 알려져서 그에게 "선인(善人) Bonus"이라는 별명을 가져다주었다. 왜냐하면 그는 국민들이 부여한 빈번한 명예직들과 관직들로 인해 상당한 재산을 모을 수도 있었지만, 언제나 옹색한 환경에서 살았기 때문이다. 그가 필리포스 왕으로부터 상당한 금액의 선물을 거절했을 때, 왕의 공사(公使)들은 그에게 그것을 받으라고 독려하면서 그에게 다음을 상기(想起)시켰다. 비록 그가 이것들 없이 쉽게 살아갈 수 있다 해도, 자식들이 처한 가난한 상태에서 자식들에게 어떤 식으로 제공하여도, 아버지로부터 물려받은 그렇게 큰 영광을 유지하며 살기란 어려울 것이라 했다. 그러나 그는 이들에게 이렇게 대답했다. "만약 자식들이 나를 닮게 된다면, 나에게 이 위엄을 가져다 준 똑같이 작은 이 농장에서 그들은 잘 살게 될 것이네. 그러나 만약 그들이 달리 살기를 원한다면, 나는 그들의 사치에 내 비용을 들여 부양(扶養)되고 성장되기를 바라지 않네."

2. 행운이 그의 나이 여든이 되기까지는[229] 그를 따라주었지만, 생의 종말에는 동료 시민들의 거대한 증오에 부딪혔다. 처음엔, 그가 도

229 포키온은 84세에 이르기까지 장수(長壽)하였다고 함.

시를 안티파트로스에게 넘기기로 데마데스(Demades)[230]와 협약했기 때문이고, 그리고 국가로부터 상을 받을만하다고 간주되었던 데모스테네스(Demosthenes)와 여타 사람들이, 그의 충고에 따라, 국민의 포고령에 의해 귀양 보내졌기 때문이다. 그의 행동이 나라의 이익에 배치되었기 때문에, 이 경우에만 그가 죄를 범한 것이 아니라, 친구의 의무를 지키지 않은 점에서도 죄를 범한 것이다. 그도 그럴 것이, 데모스테네스(Demosthenes)의 도움과 지지를 받고서 포키온은 그가 누리고 있는 지위에 오를 수 있었던 것이고, 특히 카레스(Chares)[231]와의 경쟁에서 그 웅변가의 은밀한 지지를 받았던 것이다. 그는 또한 여러 목숨이 걸린 중요한 재판들에서도 데모스테네스에 의해 변호되었고 무죄판결을 받았었다. 이러한 은인을, 그가 위험에 빠졌을 때, 포키온은 변호하지 않았을 뿐만 아니라 그를 배신하기까지 했다[232].

그러나 그의 몰락은 특히, 그가 국민의 신임으로 통수권을 장악했을 때[233] 저질러진 범죄에 기인하였다. 포키온은 데르퀼로스(Dercylus)[234]에 의한 경고 — 카산드로스(Cassander)[235]의 태수인 니카노르(Nicanor)가 아테네의 페이라이에우스(Piraeus) 항구를 공격할 음모

---

230 그 당시 데모스테네스와 더불어 아테네의 유명한 웅변가.

231 XII, 3을 볼 것. 아테네의 장군이었음.

232 포키온은 역사적으로 모든 중대 사안(事案)에 있어 추호의 사심(私心)도 없이 원칙과 소신에 따라 행동했다고 평가됨.

233 특히 전략가로서의 총사령관(strategus)의 지위를 뜻함.

234 아테네의 공사(公使).

235 알렉산드로스 대왕의 사거(死去) 이후 마케도니아의 통치자가 된 안티파트로스(Antipater)의 뒤를 이어 마케도니아와 희랍의 통치자가 됨.

를 꾸미고 있다 — 를 보고받고 또 국가의 보급망이 끊어지지 않도록 조치를 취하라는 보고를 받자, 국민들이 경청하고 있는 집회에서 답변하기를 그릴 위험은 없다고 했고 거기에 대해 모든 책임을 지겠다고 약속하였다. 얼마 안 있어, 니카노르는 페이라이에우스를 장악했고, 그 항구 없이 아테네는 전혀 생존할 수 없었기에, 국민들이 그것을 무력으로 수복(收復)하기 위해 결집하였지만, 포키온은 무장 명령을 내리지 않았을 뿐만 아니라, 무장한 국민들을 총지휘하기를 거부했다.

3. 그 당시 아테네에는 두 당파가 있었는데, 그중 하나는 일반 대중을, 다른 하나는 귀족층을 옹호하였다. 후자에 포키온과 팔레론(Phalerum)의 데메트리오스(Demetrius)[236]가 속하였다. 이 두 당파는 마케도니아인들의 비호에 의지했다. 왜냐하면 대중들은 폴뤼페르콘(Polyperchon)의 편을 들었고, 귀족들은 카산드로스(Cassandrus)의 편을 들었기 때문이다. 그러는 사이 카산드로스는 폴뤼페르콘에 의해 마케도니아에서 축출되었다. 일이 그렇게 된 후에, 민중은 자연히 우세한 세력이 되자, 당장 반대당의 지도자에게서 시민의 권리를 박탈하고, 포키온과 팔레론의 데메트리오스를 포함해서 그들을 아테네에서 추방하였다. 그리고 그들은 폴뤼페르콘에게 공사(公使)들을 보내어 그들의 포고령을 추인하도록 간청하게 했다. 포키온은 폴뤼페르콘에게 갔다. 그가 도착하자마자, 그는 외면상으로는 필리포스 왕[237] 앞

236 기원전 345—283, 웅변가, 정치가, 철학자, 그리고 시인으로 유명했고, 아테네를 카산드로스를 위해 10년 간(기원전 317—307) 통치했음. 포키온은 플라톤의 제자였고, 데메트리오스는 아리스토텔레스의 강의를 들었음.

237 알렉산드로스 대왕의 이복동생이고 명목상의 후계자인 필리포스 아리다이

에서, 실제로는 폴뤼페르콘 앞에서 그의 정당사유를 탄원하도록 명을 받았다. 그도 그럴 것이, 그는 그 당시 왕의 업무를 관장하고 있었다. 포키온은 아그노니데스(Agnonides)[238]에 의해 페이라이에우스 항을 니카노르에게 넘겨준 배신행위에 대해 고발당해 심사회의의 결정에 따라 투옥된 후, 아테네의 법률에 따라 판결을 받도록 아테네로 송치되었다.

4. 그가 도시에 도착하였을 때, 고령으로 인해 더 이상 발을 내딛고 걸을 수가 없어 마차에 실려 법정으로 끌려갔다. 엄청난 군중이 운집했었는데, 그들 중 상당수는 그의 과거의 영광을 기억하고는 그의 고령을 동정했지만, 그보다 더 많은 사람들은, 그에게 페이라이에우스 항을 팔아넘겼고, 특히 노년기에는 민중의 이권(利權)에 반대했다는 혐의가 있어서, 분노가 가득 차 있었다. 그에게는 연설을 하고 그의 사유를 변호할 기회조차 주어지지 않았다. 그 다음 그는 법정에 의해 유죄 판결을 받았고, 일정한 법적 절차에 따라서 아테네인들의 관습에 따라 공개적으로 사형수들에 대한 공적 책임을 담당하고 있는[239] 11인조(Undecimviri)에 넘겨졌다. 그가 형장으로 끌려가고 있었을 때, 그는 절친한 친구였던 에우필레토스(Euphiletus)와 만났다. 후자가 눈물을 글썽거리며 이렇게 말했을 때. "아, 포키온, 그대가 겪고 있는 처벌은 얼마나 부당한가!" 죄수는 이렇게 대답했다. "그런데 이건 뜻밖

오스(Philippus Arrhidaeus)를 지칭함.

238 아그논(Agnon) 또는 아그노니데스(Hagnonides, Ἀγνωνίδης)로도 알려진 아테네의 웅변가로 기원전 318 년에 포키온을 고발함.

239 그들은 사형 집행을 담당하고 있지만, 실제로 그 행위는 한 사형 집행인에 의해 이루어졌음.

의 일은 아니야. 왜냐하면 대부분의 저명한 아테네인들은 이런 종말을 맞았기 때문이지." 그에 대한 민중의 증오는 너무나 컸기에 어느 자유인도 감히 그를 묻어주려고 하지 않았다. 그리하여 그는 노예들에 의해 매장되었다.

XX. 티몰레온

1. 티몰레온(Timoleon)은 코린토스(Corinthus)인이었다. 의심할 바 없이 이 사람은 모든 이들의 평가에서 위대한 인물이었다. 그 밖의 다른 누구에게도 일어나지 않은 행운이 오직 그에게만 일어났던 것이다. 그가 태어난 땅을 폭군의 억압으로부터 해방시킨 것, 그가 돕고자 파견된 쉬라쿠사인들(Syracusae)을 뿌리 깊은 노예상태에서 구제한 것, 그리고 그가 단순히 도착함으로써, 여러 해 동안 전쟁들에 시달려왔고 이방인들에게 종속되었던 시칠리아(Sicilia) 전체를 이전 상태로 복원시킨 일이 일어났다.

그런데 이런 사건들이 진행되는 동안, 그는 변모하는 행운과 싸워야 했고, 그가 굉장히 어렵다고 간주한 일을, 역경보다는 번영 속에서 더 현명하게 처리했다. 코린토스인들에 의해 장군으로 선출된 그의 친형제 티모파네스(Timophanes)가 용병 부대의 도움으로 스스로 참주(僭主)가 되었을 때, 티몰레온도 권력을 나누어가질 수 있었지만, 죄악에 참여하기에 너무나 거리가 먼 사람이어서, 그는 동료 시민들의 자유를 형제의 생명 이상으로 값지게 생각하였고, 법규들에 대한 복종이 나라를 통치하는 것보다 더 낫다고 간주하였다. 이런 정신에서 누이동생의 남편인 점쟁이의 도움을 받아 친형제인 폭군의 죽음을 준비하였다. 그 자신은 그에게 손을 대는 것도 그의 형제가 피를 흘리는 것도 보기를 원치 않았다. 그 일이 결행되는 동안, 그는 어느 정도 떨어져 경계를 서며 어떤 궁정 호위병들도 폭군을 도우러 오지 못하게 했다.

모든 이들이 영광스러운 이 행동을 똑같이 마음에 들어하지 않았다. 어떤 이들은 그가 충직한 형제애를 그르쳤다고, 질투로 인해 그의 공훈(功勳)의 영광에 흠집을 냈다고 생각했기 때문이다. 그 행위가 있은 후로 모친은 아들을 면전에 들이려 하지 않았고, 그녀가 어쩌다 그를 보았을 때는 그를 저주하며 형제 살해자라 불렀다. 이 일에 그는 너무나 마음의 상처를 받아, 가끔 삶을 끝내기를 원했고, 감사할 줄 모르는 사람들을 보고 죽어버림으로써 그들의 면전을 떠날 생각도 했다.

2. 그러는 동안에 디온(Dion)은 쉬라쿠사에서 죽임을 당했고 디오뉘시오스가[240] 다시 쉬라쿠사를 장악하였다. 그의 반대자들은 코린토스로부터 원조(援助)를 구했고 전쟁을 수행할 지도자 한 명을 청했다. 티몰레온이 그들에게 파견되어서, 믿겨지지 않을 성공으로 시칠리아

HARUSPEX

240 소(小) 디오뉘시오스를 말하며 그때는 기원전 346년.

전체에서 디오뉘시오스를 몰아냈다.[241] 비록 그가 그를 죽일 수도 있었지만, 그러지 않았고 오히려 그가 코린토스에 안전하게 도착하게끔 하였다. 그도 그럴 것이, 코린토스인들은 과거에 여러 번 두 명의 디오뉘시오스의 권력에 의해 도움을 받았었고, 그는 그 친절함에 대한 기억이 지속되기를 바랐기 때문이다. 그는 잔학함보다 더 많은 자비(慈悲 clementia)가 저 영광스러운 승리에 있다고 생각했다.[242] 끝으로, 그는 어떤 폭군을 정복했고 또 그를 얼마나 엄청난 권력에서 끌어내렸는지를 사람들이 귀로 들어서 알 뿐 아니라 눈으로 직접 보기를 바랐다. 디오뉘시오스가 떠나버린 후, 티몰레온은 폭군의 반대자였던 히케타스(Hicetas)와 전쟁을 벌였다. 그런데 디오뉘시오스에 대한 후자의 적개심은 학정의 증오에서라기보다 오히려 야망에 기인하였다는 것이 다음의 사실로 명명백백하게 드러났다. 즉 폭군이 그의 왕좌로부터 쫓겨난 후, 히케타스는 통치권을 포기하기를 거부했다.

히케타스를 정복하고 나서, 티몰레온은 크리니수스(Crinissus) 강가에서 카르타고(Karthago)인들의 대부대를 패주시켰다. 이제 그들은 수년간 시칠리아를 소유한 것을 뒤로 하고, 아프리카를 소유하도록 허락 받은 것만으로도 억지로 만족하여야 했다. 그는 또한 전쟁을 좋아하고 힘이 장사인, 마메르쿠스(Mamercus)라고 불리는 이탈리아 장군을 포로로 잡았다. 그는 폭군들을 도우러 시칠리아에 왔던 자였다.

3. 이런 일들 후에, 장기간의 전쟁으로 인해서 지방들뿐만 아니라 도시들마저 텅 빈 것을 알아차리고, 그는 먼저 시칠리아인들을 샅샅이 찾아냈고 그 다음으로 코린토스에서 온 이주자들을 불러 모았는

---

241 기원전 344년.

242 참된 기독교 정신에 못지않은 티몰레온의 미덕이라고 사료됨.

데, 이는 시초에 코린토스인들이 쉬라쿠사 도시를 세웠기 때문이다. 이전의 시민들에게 그는 그들의 가옥을 복원시켜 주었고, 새로 이주해온 시민들에게는 전쟁의 참화로 비어 있던 저택들을 나누어주었다. 그는 텅 빈 신전(神殿)들과 무너져 내린 도시들의 담들을 수리했다. 도시국가들에 법률들과 자유를 복원하였다. 그는 섬 전체를 매우 끔찍한 전쟁에서 벗어나 그런 어마어마한 휴식을 찾아주어서, 식민지들을 처음 설립했던 사람들보다도 오히려 이 도시들의 창립자로 간주되었다. 디오뉘시오스가 도시를 위해 요새화했던 쉬라쿠사 성채(城砦)를 토대에서부터 파괴해버렸다. 폭군의 다른 학정의 흔적들도 그가 파괴하였고, 노예제도의 흔적들도 거의 남아 있지 않도록 유의하였다.

티몰레온은 권력이 대단해서, 시민들의 의사에 반(反)해서 그들을 통치할 수 있고, 또 반대도 없이 왕좌에 등극할 수 있을 만치 모든 시칠리아인들의 애정을 듬뿍 차지하고 있다 해도, 그는 두려움보다는 오히려 사랑의 대상이 되기를 선택했다. 따라서 그가 그렇게 할 수 있게 되자마자, 관직을 내려놓고 쉬라쿠사에서 은둔한 시민으로 그의 여생을 살았다. 그는 그것을 정말로 능숙하게 하였다. 왜냐하면 다른 왕들이 권력으로 유지할 수 있는 것을 그는 선의(善意)를 통해 획득했기 때문이다. 어떠한 명예도 그에게는 부족하지 않었다. 그때부터 쉬라쿠사에서는 어떠한 공적(公的) 조치도, 티몰레온의 생각이 무엇인지 먼저 알아내기 전에는 취해지지 않았다. 그 누구의 조언도 더 선호되지 않았을 뿐만 아니라, 그 이외의 누구의 의견도 고려(考慮) 대상조차 되지 못하였다. 그리고 그것은 선의에 의해서라기보다 신중함에 의해서 행해졌다.

4. 그가 이제 상당히 나이를 먹어, 어떤 병고도 치르지 않았는데 눈의 시력을 잃었다. 이러한 역경을 그는 너무나 침착하게 견디어 냈으므로 아무도 그가 불평하는 소리를 듣지 못했고, 그 자신도 그것 때문에 사적(私的)이거나 공적(公的)인 사무들을 덜 돌보지 않았다. 그는 국민들의 집회가 열리는 극장에 건강이 나빠서 두 필의 당나귀가 끄는 마차를 타고 왔는데, 그 위에 앉아서 의견을 진술했다. 그리고 아무도 이것을 거만한 행동이라고 간주하지 않았다. 왜냐하면 어떤 거

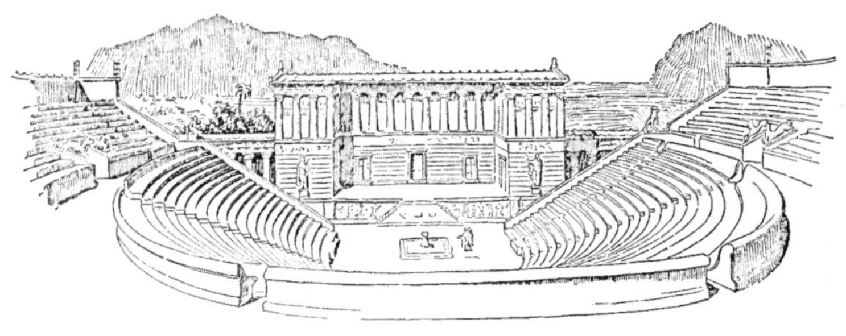

THEATRUM

만하거나 허풍스러운 말이 그의 입에 오른 적이 없었기 때문이다. 실제로, 그가 자기를 칭찬하는 소리를 들었을 때, 그는 단지 이 말만 했다. 그들이 시칠리아를 복원하려고 결심하였을 때, 그를 지도자로 선택한 일 때문에, 그가 신들에게 최고의 감사를 드리는 이유라고 했다. 인간사에 있어 그 어떤 것도 신들의 뜻 없이는 이루어질 수 없기 때문이라고 그는 생각했다. 그런 이유로 그는 집에 행운의 여신[243]의 사당(祠堂)을 설립해 놓고, 지극지성으로 경배한다고 했다.

243 원문에 'Automatia 행운의 여신'으로 나와 있는데, 그 뜻을 살펴보면, 인간의 개입 없이 자유자재로 주관하는 존재로서의 뉘앙스가 담겨 있음.

5. 이 사람의 탁월한 선함에 놀랄만한 운수들이 첨가되었다. 그는 가장 중요한 전투들을 예외 없이 그의 생일날에 치루었다. 그로부터 온 시칠리아 섬은 그날을 축제로 경축하였다. 무례하고 감사할 줄 모르는 라메스티오스(Lamestius)라는 자가, 단지 법에 따라 그를 다루기를 원한다면서 티몰레온이 법정에 서기를 원한다고 말했다. 몇몇 사람들이 거기 모여들어서, 그 남자의 파렴치함을 완력으로 견제하려고 하였다. 그러나 티몰레온은 모든 이들에게 그러지 말라고 간청하였다. 라메스티오스 또는 그 외의 누구라도 바로 그와 같은 일을 하도록 하기 위해, 그가 그토록 애를 썼고 극도의 위험을 감수했던 것이라며, 모든 사람이 자신이 원하는 것을 법 앞에서 해결하는 것이 허락된다면, 이것이야말로 바로 자유의 참된 모습이라고 말했다. 또 다시, 라메스티오스 같은 부류의 사람인 데마아이네토스(Demaenetus)라고 하는 자가, 민중 집회에서 티몰레온의 행위들을 헐뜯고 그에 대한 인신공격을 하였다. 그는 마침내 그[티몰레온]의 서원(誓願)이 성취되었다고 선언하였다. 그는 언제나 불멸의 신들에게, 쉬라쿠사인들 가운에 어느 사람도 면책특권을 갖고 자기가 말하고 싶은 주제를 말하는 그런 자유를 복원시켜 주기를 기도해 왔었다고 말했다.

그가 최후의 날을 맞이했을 때, 그는 쉬라쿠사인들에 의해 공공의 비용으로 '티몰레온 묘실(墓室) Timoleonteum'이라고 불리는 체육관[244]에 안장(安葬)되었고, 모든 시칠리아가 그의 장례식에 참석하였다.

244 그는 먼저 'agora 광장'에 묻혔고, 나중에 그 묻힌 자리에 체육관이 세워졌다고 함.

XXI. 왕들에 대해

1. [위에 서술한] 이들은 왕들을 제외하고 회상할 가치가 있다고 생각되는 거의 모든 희랍 민족의 장군들이었다. 왜냐하면 왕들에 관해서는 나는 손을 대고 싶지 않았는데, 그 이유로는 그들의 공적들은 다른 책에서 따로 이야기되었기 때문이다.[245] 그렇지만 이들은[246] 그리 많은 숫자가 아니다. 그러나 라케다이몬인 아게실라오스는, 다른 스파르타의 왕과 꼭 마찬가지로, 왕의 칭호를 지니고 있었지만 왕의 권력을 쥐고 있지는 않았다. 그러나 절대적 권위를 겸비한 통치자 중에, 내가 평가하기에, 가장 출중한 이들은 페르시아인들의 왕 키로스(Cyrus)와 휘스타스페스(Hystaspes)의 아들 다레이오스(Darius)였다. 이들 두 사람은 사인(私人)들이었고 덕을 통해 왕권을 획득하였다. 이들 중 전자는 마사게타이(Massagetae)[247] 땅에서 전사했다. 다레이오스는 고령으로 사망했다. 그 밖에도 같은 민족 출신의 다른 출중한 왕들 세 명이 있다. 크세르크세스(Xerxes) 그리고 두 명의 아르타크세르크세스

245 'De Regibus Exterarum Gentium 이방 민족들의 왕들'이라고 제목을 가진 책인데 분실되었음. '장군전'의 제2판인 본권에서는 장군으로도 활약했던 몇 명의 왕들이 다루어지고 있음

246 장군들이었던 왕들을 지칭함.

247 카스피아 해 동북부에 살던 유목민들. 스퀴타이인들.

(Artaxerxes)인데, 각각 마크로키르(Macrochir 긴 손)[248]와 므네몬(Mnemon 좋은 기억)으로 불린다.[249] 크세르크세스의 명성은 인간의 기억이 미치는 한 가장 큰 군대를 거느리고 육해(陸海)상에서 희랍과 전쟁을 한 데서 유래한다. 그러나 마크로키르는 그의 거대하고 아름다운 몸으로 유명한데, 그의 몸은 전쟁에서 믿겨지지 않을 정도의 용맹으로 인해 칭송받았다. 왜냐하면 페르시아인들 중 그 누구도 무력행사에 있어 그를 능가하지 못했기 때문이다. 므네몬은, 반대로, 정의감 때문에 유명해졌다. 왜냐하면 그가 어머니의 범죄로 인해 처를 잃었을 때, 그는 그 걷잡을 수 없는 분개심을 효심(孝心)으로 극복하였기 때문이다.[250] 이 왕들 중 이름이 같은 두 사람은 질병으로 인해 자연사를 하였다. 세번째 인물은 태수 아르타바노스(Artabanos)[251]의 칼에 의해 살해되었다.

2. 이제 마케도니아의 종족 가운데서 두 명의 왕이 영광스러운 행적이란 면에서 여타의 인물들을 훨씬 능가하였다. 아뮌타스(Amyntas)의 아들 필리포스(Philippus) 그리고 알렉산드로스 대왕이다. 후자는 바빌론에서 병사를 하였다. 필리포스는 공연들을 보러 가는 중에, 아이기아(Aegiae)[252]에 있는 극장 근처에서 파우사니아스(Pausanias)에 의해 살해되었다. 로마인들에게 전쟁을 걸었던 에피로테의 왕 퓌로스

---

248 Macrochir는 희랍어 'μακρόχειρ 긴 손'의 라틴어.

249 마크로키르는 기원전 464년에서 425년까지, 므네몬은 405년에서 359년까지 통치하였음.

250 그는 그녀를 바빌론(Babylon)으로 추방했다고 함.

251 크세르크세스의 총신(寵臣)으로 궁중 반란을 일으켜 그 왕을 살해하였음.

252 마케도니아에 있는 한 읍으로 보티아이아(Bottiaea) 근처에 있음.

(Pyrrhus)가 있었다.[253] 펠로폰네소스에 있는 아르고스(Argos) 시를 공격할 때, 그는 돌덩이에[254] 맞아 죽임을 당했다. 또한 시칠리아의 위대한 왕 대(大)디오뉘시오스(Dionysius prior)가 있었다. 그는 싸움에선 용맹하였고 또 전쟁에선 능숙하였다. 그리고 그에게는 참주에게서 발견하기 힘든 자질(資質)이 있었는데, 방탕, 무절제, 탐욕으로부터 벗어나 있었다. 한마디로 말하자면, 절대적이고 영구한 통치에 대한 집념 외에는 모든 열정들로부터 벗어났지만, 그것은 잔학 행위로 이어졌다. 왜냐하면 그는 권력을 공고히 하고 싶은 욕망에서 음모자라고 의심되는 사람은 그 누구도 용서하지 않았기 때문이다. 그는 덕으로 참주가 되고 나서, 엄청난 행운이 따라주어서 권력을 유지하였다.[255] 그가 왕국을 번영시켜 놓고 죽었을 때가, 육십이 넘었었다. 그리고 그는, 그렇게 많은 세월을 보내면서, 세 아내에게서 여러 자식들을 얻었고 많은 숫자의 손자 손녀들을 보았지만, 그 누구의 죽음도 목격하지 않았다.

3. 그 밖에도 알렉산드로스 대왕의 친구들 중 많은 이들이 그가 죽은 후 왕권을 장악했는데, 그중에는 안티고노스(Antigonus)와 그의 아들 데메트리오스(Demetrius), 뤼시마코스(Lysimachus). 셀레우코스(Seleucus), 그리고 프톨레마이오스(Ptolemaeus)가 있었다. 이들 중 안티고노스는 셀레우코스와 뤼시마코스에 대항하여 싸우다가 죽었다. 뤼시마코스는 셀레우코스에 의해서 비슷한 죽음을 맞았다. 왜냐하면 그

253 기원전 297—272년에 걸쳐 이탈리아 침공이 있었음.

254 한 여자가 지붕에서 던진 벽돌장이었다고 함.

255 x장 참조. 그에게는 디온(Dion)이라는 우수한 충신이 있었고 철학자 플라톤이 방문하여 치도(治道)를 설파하였음.

들은 동맹관계를 걷어차고 서로 싸웠기 때문이다. 그러나 데메트리오스는 딸을 셀레우코스에게 시집보내고서도 그들 사이에 우정을 보장받지도 못하고, 전투에서 포로가 되어 사위의 감옥에 갇혀 병사하였다. 그리고 그 일이 있은 지 별로 오래 되지 않아, 셀레우코스는 프톨레마이오스 케라우누스(Ceraunus)[256]에게 배반을 당해 죽임을 당했다. 프톨레마이오스는 아버지에 의해 알렉산드리아에서 추방을 당해서 다른 사람들의 도움이 필요했을 때, 셀레우코스에게서 피난처를 얻었었다. 그러나 프톨레마이오스 자신은 아직 그가 살아 있을 적에 왕국을 아들에게 넘겨주었었는데, 이 후자에 의해 사형에 처해졌다고 한다.

내가 이 왕들에 관해서는[257] 충분히 말했다고 생각하기 때문에, 영혼의 위대성과 총명함에 있어 아프리카 태생의 모든 사람들을 능가했다고 일반적으로 인정되고 있는 하밀카르(Hamilcar)와 한니발(Hannibal)을 이제 빼놓지 않는 것이 적절해 보인다.

256 원문의 'Ceraunus 묘안석(猫眼石)'은 일종의 보석인데, 그 원뜻은 '천둥번개'의 뜻이 있음.

257 그의 책《De Regibus Exterarum Gentium 이방 민족들의 왕들에 관해서》를 시사(示唆)하는 것임.

XXII. 하밀카르

1. 하밀카르(Hamilcar)는 한니발(Hannibal)의 아들이자, 바르카(Barca) 성(姓)을 지닌 카르타고(Karthago)인. 일차(一次) 포에니(Poenicum) 전쟁에서 경력을 시작하였지만, 전쟁이 끝날 무렵에는 아주 젊은 나이에 시칠리아에 있는 군대의 지휘를 맡게 되었다. 그가 등장하기 전에 카르타고인들은 지상과 해상에서 아주 열세에 놓여 있었지만, 그가 친히 등장하는 곳은 어디에서나, 결코 적들에게 굴복하거나 해를 입힐 기회를 주지 않았다. 반대로 그는 기회가 주어지기만 하면, 그들을 자주 공격하였고 영락없이 승리를 거두었다. 카르타고인들이 시칠리아에서 거의 모든 것을 잃었을 때, 그는 에뤽스(Eryx)[258] 산을 너무나 성공적으로 방어했기 때문에 그 구역에서는 전쟁이 없었던 것처럼 생각되었다. 그러는 동안에 카르타고인들은, 로마 총독 가이우스 루타티우스(Gaius Lutatius)[259]에 의해 아이가테스 섬들(Aegates insulae)[260] 근처에서 패배를 당한 후, 전쟁을 끝내기로 결정을 하고 나서 협상을 진행할 전권(全權)을 하밀카르에게 주었다. 그는 전쟁을 하고 싶은 욕망으로 부글부글 끓었지만, 평화를 맺는 것이 필요하다고 생각했다. 그도 그럴 것이, 그는 나라가 재정적 곤궁 속에 빠져 있고 더 이상 전

258 북서부 시칠리아의 산맥인데, 비너스 신전으로 유명했다고 함.

259 'G. Lutatius Catulus'를 지칭함.

260 시칠리아 서편에 있는 지중해의 섬들.

쟁의 참상을 지탱할 수 없다는 것을 알고 있었다. 그러나 그렇다고 해도, 카르타고가 조금만 더 복구되면, 곧바로 전쟁을 다시 시작하여, 확실히 승리를 거두든지 또는 패배해서 항복하든지 그때까지, 무기를 들고 로마인들을 끈덕지게 뒤쫓을 것을 마음에 품었다. 그런 목적을 염두에 두고 그는 평화 협상을 벌였는데, 협상이 진행되는 과정 중에 그처럼 자신만만하였으므로, 카툴루스(Catulus)가 선언하기를, 적대자와 에릭스를 방어하였던 모든 병졸들이 무기를 내려놓고 시칠리아를 떠나지 않는 한 휴전하지 않을 것이라고 했다. 하밀카르가 대답하기를, 그의 나라가 굴복하고 있지만, 그런 치욕을 안고 귀향하기보다는 여기서 차라리 죽을 것이라고 선언했다. 그도 그럴 것이, 그가 조국의 적들에 대항해 사용하도록 받았던 무기들을 적들에게 건네준다는 것은 그의 용기(勇氣)라는 미덕에 전혀 부합하지 않았다. 그의 완강함에 카툴루스는 양보를 하고 말았다.

2. 그러나 하밀카르가 카르타고에 왔을 때, 나라는 그가 희망했던 것과는 사뭇 다른 상태에 놓여 있음을 알게 되었다. 왜냐하면 외국의 오래 지속된 분쟁으로 인해 너무나 심각한 내전이 촉발되어 카르타고는, 도시가 파괴되었던 때를 제외하고는, 그처럼 엄청난 위험에 처한 적이 없었기 때문이다. 우선, 로마인들과 대적하였던 이만 명 가까운 용병(傭兵)들이 반기(叛起)하였다. 그들은 온 아프리카를 선동하였고, 카르타고를 공격했다. 그런 불행들로 인해 카르타고인들은 너무나 놀라서 심지어 로마인들에게 도움을 청하고 받아들였다. 그러나 나중에는 거의 절망에 빠져, 그들은 하밀카르를 총사령관으로 만들었다.[261]

바로 이 장군이, 적의 병력의 숫자가 이제 십만을 넘었음에도 불

261 기원전 232년.

구하고, 그들을 카르타고의 성벽으로부터 몰아냈을 뿐만 아니라, 그들을 좁은 협곡 지대에 가두어놓는 것도 성공했다. 적들은 거기서 반수 이상(以上)이 군도(軍刀)가 아닌 기아(饑餓)로 죽어나갔다. 그는 아프리카 전체에서 가장 강력했던 우티카(Utica)와 힙포(Hippo)를 포함하여 불만을 품은 모든 읍들을, 그의 나라에 다시 종속시켰다. 그리고 그것에 만족하지 않고, 그는 카르타고의 국경을 확장했다. 그와 같이 평화체제를 구축하여 아프리카는 통틀어 수년간 전쟁이 없었던 것 같았다.

3. 이러한 과업들을 자기가 만족할 정도로 끝마치자, 의기양양하면서 로마인들을 증오하는 마음에서, 전쟁을 할 구실을 더 쉽게 찾아볼 심산으로, 그는 자신이 한 군단의 지휘자로 에스파냐에 보내지도록 기획했고, 그 당시 아홉 살 난 아들 한니발(Hannibal)[262]을 데리고 갔다. 그는 또한 하스드루발(Hasdrubal)[263]이라는 뛰어난 미남 청년을 대동(帶同)했는데, 어떤 이들은 하밀카르가 그를 온당하다기보다는 다소 수치스러운 방법으로 사랑하는 것이라고 말들을 했다.[264] 그도 그럴 것이, 그처럼 위대한 사람은 중상(中傷)당하기를 면할 수 없을 것이기 때문이다. 그런 혐의 때문에, 도덕 감찰관[265]은 하스드루발이 하밀

262 그의 아들의 이름 '한니발 Hannibal'은 그 자신의 아버지의 이름이었던바, 역사상 할아버지와 손자가 같은 이름으로 등장함.

263 하스두루발(Hasdrubal(c. 270 BC – 221 BC)), 하밀카르 바르카의 사위.

264 고대 희랍문화에서 '미남 청소년'에 대한 애착이 확산되어 있었는데, 여기서 그런 동성애를 암시함.

265 원문에서 'praefectus 감독관'으로서 고대 로마에서 풍기 단속을 담당하였음.

카르와 함께 있는 것을 금지했다. 그러나 장군은 젊은이에게 딸을 아내로 주었다. 그 이유는 카르타고인들의 법규에 따르면, 사위는 장인(丈人)과 동석(同席)하는 것이 거부될 수 없었기 때문이다. 하스드루발에 관해 언급했는데, 이는 하밀카르가 죽임을 당했을 때, 그가 군대를 통솔했고 커다란 업적들을 이루어냈기 때문이다. 그러나 그는 뇌물을 먹음으로써 카르타고인들의 오래된 도덕관을 저해하는 첫 사례가 되었다. 또한 그가 사망한 후에 한니발은 군대의 통수권을 계승하였다.

4. 그런데 하밀카르는, 바다를 건너 에스파냐로 들어오고 나서, 행운을 만나 엄청난 일을 해냈다. 그는 강력하고 전투적인 국가들을 복속시켰고 모든 아프리카를 말들, 무기들, 또 인력(人力)과 재력(財力)으로 풍요롭게 만들었다. 그가 에스파냐에 도착한 후 아홉 번째 되는 해에 이탈리아로 전쟁을 끌고 들어갈 계획을 세우고 있었을 때, 베토네스(Vettones)[266] 족속과 싸우다가 죽었다. 이 남자의 골수에 사무친 로마에 대한 증오심이 이차 포에니 전쟁[267]의 주요 원인이 되었던 것 같다. 그의 아들 한니발은 아버지의 끊임없는 간청들에 의해 너무나 감명을 받았기 때문에, 그는 로마인들을 시험해보지 않을 바에는 차라리 죽는 것을 선택했을 것이다.

---

266 에스파냐의 남서부 루시타니아(Lusitania) 지방에 살던 족속.

267 원문의 'bellum poenicum 포에니 전쟁'은 로마와 카르타고 사이의 3회에 걸친 전쟁(264—146 B.C.)을 일컬음.

XXIII. 한니발

HANNIBAL

1. 한니발(Hannibal)은 하밀카르의 아들이고 카르타고인이었다. 만약 아무도 다음을 의심하지 않듯이, 로마인민이 용맹에 있어 다른 모든 민족을 능가하였다면, 로마인민이 용감함에 있어 모든 민족들을 뛰어넘은 것만치, 한니발은 현명함에 있어 다른 모든 사령관을 능가하였다는 것은 인정되어야 한다. 그도 그럴 것이, 그가 이탈리아에서 로마인들과 자주 접전을 벌였지만, 그는 항상 승자로 떠났다. 만약 그의 힘이 동료 시민들의 질투에 의해 손상되지 않았다면, 그는 로마인들을 정복할 수 있었을 것이다. 그러나 대중의 비방은 한 사람의 용기를 꺾어놓았다.

그러나 그는 아버지에 의해, 마치 유산처럼 그에게 남겨진 로마인들에 대한 증오를 너무나 마음속에 아로새겨 놓아, 그것을 포기하느니 그는 차라리 그의 목숨을 바쳤을 것이다. 참으로, 그가 고향 땅에서 쫓겨나 외국인들의 도움에 의지하고 있었을 때도, 그는 정신적으로 로마인들과 전쟁하기를 그치지 않았다.

2. 그가 멀리 떨어져 있었음에도, 그가 필리포스[268]를 로마인들에

---

268 마케도니아의 필리포스 5세(기원전 220~179)를 지칭함. 그 적대 기간은 기원전 215년부터 205년까지였다고 함.

게 적으로 만들어놓은 것은 말할 것도 없고, 안티오코스(Antiochus)[269]가 그 시절에 모든 왕 중에서 가장 강력하였는데, 그는 그에게 전쟁의 열망을 너무 강하게 자극해서 그는 저 멀리 홍해(紅海)[270]에서 이탈리아로 쳐들어갈 준비를 하였다.

로마에서 공사(公使)들이 군주에게 왔는데, 그의 의도들을 타진해 보고 또 은밀한 음모를 꾸며서 한니발을 의심의 대상으로 만들기 위해서였다. 그들이 그에게 뇌물을 준 결과, 그는 이전의 감정과 생각을 고쳐먹었다고 주장하였다. 이러한 시도들은 헛되지가 않았다. 한니발도 그것을 알게 되었고, 그가 왕의 내부 회의들에서 제외되었다는 사실을 눈치 챘다. 그는 기회가 닿자마자 왕에게 직접 찾아가서 여러 충성심의 증거들과 로마인들에 대한 그의 증오를 상기시킨 후, 보태어 말했다. "나의 아버지 하밀카르는, 제가 아홉 살도 채 안 된 어린 소년이었을 적에, 총사령관으로서 카르타고에서 에스파냐로 출발하려던 참에, 가장 위대하고 좋은 신(神) 유피테르(Iovis)[271]에게 제물을 바쳤습니다. 이 의식(儀式)이 거행되고 있는 동안, 내가 그와 함께 전쟁터에 가고 싶으냐고 그가 내게 물었습니다. 나는 그 제의를 기꺼이 받아들이고 그에게 조금도 주저하지 말고 나를 데리고 가 달라고 간청하기 시작했습니다. 그러자 그가 말했습니다. '내가 요구하는 서약을 네가 내게 해 준다면, 내가 그렇게

Sacrificium

269 안티오코스 3세 또는 시리아의 대왕이라고 불리었음.

270 페르시아 만을 뜻함. 그 시점은 기원전 192년.

271 실제로는 카르타고인들의 최상의 신 바알(Baal)이었을 것임.

하겠다.' 동시에 그는 제사를 시작했던 제단으로 나를 데리고 가더니, 다른 모든 사람들을 내보내고 나서, 내게 제단을 잡고서 내가 로마인들과는 결코 친구가 되지 않을 것을 서약하라고 명하였습니다. 저는, 지금껏 살아오면서 아버지에게 한 서약을 너무나 충실히 지켰으므로, 그 누구도 내가 남은 생에 그와 같은 마음을 지닐 것을 의심해서는 안 됩니다. 그러니까 만약 그대가 로마인들에 대해 친절한 의도들을 품고 있다면, 그것을 나에게 숨기는 것이 현명할 것입니다. 그러나 그대가 전쟁을 준비하는 경우, 만약 그대가 작전계획에서 나를 지도자로 만들어 주지 않는다면, 그대는 그대 자신의 이득에 상반되게 될 것입니다."

3. 그렇게 해서, 내가 언급한 이 나이에 한니발은 아버지와 같이 에스파냐로 갔고, 하밀카르가 죽고 하스드루발이 통수권을 계승하였을 때, 모든 기병대는 그의 휘하에 들어갔다. 하스드루발 또한 죽었을 때, 군대는 한니발을 그들의 최고 사령관으로 선택했고, 이 일이 카르타고에 보고되자, 그것은 공식적으로 재가(裁可)되었다. 그러니까 한니발은 채 이십오 세도 안 되어 최고 사령관이 되었던 것이다. 그리고 그 다음 삼년 안에 그는 에스파냐의 모든 민족들을 무력으로 복속시켰고, 로마와 동맹을 맺고 있던 도시 사군툼(Saguntum)[272]을 무력으로 정복하였고, 또 세 큰 군단들을 창설하였다. 이 군단들 중 하나는 아프리카로 보냈고, 제이(第二) 군단은 동생 하스드루발[273]과 함께 에스파냐에 남겨 두었고, 제삼 군단은 그 자신과 함께 이탈리아 내부로 이끌

272 에스파냐의 동부 해안가에 있던 읍.

273 바르카(Hasdrubal Barca(245~207 BC)), 하밀카르 바르카의 아들이자 한니발과 마고의 형제.

고 갔다. 그는 피레네 삼림을 넘었다. 그가 가는 곳은 어디든지, 모든 토착민들과 전투를 벌였고, 가는 곳마다 승승장구하였다.

그가 이탈리아와 갈리아(Gallia)를 나누어 놓은 알프스 산맥 — 그 이전에는 희랍인 헤라클레스(Hercules)를 제외하고는 그 누구도 횡단한 적이 없었고 그런 이유에서 이 장소가 '희랍의 협로(Graius saltus)'로 불린다 — 에 도착했을 때, 그의 월경(越境)을 저지하려고 시도했던 알프스 부족들을 박살냈다. 또 공간을 넓히고 길들을 보강하여, 전에는 무장하지 않은 한 사람이 거의 기어서 가지도 못했던 곳을 장비를 실은 코끼리 한 마리가 지나갈 수 있도록 만들어 놓았다. 그는 바로 이 길을 이용하여 병력을 이끌고 이탈리아로 들어갔다.

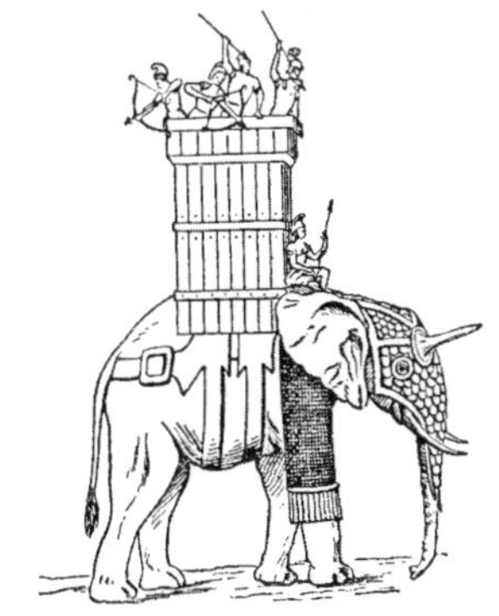
ELEPHANTUS

4. 그는 이미 론강(Rhodanus)[274]에서 총독 푸블리우스 코르넬리우스 스키피오(Publius Cornelius Scipio)와 전투를 벌여서 그를 패주시켰다. 그는 같은 인물과 포(Po) 평야의 클라스티디움(Clastidium)[275]에서 접전을 벌여 그에게 부상을 입히고, 전선(戰線)에서 쫓아냈다. 세 번째에는, 같은 스키피오가 동료인 티베리우스 롱구스(Tiberius Longus)와 합세하여 트레비아(Trebia)[276] 강가에서 그와 대치했다. 그는 이 둘과 접전을 했고 둘을 다 패주시켰다. 그 다음, 그는 리구리아(Liguria)인들의 지역을 지나 아펜니누스(Appenninus) 산

274 알프스 빙하에서 출발하여 프랑스 동남부를 거쳐 지중해로 흘러드는 강.

275 알프스 산맥 남쪽 이탈리아의 골 지방에 있는 읍.

276 알프스 산맥 남쪽 이탈리아의 골 지방에 있는 강.

맥을 넘어 에트루리아(Etruria)[277]로 향하였다. 행군의 과정에서 그는 너무나 격심한 눈병에 걸려 그 후로 다시는 오른쪽 눈을 제대로 사용할 수가 없었다. 그가 눈병으로 고통을 겪으면서 가마에 실려 운송되는 와중에도, 그는 그의 군대가 매복해서 잡은, 가이우스 플라미니우스(Gaius Flaminius) 총독을 트라스메누스(Trasmenus)[278] 호수에서 목을 베었다. 그로부터 오래지 않아, 길목을 지키고 있던 정선된 병사들에 의해, 가이우스 켄테니우스(Gaius Centenius) 집정관도 죽음을 맞이했다.

그런 다음 그는 아풀리아(Apulia)[279]에 도착했다. 거기서 그는 그 두 명의 총독, 가이우스 테렌티우스(Gaius Terentius)와 루키우스 아이밀리우스(Lucius Aemilius)로부터 도전을 받았다. 그는 각각의 군대를 단 한 번의 전투에서 패주시켰다. 그는 파울루스(Paulus) 총독과 여러 총독들을 죽였는데, 이들 중에는 그 직전 연도(年度)의 총독이었던 그나에우스 세르빌리우스 게미누스(Gnaeus Servilius Geminus)도 포함되어 있었다.

5. 이 전투를 치르고 나서 한니발은 저항을 받지 않고 로마로 진주(進走)하였다. 그는 도시 근처의 산들에서 멈추어 섰다. 그가 그곳에 진을 치고 며칠을 머물다가 카푸아(Capua)[280]로 돌아가고 있을 때, 로마의 독재자 퀸투스 파비우스 막시무스(Quintus Fabius Maximus)가 팔

277 지금의 토스카나(Toscana) 지방.

278 에트루리아 지방의 한 호수.

279 이탈리아 남동부의 한 지역.

280 캄파니아(Campania)의 주요 도시로 로마에서 218km 남동쪽으로 떨어져 있음.

레르누스(Falernus) 들판[281]에서 그와 대치하였다. 그러나 한니발은, 협소한 장소에 봉착해 있었지만, 야간을 이용하여 단 한 명의 병졸도 잃지 않고 그곳을 빠져나왔고, 그렇게 해서 가장 능수능란한 장군 파비우스를 속여 넘겼다. 밤이 다가오자, 카르타고인은 관솔가지들을 황소들의 뿔들에 매어놓고 거기에 불을 붙인 후, 아주 많은 소들을 흩어 놓았다. 그런 갑작스러운 광경은 로마 군대에 너무나 엄청난 공황을 야기하여서, 아무도 감히 방어진지 밖으로 나가지 못하였다. 이런 일이 있은 지 얼마 지나지 않아서, 독재자와 같은 권력을 부여받은, 기병들의 달인(達人)인 마르쿠스 미누키우스 루푸스(Marcus Minucius Rufus)를 그는 속임수를 써 전쟁에 끌어들였다. 그가 현장에 몸소 있지는 않았지만, 두 번이나 총독을 지냈던 티베리우스 셈프로니우스 그락쿠스(Tiberius Sempronius Gracchus)를 루카니아(Lucania)[282]에 있는 매복 장소로 끌어들였다. 또 비슷한 방식으로, 그는 베누시아(Venusia)[283]에서 다섯 번째 영사직을 맡고 있었던 마르쿠스 클라우디우스 마르켈루스(Marcus Claudius Marcellus)를 베어 죽였다.

그의 모든 전투들을 열거하는 것은 긴 이야기가 될 것이리라. 따라서 이 한 가지 사실만으로도, 그가 얼마나 위대한 사람이었나를 충분히 보여줄 것이다. 그가 이탈리아에 머무르고 있는 동안에는, 아무도 전투에서 그를 상대하지 않았다. 칸나에(Cannae)[284] 전투 이후로는,

---

281 로마인들의 본거지 라티움(Latium)의 남동부 지역으로 포도주 생산으로 유명함,

282 캄파니아로부터 남동쪽의 지방.

283 루카니아 국경 근처에 있는 아풀리아(Apulia)의 도시.

284 아풀리아의 한 장소로 아우피두스(Aufidus) 강의 어귀 근처. 기원전 216년

그 누구도 열린 공간에서 진을 쳐 그와 대치(對峙)하지 않았다.

6. 그는 어떤 패배도 맛보지 못한 채, 고국을 방어하기 위하여 소환되었다. 그가 처음 론강에서, 다음은 포강에서, 세 번째는 트레비아강에서 패주시킨 푸블리우스 스키피오(Publius Scipio)의 아들에 대항하여 전쟁을 수행하였다. 그는 나라의 자원이 이제 고갈되었으므로, 당분간 그와 휴전하기를 바랐는데, 그것은 후에 훨씬 더 활력을 가지고 전쟁을 수행하기 위해서였다. 그는 스키피오와 회담을 벌였지만, 그들은 조건에 합의하지 못하였다. 회담이 있은 후 며칠 뒤,[285] 그는 스키피오와 자마(Zama)[286]에서 싸웠다. 패배한 채 — 그렇게 얘기하는 것이 믿기지 않겠지만 — 그는 두 낮과 두 밤에 걸쳐, 자마로부터 약 450km 떨어진 하드루메툼(Hadrumetum)[287]에 도달하는 데에 성공했다. 퇴각 과정 중에 그와 합류하여 싸움터를 떠났던 몇몇 누미디아(Numidia)인들은 그를 사로잡을 덫을 쳤다. 그렇지만 그는 그들로부터 빠져나갔을 뿐만 아니라, 그들을 제거하기까지 했다. 하드루메툼에서 그는 패배에서 살아남은 자들을 다시 결집했고, 새로운 징집 병사들의 도움을 받아 며칠 만에 상당수의 병졸들을 소집했다.

7. 그가 준비들을 하느라 무척 바삐 움직이고 있는 동안, 카르타고인들은 로마인들과 전쟁을 끝냈다. 하지만 한니발은 그 후로도 계속 군대를 지휘했고, 동생 마고 또한, 푸블리우스 술피키우스(Publius

---

의 전투로 잘 알려져 있음.

285 바로 그 다음 날이었다고 함.

286 카르타고 영역 변경에 있는 누미디아(Numidia)의 읍이며 전투는 기원전 202년에 있었음.

287 북아프리카에 있는 한 도시로 카르타고에서 그리 멀지 않음.

Sulpicius)와 가이우스 아우렐리우스(Gaius Aurelius)가 집정관이 되기까지 아프리카에서 계속 지휘했다. 그들이 집정관인 시절에, 카르타고의 공사들이 로마 원로원과 로마인들에게 그들과 평화를 체결한 것에 대해 감사를 표하기 위하여 로마에 왔다. 그리고 감사의 표시로 그들은 그들에게 금관을 증정하였고, 그와 동시에 인질들이 프레겔라이(Fregellae)[288]에서 살아가도록 또 포로들의 송환을 요청하였다. 원로원의 법령에 따라, 그들에게 다음과 같은 대답이 주어졌다. 그들의 선물은 감사하게 수취되었다. 또 그 인질들은 그들이 요구한 곳에 살아도 된다. 그들은 포로들을 송환하지 않을 것인바, 그 이유는 전쟁을 일으켰고 로마인들에 대해 극도로 적대적이었던 한니발이 형제 마고(Mago)와 마찬가지로, 아직도 그들 군대의 통솔권을 쥐고 있기 때문이다. 이 회답을 접수하고서 카르타고인들은 한니발과 마고를 카르타고로 소환했다. 그가 귀환하자 한니발은 집정관으로 존립되었는데, 그것은 그가 장군으로 있은 지 이십이 년만의 일이었다. 그 후에 그는 왕이 되었다. 왜냐하면 로마에서 집정관들의 경우가 그러하듯이, 카르타고에서도 두 왕이 매년 일 년(一年) 기한으로 선출되었기 때문이다.

그 관직에서, 그가 전쟁에서 보여주었던 똑같은 에너지를 십분 발휘하였다. 왜냐하면 그는, 새로운 세금을 걷어, 협약에 따라 로마인들에게 지불할 돈을 마련해야 할 뿐만이 아니라, 금고에 잉여 금전이 예치되도록 조치를 취했어야 했기 때문이다. 그러고 나서 그 다음 해에, 즉 마르쿠스 클라우디우스(Marcus Claudius)와 루키우스 푸리우스

288 지금의 로마 동남쪽에 있던 나라로 리리스(Liris) 강변에 있었음.

(Lucius Furius)가 집정관이었을 때,[289] 공사들이 로마에서 카르타고로 왔다. 한니발은 그들이 그를 요구하기 위하여 파송된 것이라고 생각하였다. 그래서 그들이 상원[290]에서 알현(謁見)하기 전에, 그는 은밀히 배를 타고 출항하여 시리아의 안티오코스 왕에게 가서 피난처를 구했다. 이 일이 공개적으로 알려지자, 카르타고인들은, 한니발을 따라잡을 수 있다면, 그를 체포하기 위하여 배 두 척을 보냈다. 그런 다음 그들은 그의 가산(家産)을 압수하였고, 그의 가옥을 토대부터 파괴를 했고, 또 그를 '추방된 자'[291]로 선언했다.

8. 그러나 한니발은 고국에서 달아난 삼 년 후, 그러니까 루키우스 코르넬리우스(Lucius Cornelius)와 퀸투스 미누키우스(Quintus Minucius)가 집정하던 시절[292]에, 배 다섯 척을 이끌고 아프리카의 키레나이카 지방[293]에 상륙하였다. 만약에 그가 안티오코스 왕의 신뢰와 희망 아래 카르타고인들을 어떻게든 전쟁을 벌이도록 유도할 수 있는지를 살펴보고자 하였고, 한니발은 군대들을 이끌고 이탈리아로 진군하기로 이미 왕을 설득해 놓은 상태였다. 또한 그는 이탈리아로 동생 마고(Mago)를 불러냈다. 카르타고인들이 이런 사실을 알게 되었을 때, 그들은 그의 부재중에 마고에게 한니발이 먼저 겪었던 똑같은 형벌을 내렸다. 그 형제들은 그 상황이 절망적이라고 간주하여 닻을 올리고 항해를 하였다. 한니발은 안티오코스에게 도달했다. 마고의 죽음에

289 기원전 196년.

290 로마의 원로원에 상응하는 카르타고의 기구(機構).

291 원문에 'exsul 추방된 자'로 나와 있는데, '법익(法益) 피박탈자'를 가리킴.

292 기원전 193년.

293 현재 리비아의 벤가지(Benghazi) 지역.

관해서는 두 가지 설이 있다. 어떤 이들은 그가 난파(難破)했다고 하고, 또 다른 이들은 그가 자신의 노예들에 의해 죽임을 당했다고 적어 놓고 있다. 만약 안티오코스가 선전 포고를 했을 때처럼, 그 전쟁을 수행하던 과정에서도 한니발의 조언을 기꺼이 따랐었다면, 제국의 수도를 위해 테르모퓔라이(Thermopylae)[294]보다 티베리스(Tiberis)[295]에 더 가까이에서 전투를 벌였을 것이다. 그러나 한니발은 왕의 계획들 중 많은 것이 현명치 못하다는 것을 알아차렸지만, 그는 결단코 그를 이탈하지 않았다. 그는 [왕으로부터] 시리아에서 아시아로 운반하라고 명을 받은 몇 척의 배를 지휘하였는데, 이들을 가지고 팜퓔리아(Pamphylia) 앞바다[296]에서 로데스(Rhodes)인들의 함대와 대항해 싸웠다. 비록 그 접전에서 그의 병력(兵力)은 많은 수의 적들에 의해 패배하기는 했지만, 그가 친히 싸운 쪽에서는 승리를 거두었다.

9. 안티오코스가 패주한 후로, 한니발은 로마인들에게 인계될 것을 두려워하여 — 잡히도록 내버려 두었다면, 의심할 바 없이 그렇게 되었을 것이다 — 크레타(Creta) 섬의 고르튀니오(Gortynio)인들에게 가서 피난처를 구할 수 있는지 궁리해 보기로 했다. 그러나 그는 모든 사람들 중 가장 약삭빨랐던 터라, 크레타인들의 탐욕을 회피할 어떤 방법을 강구하지 않는 한, 큰 위험에 처하게 될 것임을 잘 깨닫고 있

294 테살리아(Thessakia)의 남부 경계에 있는 오이타(Oeta) 산과 에우보이아(Euboea) 만(灣)의 북동부 해안의 에 늪지대 사이에 있는 협로. 그는 그곳에서 기원전 191년에 패했음.

295 이탈리아 중부와 로마를 흐르는 강으로 현재는 티베레(Tevere)강이라고 불리어짐.

296 소아시아 남쪽 카리아(Caria)와 리키아(Licia) 밑의 팜퓔리아 연안의 바다.

었다. 그는 상당한 액수의 돈을 가지고 다녔기 때문이다. 그리고 그는 이에 관한 소문이 새어 나갔다는 것도 알고 있었다. 그래서 그는 다음과 같은 계획을 고안했다. 그는 여러 단지들을

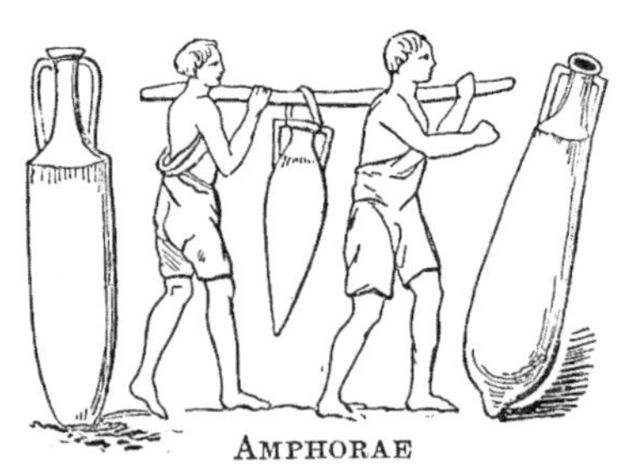
AMPHORAE

납으로 채우고 그 윗부분들을 금과 은으로 덮었다. 지도급 인사들이 배석한 가운데서, 이것들을 그는 다이아나(Diana) 신전에 예치하면서, 그의 재산을 그들의 신뢰 아래 기탁하는 척했다. 그렇게 그들을 오도(誤導)하고 나서, 그는 가지고 다니던 몇 개의 청동 입상(立像)들에 그의 모든 돈을 채워 넣고 그의 집 앞마당에 던져 놓았다. 코르티니오인들은 신전을 온갖 정성을 들여 지켰는데, 그것은 다른 사람들 못지않게 한니발을 경계하여 그들이 모르는 사이에 그가 돈을 꺼내 가지고 줄행랑을 치지 못하게 함이었다.

10. 그렇게 해서 그는 그의 재물을 구하고, 또 모든 크레타인들을 속이고 나서, 그는 폰투스(Pontus)로 가서 프루시아스(Prusias)[297]와 합류했다. 그에게 그는 이탈리아에 대해 변함없는 반감을 보여 주었다. 그는 로마인들과 싸우도록 무장시키고 병력을 훈련시키는 데 그의 모든 주의력을 기울였다. 그리고 프루시아스의 국내 재원(財源)이 큰 힘이 되지 못한다는 것을 깨닫고, 그는 다른 왕들을 그와 우의(友誼)를 맺게 하고 호전적 국가들을 합류시켰다. 프루시아스는 로마인들과 가장 가까운 우방(友邦)인 페르가뭄(Pergamum)[298]의 에우메네스와 불화관

297 마르마라 해(海)와 흑해 사이의 남쪽 지방인 비티니아(Bithynia)의 왕.

298 트로이 근처의 도시이고 그 왕 에우메네스(Eumenes)는 18장의 에우메네스

계에 있었고, 그들은 서로 육상과 해상에서 싸우고 있었다. 이러한 이유로 한니빌은 그가 박살이 났으면 원했다. 그러나 에우메네스는 로마인들과 동맹관계이므로, 양쪽에서 더 강했다. 한니발은 그를 제거하면, 다른 모든 어려움들이 자신에게서 더 쉽게 끝이 날 것이라고 생각하였다.

그를 죽이기 위하여, 그는 다음과 같은 계획을 수립했다. 며칠 후에 그들은 해상전을 치를 계획이었다. 한니발은 선박 숫자에 있어서 열세였다. 그가 무기 면에서 그의 적수를 따라잡지 못하는 이상, 어떤 간계가 필요했다. 그는 가능한 한 많은 독사들을 수집해서 질그릇 항아리들에 산 채로 집어넣으라고 명령을 내렸다. 그가 이것들을 아주 많이 마련해 놓고서, 해전이 있는 바로 그날에 해병들을 한데 모아 놓고 그들의 공격을 에우메네스 왕이 탄 배에 집중하고, 여타의 적들에 대해서는 그저 방어만 하라고 명령했다. 엄청난 숫자의 독사들을 활용하면 일을 쉽게 이룩할 수 있을 것이라고 했다. 더 나아가서, 그는 직접 에우메네스가 어떤 배에 타고 항해하는지를 알려 주고, 만약 왕을 포로로 잡거나 또는 죽이는 일에 성공한다면, 그들에게 아주 넉넉한 보상을 해 주겠다고 약속하였다.

11. 그가 병졸들을 이런 식으로 격려하고 난 후, 함대들은 양측에서 전쟁을 하기 위하여 모습을 드러냈다. 전쟁 개시의 신호가 주어지기 전, 배들이 줄을 지어 도열하고 있었을 때, 한니발이 부하들에게 에우메네스가 어디에 있는지 알게 하기 위해서, 그는 전령의 지팡이를 든 사자(使者) 한 명을 조그만 배에 태워 보냈다. 그 특사가 적의 선박들에 도달했을 때, 한 통의 편지를 내보이며 왕을 찾고 있다고 말했

와는 동명이인임.

다. 그 누구도 그것이 평화에 관한 서신이라는 것을 의심하지 않았으므로, 그는 곧 에우메네스에게 인도되었다. 서신 전달자는 자신의 장병들에게 적의 사령관의 배의 위치가 알려지자 마자 그가 출발했던 곳으로 되돌아갔다. 그러나 에우메네스는 서신을 열자마자, 그 속에는 그를 조롱하는 내용 이외에는 아무것도 발견하지 못했다. 비록 그가 그런 행위의 이유에 대해 기이하게 생각하며 어떤 이유도 찾아내지 못했지만, 그는 주저하지 않고 곧 전쟁에 임했다.

접전이 시작되었을 때, 비티니아인들은 한니발이 명한 그대로 에우메네스 선박에 한 덩어리가 되어 덤벼들었다. 왕이 그들의 힘을 당해낼 수가 없어서, 그는 도주함으로써 안전을 꾀했다. 그것조차도 부근의 해안가에 세워놓은 수비대 뒤의 피난처가 아니었으면 구할 수가 없었을 것이었다. 남아 있는 페르가뭄 배들이 적들을 너무 심하게 몰아치기 시작했을 때, 갑자기 내가 말했던 질그릇 항아리들을 그들에게 던지기 시작했다. 처음에 이것들은 전사(戰士)들의 웃음을 자아냈고, 그들은 그것이 무엇을 의미하는지를 이해할 수가 없었다. 그러나 그들은 배들이 뱀들로 채워지는 것을 보자마자, 그 이상한 무기들에 공포를 집어 먹고, 그것들을 어찌 피해야 할지를 모른 채, 그들의 배들을 되돌려서 그들의 해군 진영[299]으로 후퇴했다. 그렇게 해서 한니발은 페르가뭄의 군사력을 전략으로 극복하였다. 그리고 그것은 그때 단 하나만이 아니라, 여러 다른 시기의 육상 전투에서 그는 적들을 유사한 영리함으로 패배시켰다.

CADUCEUS

---

299 저 앞에서 언급된 참호들을 뜻함.

12. 이런 일이 아시아에서 일어나고 있는 동안, 로마에서는 프루시아스의 특사들이 전직 집정관 티투스 퀸크티우스 플라미니누스(Titus Quinctius Flamininus)와 식사를 하고 있었다. 우연히 한니발의 얘기가 나오자, 특사들 중 한 사람이 그가 [그때] 프루시아스의 왕국에 있다고 말했다. 그 다음 날, 플라미니누스는 그 정보를 원로원에 알렸다. 원로들은, 한니발이 살아 있는 한, 그들은 늘 음모에 시달릴 것이라고 믿었다. 그래서 그 왕에게 그들의 철천지원수를 그의 궁정에 머무르게 할 것이 아니라 로마인들에게 넘겨 줄 것을 요청하기 위하여 특사들을 비티니아로 보냈는데, 거기에 플라미니누스도 끼어 있었다. 프루시아스는 감히 그들의 요구를 거절하지 못했다. 하지만 그들이 그로 하여금 '손님 접대'의 법칙들에 상반되는 그 어떤 것도 하도록 요구해서는 안 된다는 조건을 명시하였다. 만약 그들이 그렇게 할 수 있다면, 그의 주거지를 쉽게 찾을 수 있어 한니발을 잡을 수 있을 것이라고 했다. 사실상 한니발은 한 장소, 즉 그 왕이 그에게 내어 준 한 요새에 거주했다. 그는 건물의 모든 부분에 출구를 설치해서 탈출하도록 만들었다. 그는 명백히 실제로 그런 일이 일어날까봐 두려워하고 있었던 것이다.

로마인들의 특사들이 거기로 와서 많은 병졸들로 집을 포위하였을 때, 문에서 내다보던 한 소년이 한니발에게 보고하기를, 심상치 않은 숫자의 병사들이 눈에 띈다고 했다. 한니발은 소년에게 건물의 모든 문들을 둘러보고 사방을 같은 식으로 에워싸고 있는지를 급히 보고하라고 명했다. 소년이 재빨리 현재 상황을 보고하며 모든 출구들이 점령되어 있다고 그에게 말하자, 한니발은 그것이 우연이 아님을 깨달았다. 그들이 노리고 있는 것은 그 자신이었고 그는 더 이상 목숨을 부지(扶持)하려고 해서는 안 된다는 것이었다. 그러나 어느 다른 사람의 의지에 따라 목숨을 잃는 것을 바라지 않았던바, 그는 과거 용맹의 업적들을 상기하며, 그가 언제나 몸에 지니고 다녔던[300] 독약을 들었다.

13. 그렇게 해서 가장 용감했던 남자는, 다양하고 많은 노고(勞苦)들을 수행한 끝에, 일흔 번째 해에[301] 영면에 들어갔다. 어떤 집정관들의 통치시기에[302] 그가 사망하였는지는 논란의 여지가 있다. 왜냐하면 아티쿠스(Atticus)[303]는 그의 연대기(年代記 Annalis)에서 그가 마르쿠스 클라우디우스 마르켈루스(Marcus Claudius Marcellus)와 퀸투스 파비우스 라베오(Quintus Fabius Labeo)의 집정 시기[304]에 그가 사망했다고 적고 있다. 폴뤼비우스(Polybius)[305]에 의하면, 그것이 루키우스 아이밀리우스 파울루스(Lucius Aemilius Paulus)와 그나이우스 바이비우스 탐필루스(Gnaeus Baebius Tamphilus)의 집정 시기[306] 였다고 하고, 또 술피

---

300 로마의 풍자시인 유베날(Juvenal)에 따르면 반지같이 손가락에 부착시킨 독약 통을 지칭한 것으로 사료됨.

301 그때는 기원전 183년이었고 그의 나이는 실제로 63세였음.

302 로마에서는 매년 두 집정관들이 일년 기한으로 선출되었기 때문에, 그것이 가장 확실한 연대(年代)의 기준이 됨.

303 희랍에 오래 머문 이에게 붙는 별칭인데, 여기서는 폼포니우스 아티쿠스(T. Pomponius Atticus)를 지칭하며 또한 그는 키케로의 친구였음.

304 기원전 183년을 뜻함.

305 펠로폰네소스 반도 아르카디아 지방의 도시 메갈로폴리스(Megalopolis) 출신으로 저명한 역사가로 기원전 169년에 로마에 볼모로 와 있었음.

306 기원전 182년을 뜻함.

키우스 블리토(Sulpicius Blitho)[307]에 의하면, 푸블리우스 코르넬리우스 케테구스(Publius Cornelius Cethegus)와 마르쿠스 바이비우스 탐필루스(Marcus Baebius Tamphilus)의 때[308]였다고 했다. 그리고 그 위대한 사람은 비록 큰 전쟁들을 해내느라고 분주했지만, 문학에도 얼마의 시간을 바쳤다. 왜냐하면 그가 희랍어로 쓴 몇 권의 책들이 있기 때문이다. 그중에는 아시아에서의 그나이우스 만리우스 볼소(Gnaeus Manlius Volso)[309]의 행위에 대해 로데스(Rhodes)인들에게 말하는 책이 하나 있다. 한니발의 무력 투쟁들은 많은 저술가들에 의해 기록되었는데, 그들 중에도 이 두 사람, 행운이 허락하는 한 그와 함께 진영에서 함께 살았던 실레누스(Silenus)와 라케다이몬 출신 소쉴루스(Sosylus)가 돋보인다. 그리고 이 소실루스를 한니발은 그의 희랍어 선생으로 고용하였던 것이다.

그러나 이제 이 책을 끝맺고 로마 장군들 얘기를 해서 그들의 행적들과 외국인들의 행적들을 비교하여 어떤 영웅들이 우위에 있는지 가히 판가름해 볼 시간이 되었다.[310]

---

307 지금의 포르투갈에 해당하는 옛 루시타니아(Lusitania)의 총독.

308 기원전 181년을 뜻함.

309 기원전 189년에 집정관으로서 그는 소아시아에서 그 갈리아 인들을 격파했고, 그 다음 해에 안티오코스와 평화협정을 맺었는데, 그 로데스 인들은 그 로마인들 편에서 함께 싸웠던 것이었음.

310 그 '로마 장군들의 이야기'는 분실되었음.

XXIV. 카토

1. 마르쿠스 카토(marcus Cato)는 투스쿨룸(Tusculum) 읍에서 태어나서 공적 생활에 진입하기 전인 청소년 시절에, 아버지가 남겨 놓은 재산이 있었기 때문에 사빈 사람들(Sabini)[311]의 땅에서 살았다. 훗날 그가 집정관직과 감찰관직을 수행할 때 동료였던 루키우스 발레리우스 플라쿠스(Lucius Valerius Flaccus)의 설득에 따라 — 전 감찰관 마르쿠스 페르펜나(Marcus Perpenna)가 언급하곤 했듯이 — 로마로 이사해서 공적 생활을 시작했다. 그는 퀸투스 파비우스(Quintus Fabius)와 마르쿠스 클라우디우스(Marcus Claudius)가 집정하던 시절인 십칠 세의

TRIUMPHUS

311 움브리아(Umbria) 중북부에 살던 족속.

나이에[312] 첫 전투 경험을 했다. 시칠리아에서 군단사령관[313]으로 일했다. 그곳에서 돌아오자마자 그는 가이우스 클라우디우스 네로(Gaius Claudius Nero)의 군대에 합류하여 세나(Sena) 전투[314]에서 높은 명성을 얻었는데, 바로 이 전투에서 한니발의 형제인 하스드루발(Hasdrubal)이 전사했다. 우연히 푸블리우스 아프리카누스(Publius Africanus)[315] 집정관 밑에서 형사 재판관으로 일할 기회가 주어졌으나, 그는 그와 관

FORUM ROMANUM. (*Von Falke.*)

312 기원전 215년.

313 원문엔 'tribunus militum 군사 호민관'으로 나와 있는데, 6명이 번갈아 지휘권을 잡는 직책.

314 보통 기원전 207년의 '메타우로스(Metaurus) 강 전투'로 알려져 있음.

315 한니발의 정복자 '페 스키피오 아프리카누스 P. Scipio Africanus'를 지칭함.

직 관계[316]에 합당한 친밀함을 느끼지 못했다. 왜냐하면 그는 전 생애를 통해 그 사람과는 의견 차이가 있었기 때문이다. 그는 가이우스 헬비우스(Gaius Helvius)와 더불어 평민 조영(造營)관[317]으로 선출되었다. 치안관[318]으로서 그는 사르디니아(Sardinia)를 할당받았다. 그곳에서 그는 감찰관직을 마치고 아프리카를 떠나기 좀 전에, 시인(詩人) 엔니우스(Ennius)를 로마로 데려왔었는데, 그것은 사르디니아에서 가장 큰 승리 못지않게 영광스러운 것이었다.

2. 그는 루키우스 발레리우스 플라쿠스(Lucius Valerius Flaccus)와 함께 집정관이었고[319] '이쪽 에스파냐 Hispania citerior'[320]를 추첨으로 할당 받고서 승리를 거두었다. 푸블리우스 스키피오 아프리카누스가 그곳에 두 번째로 집정관으로 생각보다 더 오래 머물렀을 때, 이전에 그가 집정관직에 있을 때 카토가 그의 재판관으로 일했었는데, 이제 자기가 그 자리를 계승하기 위하여 강제로라도 그 식민지에서 그를 내쫓기를 바랐다. 그러나 그는 원로원의 지지를 받지 못했다. 그 시절에 정부는 영향력에 의해서가 아니라 정의(正義)에 의해 운영되었기 때문에, 스키피오가 국가의 주요 권력을 쥐고 있을 때, 그는 그런 시도(試圖)

316 재판관은 집정관 밑에서 일하며 보통 부자(父子)관계와 같은 친밀감을 가졌다고 함.

317 공공건물 · 도로 · 공중위생 등을 관장했음.

318 원문에 'praetor 집정관 또는 그 밑의 치안관'으로 나와 있는데, 그때가 기원전 198년이었고, 3년 후에 정식으로 집정관이 되었음.

319 그때는 기원전 195년이었음.

320 로마 공화국 시대에 에스파냐를 '이쪽 에스파냐 Hispania citerior'와 '바깥쪽 에스파냐 Hispania ulterior'로 나누어 불렀음. '이쪽 에스파냐'는 대략 현재의 카탈로니아 지방에 해당하고 기후가 온화함.

에 있어 원로원의 지지를 받지 못했다. 이 일로 인해서 원로원과 그는 껄끄러운 사이가 되었고, 집정관 직무가 끝나자, 그는 로마에서 사(私)인으로 남았다. 그러나 카토는 플라쿠스와 함께 똑같은 검열관으로 선출되었고, 그의 직분을 엄격히 수행해 나갔다. 그는 상당수의 귀족들에게 징벌을 부과했고, 또 그 당시에 벌써 창궐하기 시작한 사치를 규제하기 위하여, 그의 포고령[321]에 많은 새로운 규정들을 첨가하였다. 청년기서부터 종말까지 거의 팔십년 동안, 그는 조국을 위해 적의(敵意)를 끊임없이 불러일으키곤 했다. 그러나 자주 공격을 당했어도, 그는 명성이 손상되지 않았을 뿐 아니라, 그가 살아 있는 한, 그의 덕(德)들을 칭찬하는 명성은 증가하였다.

3. 매사에 그는 특이할 정도로 신중하고 전심전력하였다. 그도 그럴 것이, 그는 탁월한 농부, 정쟁에서의 유능한 법률가, 위대한 장군, 칭찬할 만한 웅변가 그리고 문예에도 대단히 헌신적이었다. 비록 그가 만년에 이르러 문예 작품에 손을 대기 시작했지만, 그는 너무나 빠른 진전을 이룩해 희랍과 이탈리아의 역사를 통틀어 그가 몰랐던 작품들을 찾기란 쉽지가 않다. 청소년 시절부터 그는 연설문들을 작성하였다. 그는 역사를 쓰기 시작했을 때, 이미 노인이었는데, 그럼에도 그는 일곱 권의 책을 남겼다. 첫째 권은 로마 왕들에 대한 이야기를 담고 있고, 둘째와 셋째 권은 이탈리아에 있던 모든 나라들의 기원(起源)을 다루고 있다. 그런 이유에서 그는 작품 전체를 '기원들 Origines' 이라고 칭한 것 같다. 다음 넷째 권에서 '제1차 포에니 전쟁'을, 다섯

321 검열관의 포고령은 지속적 효력을 갖는 많은 규정들을 담고 있었는데, 그것들은 그의 전임자들로부터 물려받은 것이고, 거기다가 가끔 새로운 규정들이 첨가되었음.

째 권에서는 '제2차 포에니 전쟁'을 말한다. 이 모든 것은 각 장별로 이야기된다. 그는 또한 다른 전쟁들, 루시타니아(Lusitania)[322]인들을 약탈한 집정관 세르비우스 갈바(Servius Galba)의 시대에 이르기까지를 같은 양식으로 다루었다. 이 모든 전쟁들을 이야기하면서, 그는 지도자들을 거명(擧名)하지 않고, 이름 없이 그 사건들을 기술(記述)했다. 같은 책에서 그는 이탈리아와 에스파냐 지역의 특기할 만한 사건들과 경관(景觀)들을 설명하였다. 그리고 그 책에서 그는 지대한 근면과 용의주도함 그리고 학식을 늘어놓았다.

나는 티투스 폼포니우스 아티쿠스(Titus Pomponius Atticus)의 독촉을 받고 이 사람의 생애와 성격에 관하여, 그의 전기(傳記)를 다룬 별책(別冊)에서 보다 상세한 내용을 담았다. 그런 고로 나는 카토에 흥미를 느끼는 이들에게 그 책[323]을 볼 것을 언급하고자 한다.

322 이베리아 반도의 지방으로 대략 현재의 포르투갈 지역에 해당함.

323 '로마의 사가(史家)들'이란 목록의 일부(一部)일 것으로 사료됨.

XXV. 아티쿠스

1. 티투스 폼포니우스 아티쿠스(Titus Pomponius Atticus)는 가장 고색창연한 로마 종족[324]의 후예이고, 조상들로부터 끊김없이 물려받은 기병대(騎兵隊) 지위를 물려받았다. 부친은 근면하고 활동적이었으며, 그 당시로는 부유하였고, 특히 문학을 좋아하였다. 자신이 학문을 좋아하여서, 젊은이들의 교육에서 없어서는 안 될 모든 학문을 아들에게 교육시켰다. 소년은 배우의 능력에 더해 아주 듣기 좋은 발음과 양질의 음성을 지니고 있었다. 그래서 그는 과제로 주어진 구절들을 빨리 습득했을 뿐만 아니라 또한 기막히게 낭송하였다. 그리하여 어린 시절에, 그는 그의 나이 또래의 아이들 중에서 눈에 띄었고, 귀족 집안 급우들을 대수롭지 않게 여길 정도 이상으로 탁월성을 드러내었다. 결과적으로, 그는 자신의 근면성실로 그들 모두에게 어떤 경쟁심을 고취시켰다. 그들 중에는 루키우스 토르쿠아투스(Lucius Torquatus), 소(小)가이우스 마리우스(Gaius Marius), 마르쿠스 키케로(Marcus Cicero)가 있었는데, 그는 그들 모두와 너무나 친밀하여, 그가 살아 있는 동안, 그들에게는 그 이상으로 귀중한 사람은 없었다.

2. 부친은 일찍 사망했다. 평민들의 호민관이었을 때 죽임을 당한

---

324 두 번째 로마의 왕이며 입법자로서 그 왕국의 설립자인 누마 폼필리우스(Numa Pompilius)의 아들 폼포(Pompo)의 후예라고 간주됨.

푸블리우스 술피키우스(Publius Sulpicius)[325]와 혼인을 통한 친척 관계였으므로, 젊은 나이에 그 자신은 같은 위험에 직면하였다. 왜냐하면 폼포니우스의 사촌인 아니키아(Anicia)가 술피키우스의 형제인 마르쿠스 세르비우스(Servius)와 결혼하였기 때문이다. 술피키우스가 처형당한 후, 국가는 킨나(Cinna)[326]의 모반으로 인해 혼돈 상태에 빠졌고, 따라서 그가 이쪽 편 혹은 저쪽 편의 기분을 상하게 하지 않고서 그의 지위에 합당하게 살 기회가 사라졌음을 알게 되었다. 시민들의 감정은 서로 적대적이어서, 어떤 사람들은 술라(Sulla)파를, 또 다른 사람들은 킨나(Cinna)파를 두둔하였다. 그래서 그는 학문에 전념할 호기(好機)라고 생각하고 아테네로[327] 갔다. 그렇다 해도 소(小)마리우스(Marius)가 공적(公敵)으로 선포되었을 때, 그는 자원(資源)을 동원해 그를 도왔고 현금을 공급함으로써 그를 도피시켰다. 그리고 그 자신의 외국에서의 체류가 재산에 어떤 손실도 입히지 않도록 하기 위해, 그는 상당히 많은 재산을 아테네로 옮겨다 놓았다.

거기서 그는 아테네인들에게 아주 귀중한 대접을 받을 만하게 살았다. 왜냐하면 젊은 시절에도 지대(至大)했던 그의 영향력은 말할 것도 없고, 그는 그들의 공적(公的) 궁핍들을 자주 그의 부(富)를 사용해서 덜어주곤 했다. 예컨대 정부에 융자가 필요한데 그것을 공정한 조건으로 이행할 수 없을 때, 그는 언제나 구제책을 들고 나왔다. 그는 그

325 원래 술키피우스는 귀족이었으나 호민관이 되기 위해 평민으로 전향했고, 기원전 88년 호민관으로 개혁을 꾀하다 처형당했음.

326 술라(Sulla)와 경쟁을 벌이고 있었던 마리우스(Marius)의 동료로 그들의 정적에 대한 무자비한 수법으로 구설(口舌)수에 올랐다고 함.

327 기원전 86년.

들로부터 결코 과다한 이자를 강요하지 않았고 또 그들이 지정된 기한을 넘기며 빚을 지노톡 허용하지도 않았다. 이 두 조건은 그들에게 유리하게 작용했다. 왜냐하면 그는 지불 유예로 그들의 빚이 묵히게 되거나 또는 이자가 쌓여 증대하도록 허용하지 않았기 때문이다. 그는 여기에 또 하나의 관용 행위를 보탰다.[328] 그는 전 국민에게 한 사람당 밀 여섯 부대(負袋)의 곡식을 분배했다. 아테네에서 그것은 메딤누스(medimnus)[329]라고 불린다.

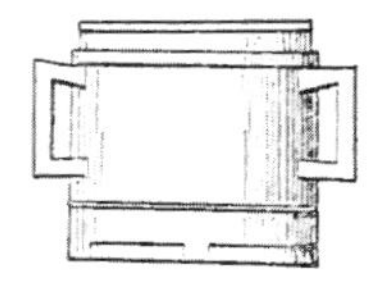
MODIUS

3. 그는 아테네에서 다음과 같이 처신했다. 고관대작들과는 동등하게 품위를 유지하면서도 비천한 이들에게는 친근하게 대했다. 그 결과로 국가는 그에게 가능한 모든 명예들을 공식적으로 수여했고 그를 아테네의 시민으로 만들기를 갈망했다. 그러나 그는 그런 호의를 받아들이기를 거절했다. 법률가의 견해에 따르면, 만약 어느 사람이 다른 시민이 된다면, 로마 시민권은 상실되기 때문이다. 그가 거기에 있는 동안에, 그를 기리기 위한 어떤 입상(立像)의 건립도 반대했다. 그러나 그가 거기를 떠난 후에는 그것을 막을 도리가 없었다. 그리하여 그들은 가장 성스러운 장소들에 그와 필리아(Pilia)[330]를 위해 그들의 입상들을 세웠다. 그들은 그가 그들 국가의 모든 행정에서 조언자며 조력자였음을 깨달았던 것이다. 그리하여 행운의 첫째 선물은 그가 온 세계로 통하는 제국의 터전인 바로 그 도시에서 태어났다는 것

328 우리 속담의 금상첨화(錦上添花)를 연상시킴.

329 원문의 'medimnus'는 희랍어로 'μέδιμνος'라 하고 52.5 리터를 의미함.

330 아티쿠스의 부인.

과 그곳이 바로 그의 조국이며 본국이 되었다는 것이다. 그리고 그가 연륜과 교양과 학문에 있어 여타 도시들을 능가했던 저 도시를 향해 갔을 때, 그가 다른 모든 사람들에 앞서 그곳에 더 귀중하였다는 것은 그의 혜지(慧智)의 한 표시였던 것이다.

4. 술라(Sulla)[331]가 아시아에서 출발하여 아테네로 왔을 때, 그가 그곳에 머물러 있는 동안에는 아티쿠스를 자기 옆에 데리고 다녔는데, 그 젊은이의 세련됨과 교양에 매료되었다. 이 청년은 희랍어를 너무나 잘해서, 사람들은 그가 아테네에서 태어났다고 생각할 정도였다. 다른 한편 그는 라틴어를 너무나 우아하게 구사해서 그의 말투의 고상함은 타고난 것이지 공부의 결과가 아니라는 것이 분명하였다. 그는 또한 희랍어와 라틴어 양쪽으로 시(詩)들을 암송했는데, 방식이 더 바랄 나위가 없을 정도로 완벽하였다. 이 결과로 술라는 그로부터 떨어지려고 하지를 않았고 그를 로마로 데려갈 것을 갈망하였다. 그러나 그가 그를 데려가려고 설득하고자 애를 쓸 때, 아티쿠스가 대답했다. "제가 동조했던 그대에게 무기를 들고 대항하지 않도록 이탈리아를 떠나고자 하니, 제발 좀, 저를 도와주세요."[332] 그 말을 듣고 술라는 청년의 의무감을 칭찬하며, 그가 떠날 때 그가 아테네에서 받았던 모든 선물들을 아티쿠스에게 가져다주라고 명령했다.

---

331 희랍어에 능통했고 교양을 갖춘 로마 장군으로서 두 번이나 집정관을 역임했고, 원로원을 옹호하는 보수적 정치노선을 걸었으나, 후에 집정관 제도를 박차고 일인 독재(기원전 82 — 79년) 체제를 구축함으로써 카이사르의 전범이 되었음.

332 이 구절은 그 당시 '귀족당'과 '대중당' 사이에서 번민하였던 지식인들의 고뇌를 잘 대변한다고 사료됨.

아티쿠스는, 아테네에서 수년을 거주하는 동안, 어느 가장(家長)만큼 재산에 수의 깊은 신경을 썼고, 여티의 시간은 문예나 아테네인들의 공공(公共) 업무에 바쳤다. 그는 그에 못지않게 친구들에게는 시민의 의무를 했다. 왜냐하면 그는 그들이 관직에 입후보하는 경우에 자주 출석했고, 어떤 중요한 일이 있을 때마다 가까이에 있었기 때문이다. 그리하여 그는 모든 위태로운 상황에 처한 키케로에게 유례가 없는 충성심을 보여주었고, 그가 유배의 길에 올랐을 때, 그에게 이십오만 세스테르티우스(sestertius)[333]를 선물로 주었다. 로마에 평온이 확립된 후에, 내가 믿기로는, 그는 루키우스 코타(Lucius Cotta)와 루키우스 토르쿠아투스(Lucius Torquatus)의 집정 시기에 로마로 귀환하였다. 그가 아테네를 떠날 때, 모든 시민들이 그를 배웅하며,[334] 미래의 안타까운 슬픔을 눈물로 보여주었다.

5. 그의 외삼촌 퀸투스 카이킬리우스(Quintus Caecilius)는 로마의 기사(騎士)이며 루키우스 루쿨루스(Lucius Lucullus)[335]의 친구이고 돈은 많지만 비위 맞추기가 아주 어려운 인물이었다. 아무도 그를 감당하지 못해도, 아티쿠스는 꽤 까다로운 노신사를 매우 공경하게 대해서, 조카는 삼촌이 아주 높은 연령에 이를 때까지, 그의 기분을 상하게 하지 않았고 그의 호의를 보유하였다. 그렇게 행동함으로써 그는 헌신의 열매를 수확하였다. 카이킬리우스가 임종 시에 유언을 통해 그를 양자로 삼아 그의 재산의 총 3/4를 상속받게 했다. 그리고 그의

---

333 기본 은화 데나리우스(Denarius)의 1/4 가치였다고 함.

334 그가 승선하러 가는 도중이었다고 전해짐.

335 기원전 74년의 집정관.

몫은 약 천만(千萬) 세스테르티움[336]에 달했다. 아티쿠스의 누이는 퀸투스 툴리우스 키케로(Quintus Tullius Cicero)에게 시집갔다. 이 결혼식은 마르쿠스 키케로에 의해 주선되었는데, 아티쿠스는 키케로와 어린 시절부터 같이 공부하면서 매우 친하게, 심지어 퀸투스보다도 더 친하게 지내왔다. 이런 사실은 성격의 유사성이 가족의 유대보다도 더 영향을 끼친다는 것을 보여준다. 그는 또한 퀸투스 호르텐시우스(Quintus Hortensius)와도 친한 친구였는데, 후자는 그 시절에 웅변에서 제일급의 지위를 누리고 있었다. 그에게 너무나 친한 친구여서, 키케로 혹은 호르텐시우스 중에서 누가 더 그를 사랑하였는지는 불확실하였다. 그는 영광의 지위[337]를 차지하고자 하는 두 경쟁자 사이에 어떠한 악감정도 생기지 않도록 예방하는 그 어려운 과제를 성취하여, 저 위대한 인물들 사이에서 유대의 끈이 되었다.

6. 공적 생활에 있어서 그는 언제나 가장 좋은 사람들의 편에[338] 섰고 또는 그렇게 간주되도록 처신하였다. 하지만 그는 시민들의 투쟁

---

336 원문에 'centiens sestertium 백배 세스테르티우스들'이라고 나와 있는데, 이 표현을 정확히 이해하려면, 'sestertium'은 'sestertius'의 복수 2격으로 화폐 단위를 뜻하는데, 그 당시 관행으로 재산의 단위는 '10만 세스테르티우스'로 간주되었기 때문에, 위의 총액은 1000만 세스테르티우스가 됨. 라틴어 'sestertius'는 독일어로는 'Sesterze'로 영어로는 'Sesterce'로 표기됨.

337 웅변의 제 일인자가 된다는 것.

338 원문에 'optimarum partium ... esset 가장 좋은 사람들의 파당에 속하도록'으로 되어 있는데, 'optimatium partium 귀족 원로들의 당파'와 대등한 뜻을 지니고 있음. 단 라틴어의 말장난을 유의해 본다면, 먼저 형용사 'bonus 좋은'에서 그 최상급 'optimus, optima, optimum 가장 좋은'이 파생되고 거기서 다시 'optimas 가장 좋은 것에 속하는'이라는 형용사가 변존하게 되고, 그 복수 명사형 'optimates'는 '귀족 원로들'이라는 자칭(自稱)적 관행이 성립하게 되고 그렇게 해서 결과적으로는 '귀족 원로 당'과 '대중 당'의 대립이 대두하게 됨.

의 물결에 몸을 내맡기지는 않았는데, 그 이유는 그런 것들에 치우친 사람들은 바다의 파도에 이리저리 내던져진 사람들과 마찬가지로 자신들을 제어할 능력을 갖지 못한다고 그가 생각했기 때문이다. 그가 영향력이나 높은 위치를 통하면 고관직(官職)들이 그에게 열리지만, 그는 그것들을 애써 구하지 않았다. 그 이유는 그것들은 전통적 방법으로 얻을 수 있는 것이 아니었고, 또 그런 무한정한 뇌물과 부패가 만연한 가운데 법률을 손상하지 않고 얻을 수 없었고, 또 그렇게 타락한 공중도덕의 상태에서는 국가에 위험부담을 안겨주지 않고는 관장(管掌)될 수도 없었기 때문이다. 그는 단 한 번도 공매(公賣)에 참석하지 않았다. 그는 한 번도 공적(公的) 청부(請負)인[339]으로 또는 정부 재산의 입찰자로 행동하지 않았다. 그는 그 어느 누구도 그의 이름으로 또는 다른 이와 연합하여 고소하지 않았다. 그는 한 번도 자신의 재산을 지키기 위해 법정에 가지 않았고 또 소송을 한 적도 없다. 그는 수많은 공사(公使)들과 집정관들로부터 감독관직[340]을 제공받았는데, 그는 그 누구도 그의 관할 지방을 침해하지 않는다는 조건으로 수락했고, 또 명예에 만족하여 재산을 증식한다는 생각을 경멸했다. 그는 퀸투스 키케로와 함께 아시아로 가는 것에 대해서조차 동의하지 않으려 했다. 그렇게 하면 그는 부(副)총독의 자리를 얻을 수도 있었는데도 말이다. 왜냐하면 그가 집정관 자리를 거절했는데, 집정관의 보좌관이 된다는 것이 어울린다고 생각하지 않았기 때문이다. 그렇게 행동하는 과정에

339 공적 부채에 책임을 지고(praes)나서 그에 대해 이득을 취함.

340 원문에 'praefectura'로 나와 있는데, 그것은 공사와 영사 다음의 직책이라고 사료됨.

서, 그는 비행(非行)[341]의 혐의까지도 회피했을 때, 그는 위엄뿐만 아니라 마음의 평화에도 도움이 되었다. 그 결과로 정성을 기울이는 그의 태도는 모든 이들에게 더 높이 평가되었는데, 그 이유는 그런 태도가 두려움이나 희망에 의해서라기보다 봉사하려는 욕망에 의해 고무된 것임을 그들이 직시하였기 때문이다.

7. 아티쿠스가 거의 육십 세였을 때, 카이사르의 시민전쟁이 일어났다. 그는 면제 연령을 이용했고 도시 밖으로 전혀 움직이지 않았다. 그의 친구들이 폼페이우스(Pompeius)에 합류하기 위해 출발했을 때, 그는 친구들에게 필요한 것은 무엇이든지 자기 재산에서 공급하였지만, 친하였던 폼페이우스를 화나게 할 일은 피했다.[342] 그는 그로부터 어떤 이득을 취하지도 않았지만, 여타의 사람들은 그를 통해 관직이나 또는 부(富)를 얻었고, 그중 어떤 이들은 마지못해 그의 군대에 합류했고, 다른 이들은 그냥 집에 머물러 있음으로 해서 그를 몹시 화나게 했다. 그러나 카이사르의 마음에 아티쿠스의 중립적 태도가 너무나 흡족하여서, 그가 승리 한 후에, 그가 몇몇 개인들에게 기부금을 내달라는 서면(書面) 요청에서도, 아티쿠스에게는 곤란을 주지 않았을 뿐만 아니라, 심지어 그의 탄원에 응답하여 폼페이우스 진영에 가 있었던 그의 조카와 퀸투스 키케로에게 사면을 허용하였다. 그렇게 그는 삶의 오랜 관습으로 새로운 위험들을 회피했던 것이다.

8. 카이사르가 암살당한 후, 정권은 명백히 브루투스들(Brutuses)[343]과 카시우스(Cassius)의 수중에 있는 듯이 보였고, 모든 나라는 그들

341 속령(屬領)들에서의 실정(失政)을 암시함.

342 중립을 지켰다는 뜻.

343 마르쿠스(Marcus)와 데키무스(Decimus) 브루투스를 뜻함.

을 지지하는 것처럼 보였을 때, 아티쿠스는 마르쿠스 브루투스(Marcus Brutus)와의 관계가 너무나 각별해서, 그 젊은이에게는 이 노인보다 더 친밀한 또래의 친구가 없었고,[344] 그는 그를 주요한 조언자로 삼을 뿐만 아니라, 유쾌한 동반자[345]로 삼았다. 몇몇 사람들이 로마 기사들을 동원해 카이사르의 암살범들을 위한 사적(私的) 기금(基金) 모집 계획을 수립했다. 그들은, 만약 계층의 지도급 인사들이 기부를 해온다면, 그들의 목적이 쉽게 이루어질 수 있을 거라고 생각했다. 따라서 브루투스의 친구, 가이우스 플라비우스(Gaius Flavius)가 아티쿠스에게 그 기획에 선두에 서 줄 것을 호소해왔다. 하지만 아티쿠스는 당파가 없는 친구들에게 봉사를 해야 한다고 생각해 왔고, 그런 조치들로부터는 지금껏 쭉 거리를 취해 왔기 때문에, 그가 대답하기를, 만약 브루투스가 그의 자산(資産)을 활용하기를 바란다면, 그는 재산[346]의 한도 내에서 그렇게 할 수도 있을 것이지만, 그 자신은 그 문제와 관련하여 그 누구와도 상의하거나 만나지는 않을 것이라고 했다. 그리하여 그 파벌의 만장일치는 이 한 사람으로 인해서 깨졌다.

그 후 얼마 안 되어, 안토니우스(Antonius)가 우세해지기 시작했다. 그래서 브루투스와 카시우스(Cassius)는 집정관들에 의해 핑계[347]로 할

344 브루투스는 그 당시 34세였고 아티쿠스는 31년 그의 연상자였음.

345 식탁에서의 교제를 시사함.

346 아티쿠스가 지니고 있는 재산을 뜻함.

347 원문에 'dicis causa 명목상으로'에서 '너는 말하다'를 내세우고 있는데, 다른 원고의 독법(讀法)에서는 '너는 죽이다 necis'를 앞세우며 그 내용상으로는 '카이사르 시해(弑害)에 대한 보상'을 강조하는데, 그 시해에 가담한 사람이 그 둘만이 아니니까 해석상의 문제가 있다고 사료됨.

당된 직무들[348]을 수행하기가 어려워지자 (다 집어치우고)[349] 극도의 절망 속에서 망명길에 올랐다. 실제로, 당이 융성했을 때 돈을 기부하면서 여타의 사람들과 합류하기를 거부했던 그 사람은, 브루투스가 권력을 잃고 이탈리아를 떠날 때에는, 그에게 십만 세스테르티움의 선물을 보냈다. 그리고 다시, 브루투스가 에페이로스(Epirus)에 와 있을 때, 그는 국왕 시해(弑害)자에게 삼십만 세스테르티움을 더 내어주라는 지령(指令)을 발동하였다. 이처럼 아티쿠스는 안토니우스의 권력에 더욱더 아첨하지도 않았고, '길 잃은 정당사유'[350]를 포기하지도 않았다.

9. 무티나(Mutina)[351]에서 전쟁이 뒤따라 일어났다. 그 과정에서 그가 현명하다고만 내가 말한다면, 내가 의당히 그래야 하는 것보다 낮게 평가하는 것이 된다. 왜냐하면 만약 어떤 우연에 의해서 증가되거나 감소되지 않는 자연의 불변의 선(善)에 '신적'이란 표현이 적용되어져야 한다면,[352] 그는 오히려 신적이었기 때문이다. 안토니우스가 공

348 원문의 'provincia 직분, 활동 영역'은 아시아나 시칠리아로부터 로마로 곡식을 운반하는 직책을 뜻하며, 므루투스와 카시우스가 망명한 땅, 시리아와 마케도니아는 이미 카이사르에 의해 그들에게 할당되었던 지방들임.

349 원문에는 'destituta tutela 감독권을 박탈당하여'로 나와 있는데, 이것은 그들이 내세운 주장이고, 그들은 실제로는 그들의 지방을 장악하려 나섰고 전쟁 준비에 들어갔음. 안토니우스는 그의 적들을 일단 그렇게 해서 내몬 것임.

350 아티쿠스는 그의 절친한 친구 키케로와 또 다른 친구들이 속해 있었던 원로원 중심의 '귀족 당'에 마음이 끌렸지만 막 일어나는 신흥 세력인 '대중 당'의 위력을 무시할 수도 없었음.

351 '알프스 이쪽'의 이탈리아 북부의 도시로 현재는 모데나(Modena)로 불림.

352 네포스는 아티쿠스의 올바른 행동이 그의 천성적 선함에서 우러나온다고 판단하고 있음. 네포스, 키케로, 아티쿠스는 동시대인으로 친밀한 친구로서의 시대정

공(公共)의 적으로 판단되어 이탈리아를 떠났을 때, 아무도 그의 권력이 복원되리라고는 기대하지 않았다. 그 당시 가장 강력했고 다수였던 정적(政敵)들뿐만 아니라, 반대자들에게 합세한 사람들과 그에게 해를 입힘으로써 어떤 이득을 취하기를 희망했던 자들이, 안토니우스의 친구들을 박해했고, 그의 부인 풀비아(Fulvia)로부터 모든 소유물들을 약탈하려고 시도하였고, 또한 그의 자식들을 파멸시킬 준비를 하였다.

비록 아티쿠스가 키케로와 아주 친했고 또 브루투스의 가장 친한 친구였지만, 그가 안토니우스에게 해를 입히는 데에 동의하지 않았을 뿐만 아니라, 반대로 그는 친구들을 보호했고, 도시에서 도주하는 데, 그가 할 수 있는 한 무엇이건 그들에게 필요한 도움을 주었다. 푸블리우스 볼룸니우스(Publius Volumnius)[353]에게는 참말로 어느 부모나 할 수 없는 그런 큰일을 그는 베풀었다. 풀비아 그녀 자신을 보살핌에 있어 — 그녀가 소송들로 정신이 흩어지고 테러들로 인해 엄청난 불안감에 시달리고 있을 때 — 그는 너무나 자상하였기에, 그녀는 한 번도 아티쿠스 없이 법정에 나타나지 않았고, 아티쿠스는 모든 소송에서 그녀의 보증인이었다. 아니, 그 이상이었다, 그녀가 번성하던 시절에 지불 기한이 정해진 상태에서, 한 저택을 구입하였는데, 그녀에게 닥친 불운(不運)들로 인해 어떤 융자도 교섭해 얻을 수 없을 때, 그는 그녀에게 이자도 없이 또 어떤 계약도 맺지 않고 그 돈을 빌려주어 구제(救濟)하였다. 이는 그가 배려하고 감사할 줄 아는 사람으로 알려지는 것이 최고의 얻음이라 생각하였고, 동시에 행운이 아니라 사람에게

신을 공유했다고 사료됨.

353 로마의 기사(騎士)로 안토니우스의 추종자.

친구가 되는 것이 자신의 상례임을 보여주기를 바랐기 때문이다.

그렇게 행동하니, 어느 누구도 그를 기회주의자라고 의심할 수 없었다. 왜냐하면 그 누구도 안토니우스가 권력을 다시 차지하게 될 것이라고 생각하지 않았기 때문이다. 그러나 점차로 그에 대한 비판이 귀족들 중 일부에서 일어났는데, 그들의 견해에 따르면, 그가 나쁜 시민들[354]에 대해 너무 덜 적대적었다는 것이다. 그러나 아티쿠스는 독립적으로 판단하기에, 다른 이들로부터 칭찬받는 일보다는 오히려 옳은 일을 하는 것에 가치를 두었던 것이다.

10. 운명의 급작스러운 변화가 찾아왔다. 안토니우스가 이탈리아로 돌아왔을 때, 저마다 아티쿠스는 키케로와 브루투스와의 친분 관계 때문에 극도로 위험한 상태에 처할 것이라고 생각했다. 따라서 명령권자들[355]이 도착한 날에 그는 추방 선고[356]를 두려워하여, 공직(公職)에서 물러났고, 내가 방금 전에 진술했듯이, 그가 도움을 주었던 푸블리우스 볼룸니우스의 집에서 은신하였다. (그 시절에는 운명의 변화가 너무나 격심해서 어떤 때는 이런 사람들이, 또 어떤 때는 저런 사람들이 권력의 정상에 서있거나 또는 극단의 위험에 처해 있었다.) 그는 퀸투스 겔리우스 카누스(Quintus Gellius Canus)와 같이 있었는데, 그는 나이가 그와 비슷하였고, 성격은 아주 비슷하였다. 그가 소년이었을 때 학교에서 알게 되었던 이 사람과 그렇게 가깝게 살았다는 것,

---

354 원문에 'mali cives 나쁜 시민들'은 '가장 좋은 급에 속한다는' 귀족들에 대칭을 이룸.

355 원문에 'imperatores 야전 사령관들'로 나와 있는데, '3 집정관'들을 뜻함.

356 원문에 'proscriptio 추방'으로 나와 있는데, 선고는 추방뿐만 아니라 인권 즉 생명의 박탈을 뜻했음.

또 그들의 우정이 노년기에 이를 때까지 꾸준히 증대하였다는 것은 또한 아티쿠스의 착한 마음씨를 나타내는 하나의 본보기이다.

안토니우스는 키케로에게 너무나 증오를 느껴서, 그뿐만 아니라 그의 모든 친구들에게 원수가 되었고, 그리고 그들을 추방하기를 바랐지만, 많은 사람들을 독려하였음에도 불구하고 그는 아티쿠스의 친절을 유념하고 있었다. 그가 아티쿠스가 있는 곳을 알게 되었을 때, 그는 그에게 두려워하지 말고 당장 그에게 오라고 편지를 썼다. 숙청 명단에서 그의 이름을 지웠고, 그에 대한 배려에서, 카누스의 이름도 지웠다는 것을 보탰다. 그리고 어떤 위험이 그에게 생기지 않도록, 그 때는 야간 시간이었으니까, 그는 그를 위해 한 명의 호위병을 보냈다. 그렇게 해서 아티쿠스는 극도의 불안에 사로잡혔던 시기에 자기 자신뿐만 아니라 가장 사랑하는 친구까지 구제했다. 그는 자신의 안전만을 위해서는 그 누구로부터도 도움을 구하지 않았고, 친구와 나누지 않는 행운은 어떤 것도 바라지 않았다는 것은 명백하였다. 그런데 폭풍우가 치고, 암초가 깔린 바다에서 배를 구출한 항해사를 최고의 찬사로 격찬한다면, 그렇게 무수히 많고 끔찍한 시민들의 폭풍우에서 안전하게 항구에 도달한 그 남자의 현명함은 왜 유례가 없이 훌륭한 것으로 간주되어서는 아니 될 것인가?

11. 일단 그런 악들로부터 벗어나게 되자마자 아티쿠스의 유일한 노력은 가능한 한 많은 사람들을 그가 할 수 있는 데까지 도와주는 것이었다. 대중들이 3인 체제[357] 사령관들의 보상(報償)에 의해 추방된 자들을 찾아 나서는 소동이 일어났을 때, 에페이로스(Epirus)[358]에 온 사

357 안토니우스를 포함해 새로 들어선 3인 집권 체체(triumvirs).

358 희랍 북서부 쪽의 광활한 지방으로 아티쿠스는 그곳에 상당한 재산을 지니

람은 하나같이 그가 필요한 모든 것을 얻었고 또 거기서 영구히 살 기회를 얻었던 것이다.[359] 또한 필리피(Phillipi)[360] 전투 그리고 가이우스 카시우스(Gaius Cassius)와 마르쿠스 브루투스(Marcus Brutus)의 죽음 후에, 그는 전직 집정관 루키우스 율리우스 모킬라(Lucius Julius Mocilla)와 그의 아들, 또 아울루스 토르쿠아투스(Aulus Torquatus) 그리고 그와 같은 불운을 맞은 다른 희생자들을 보호하는 일에 착수하였고, 그들이 필요로 하는 모든 것을 그들을 위해 에페이로스로부터 사모트라케(Samothrace)[361]로 보내라고 명했다. 그 모든 것을 열거하기란 쉽지 않고 또 그럴 필요도 없다. 내가 밝혀 놓고 싶은 단 한 가지는 그의 관대함이 기회주의적이거나 또는 계산된 것이 아니었다는 것이다. 이것은 그 상황 자체로부터 또는 그 시대로부터 추론될 수 있다. 그는 그 권력을 잡은 사람들의 호의를 단 한 번도 돈을 주고 산 적이 없었고, 언제나 고난당하는 사람들을 도왔다. 예컨대, 그는 브루투스의 어머니 세르빌리아(Servilia)에게, 그녀의 아들이 죽은 후에도, 그녀 번영의 전성기 때 못지않게 경의를 표했다.

고 있었음.

359 로우브(Loeb) 고전 문고《네포스》의 역자 롤프(John C. Rolfe)는 이 구절이 과장되었고, 다른 여러 곳에서와 같이, 아티쿠스를 좋게만 본다고 꼬집고 있는데, 본 역자의 견해로는 그것은 문체의 문제라고 사료됨. XVI 펠로피다스 1. 도입부 참조.

360 마케도니아와 트라키아가 접하는 도시로 그곳에서 안토니우스와 옥타비아누스(Octavianus)가 브루투스(Brutus)와 카시우스(Cassius)를 상대해 싸운 전투에서 승리하였음.

361 에게 해 동북쪽의 섬으로 트라키아의 헤부루스(Hebrus) 강과 마주하고 있음.

그런 식으로 관대함을 실천하면서, 그는 어떤 적도 만들지 않았다. 그도 그럴 것이 그는 한 번도 사람을 해친 적이 없었고, 만약 그가 어떤 해를 입었다면, 그는 복수를 하기보다는 차라리 그것을 잊는 편을 택했다. 그는 혜택을 받은 것에 대해서는 틀림없이 기억하고 있었다. 그러나 그 자신이 베푼 혜택들에 관해서라면, 그는 수혜자가 기억하고 있는 한에서만 그것들을 기억하였다. 그렇게 해서 그는 저 금언(金言)의 진실을 보여주었다.

"각자의 품행은 각자에게 행운을 만들어 준다."

그럼에도 아티쿠스는, 어떤 일에 있어서도 올바르게 처벌을 받지 않도록, 그의 행운을 구축하기 이전에, 그의 인격을 그토록 구축하였다.

12. 그런 행동거지로 인해 젊은 그는 카이사르(Caesar)[362]와 아주 친밀한 관계인 마르쿠스 비프사니우스 아그리파(Marcus Vipsanius Agrippa)로 하여금, 그 자신의 영향력과 카이사르의 권력을 통해 그가 바라는 결혼 상대를 얻을 수도 있었지만, 다른 사람보다는 아티쿠스와 인척 관계를 선택하게 하였고, 귀족 가문의 여인들보다 로마 기사(騎士)의 딸을 선호하도록 인도하였다. 그리고 결혼을 주선한 사람은 — 굳이 숨겨야 할 이유가 없기에 — 정부를 재편하고 있던 3인 집권위의 한 사람인 마르쿠스 안토니우스였다.[363] 안토니우스의 영향력으

---

362 미래 아우구스투스(Augustus) 대제가 된 옥타비아누스를 뜻함.

363 키케로의 철천지원수였던 안토니우스가 아티쿠스에게 호의를 보이고 접근한 것은 후자의 고매한 인격과 인덕(人德)의 소치(所致)라고 사료됨.

로 아티쿠스는 재산을 증대시킬 수도 있었지만, 돈의 욕망과는 거리가 멀었고, 친구들을 위험이나 곤혹에서 구제하는 것 외에는 영향력을 이용하려고 들지 않았다.

이것은 바로 그 추방의 시기에 극명히 드러났다. 아티쿠스와 같은 나이 또래의 로마 기사 계급 출신, 루키우스 사우페이우스(Lucius Saufeius)는 철학에 심취해 여러 해를 아테네에서 살았고 이탈리아에 상당히 값진 재산이 있었는데, 3인 체제가 그의 재산을 그 당시 일들을 처리하던 방식대로 팔아 넘겼을 때, 정말 아티쿠스의 노력과 정력에 힘입어, 사우페이우스에게 그의 재산이 상실되었다는 소식을 전했던 바로 그 전령사(傳令使)가 다시 회복도 알려왔던 것이다. 그는 또한 루키우스 율리우스 칼리두스(Lucius Julius Calidus)에게도 마찬가지로 도움을 주었다. 이 사람은 루크레티우스(Lucretius)와 카툴루스(Catullus)[364]의 사망 이후, 내가 감히 장담하건대, 우리 시대가 배출한 가장 우아한 시인이고, 착한 성품에 지극히 높은 교양을 갖춘 인물이다. 칼리두스는, 기사 계급의 추방 후에, 아프리카에서의 그의 광범위한 소유 재산으로 인해, 부재중인데도 불구하고, 안토니우스의 으뜸 책략가인 푸블리우스 볼룸니우스에 의해 명단에 추가되었다. 그는 아티쿠스에 의해 구제되었다. 그러나 이러한 행동이 아티쿠스에게 그때마다 더 많은 골칫거리를 야기했는지 또는 그에게 더 많은 영광을 가져다주었는지는 판단을 내리기가 쉽지 않다. 왜냐하면 그의 친구들이 그런 위험들에 처했을 때마다, 그들이 현지에 있든 외국에 있든, 그들은 그의 보살핌의 대상이었다는 것이 알려졌기 때문이다.

---

364 그 당시의 저명한 시인들. 이들에 비해 칼리두스는 후대에 별로 알려지지 않았음.

13. 그리고 이 위대한 인물은 시민 못지않게 한 가장(家長)으로서도 훌륭하다고 생각되었다. 왜냐하면 그가 부자였지만, 구매나 건설에 있어서 그보다 과잉(過剩)에 덜 치우치는 사람은 없었기 때문이다. 그럼에도 그는 누구 못지않게 근사한 주택을 지녔고 모든 것을 매우 즐겼다. 그는 퀴리누스(Quirinal) 언덕[365]에 탐필루스(Tamphilus)가 지은 빌라에서 살았고, 그 집은 삼촌이 그에게 유산으로 준 것인데, 그것의 매력은 구조보다는 주변의 경관에 있었다. 그도 그럴 것이, 건물 자체는 고풍스럽게 지어졌고 비싼 재료보다는 취향을 살려 지어졌다. 그러나 그는 건물의 노화로 인해 부득이한 보수(補修) 이외에는 어떤 변경도 하지 않았다. 그는 노예 가족들을 거느리고 있었는데, 능률면에서는 매우 좋았고, 그들의 옷차림 측면에서는 보통 수준이 안 되었다. 그들 중에는 고등 교육을 받은 하인들과, 몇 명의 낭독자들, 또 많은 필경사들이 있었다. 실제로, 어느 종복(從僕)이든지 그 두 가지 재예(才藝)에 능숙하지 않은 사람이 없었다. 같은 식으로, 저택 관리하는 데

ATRIUM.

365 로마의 일곱 언덕 중 하나.

필요한 다른 장인들도 일급 수준이었다. 그럼에도 불구하고 그의 노예치고 그의 저택에서 태어나 그곳에서 가정교육을 받지 않은 자가 없었는데, 그것은 단지 그의 자제력뿐만 아니라, 그의 근면의 징표이다. 왜냐하면 많은 사람들이 탐낸다고 생각하는 것을 무절제하게 추구하려고 들지 않는 것이야 말로 자기 절제의 징표로 간주되어야 하고, 또 돈보다는 오히려 노동으로 소유물을 획득하는 것은 일상적인 근면이 아니다. 그는 화려하게 차려 놓기보다는 취향을 살렸고, 과용(過用)에 치우치기 보다는 기품(氣品)을 살렸다. 그의 모든 노력은 과잉이 아닌 우아함을 살리는 방향으로 쏟아졌다.

나는 다음과 같은 사실 — 어떤 사람들은 그것을 사소한 일이라고 생각할지도 모르지만 – 을 그냥 지나쳐버리지 않을 것이다. 즉 그가 로마 기사들 중 가장 부유한 이들에 속하고 또 무척 관대한 마음씨에서 모든 지위의 사람들을 그의 집으로 초대했지만, 우리는, 그의 일용(日用) 지출 대장(臺帳)의 항목들로부터, 그가 그의 경비를 일관되게 월 삼천 세스테르티우스[366]를 넘지 않도록 제한해 왔다는 것을 알고 있다. 그리고 이것은 내가 풍문으로 들어서가 아니라 알만한 입장에 있었기에 진술하는 것이다. 우리의 친밀한 관계 때문에 나는 가끔 그의 가정생활의 세목에 대해서도 알게 되었다.

14. 그의 집에서 열린 만찬회에서 오직 한 낭송(朗誦)자의 읊조림 이외에 들은 것이 없는데, 그것은 적어도 나의 견해로는, 지극히 즐거운 여흥 프로그램이다. 그의 집에서는 낭송이 없이는 만찬이 베풀어지지 않았는데, 그렇게 함으로써 손님들은 식욕 못지않게 정신적 충족을 즐겼다. 왜냐하면 그는 그의 취향과 다르지 않은 사람들을 초대

366 원문에는 돈의 단위인 'aes 동전'이 생략되어 있으므로 보충된 것임.

했던 것이다. 그의 재산에 엄청난 추가(追加)[367]가 더해졌을 때, 그는 일상 옷에서 노 생활 방식에서도 전혀 변화가 없었다. 그는 너무나 절제

LECTIO.

하여서, 아버지로부터 200만 세스테르티우스[368]를 물려받고서도 전혀 화려하게 살지 않았고, 또 1,000만을 받고서도 그가 정한 이상으로 더 풍요롭게 살지 않았다. 그는 두 재산을 물려받고서도 같은 품격을 유지하며 살았다. 그에게는 정원들이 없었고, 교외(郊外)나 바닷가에 빌라도 없었고,[369] 또 아레티움(Arretium)과 노멘티움(Nomentium)[370]에 있는 재산을 제외하고는 이탈리아에 어떤 시골 저택들도 없었다. 그의 모든 수입은 에페이로스와 로마 시에 있는 그의 재산들에서 나왔다.

---

367 그의 삼촌으로부터의 유산 상속.

368 원문에는 'sestertius viciens 20배 세스테르티우스'로 되어 있는데, 재산 단위로 10만을 계상(計上)하기 때문에 200만이 됨.

369 키케로에 의하면 그에게도 빌라가 있었다고 함. 참조. Cicero, ad Att. xii. 36. 2.

370 아레티움은 피렌체에서 남쪽으로 약 150리 쯤 떨어진 도시로 현재는 아레조(Arezzo)라 불리우고, 노멘툼은 로마에서 동북쪽으로 80리쯤 떨어진 읍이었다고 사료됨.

VILLA MARITIMA.

이런 사실로부터 우리는, 그가 경비(經費)를 돈의 크기가 아니라 합리적인 사용으로 평가하는 데 익숙하다는 것을 알 수 있다.

15. 그는 거짓말을 하지 않았고 또 그것을 용인할 수도 없었다. 그런 고로 그의 공손함은 근엄함 없이 있지 않았다. 그의 위엄은 상냥함 없이 있지 않았다. 그래서 친구들이 그를 더 사랑했는지 아니면 더 존경했는지는 알기가 쉽지 않았다. 어떤 것을 요청받았을 때, 그는 약속하는 것에 매우 신중했는데, 그 이윤즉슨 그는 지킬 수 없는 약속을 하는 것은 관대함이 아니라 오히려 약함의 징표라고 생각했기 때문이다. 그가 한번 떠맡겠다고 동의했던 일을 추진하는 데에 너무나 주의 깊었으므로, 그것이 다른 이로부터 위탁받은 것이 아니라 자기 자신의 일을 담당하고 있는 듯이 보였다. 그가 떠맡은 어떤 기획 사업이든지, 그것에 지치는 일이 결코 없었다. 왜냐하면 그는 거기에 자기 자신의 명성이 걸려 있다고 믿었고, 그것보다 더 귀중하다고 생각하는 것은 없었기 때문이다. 그런 연유에서 그는 키케로 형제들, 마르

쿠스 카토, 퀸투스 호르텐시우스, 아울루스 토르쿠아투스, 또 그 밖의 많은 로마 기사(騎士)들의 사업들을 관리해 주었던 것이다. 그리고 이러한 사실로부터, 그가 국정(國政) 문제들에 대해 초연한 태도를 취한 것은 나태함 때문이 아니라 그의 소신(所信)에서 비롯되었다고 판단을 내릴 수 있다.

16. 그의 사랑스러운 인품에 대해 말하자면, 다음 것을 말하는 것보다 더 강한 증언을 나는 내놓을 수가 없다. 그가 청년이었을 때, 그는 나이든 술라로부터, 또 그가 늙었을 때는, 젊은 마르쿠스 브루투스로부터 엄청난 사랑을 받았던 것이다. 그리고 그와 동연배인 퀸투스 호르텐시우스와 마르쿠스 키케로와 잘 지내서, 인생의 어떤 시기가 그에게 가장 적기였는지는 단정하기가 어렵다. 비록 키케로가 그를 각별히 사랑하여서, 심지어 그의 동생 퀸투스도 그에게 더 귀중하거나 더 친밀하지 않았다. 이것은 키케로가 그의 이름을 언급하는 출판된 작품들에서뿐만 아니라, 집정관 시기부터 그의 생애의 마지막까지[371] 아티쿠스에게 보낸 십육 권의 서신(書信)들에서도 잘 드러나 있다. 이것들을 읽는 사람은 그 시절의 서로 연결된 어떤 역사적 필요성을 별로 못 느낀다. 왜냐하면 주요 인사들의 욕망들, 지도자들의 과오(過誤)들, 또 정부의 변천들에 관해 그처럼 완벽하게 모든 세목(細目)들이 기재되어 있어, 이것들에 밝혀지지 않는 것은 없고, 또한 키케로의 예견(豫見)이 거의 예지(豫知)에 가까웠다는 느낌이 든다. 왜냐하면 그는 그의 생애 동안 실제로 일어났던 사건들을 예언했을 뿐만 아니라, 우리가 지금 경험하고 있는 것들을 어느 선각자처럼 예고했기 때문이다.

371 그 기간은 기원전 68년부터 키케로의 사망 전해인 기원전 44년까지임.

17. 아티쿠스가 지녔던 그의 가족에 대한 헌신에 관해 이것 이상으로 내가 무슨 할 말이 더 있겠는가? 내가 듣기로는 그는 육십칠 세인 자신이 구십 세인 어머님을 보내는 장례식에서 진실되게 자랑하기를 그는 어머니와 화해를 해야 하는 경우가 한 번도 없었고 또 그와 비슷한 나이의 누이동생과 말다툼을 한 적도 없었다는 것이었다. 이것은 그들 가운데서 불평하는 일이 일어나지 않았고, 혹은 그가 사랑해야 하는 사람에게 성내는 것은 불경하다고 생각할 정도로 그들에게 그처럼 관대했다는 징표가 되는 것이다. 그리고 이러한 행위는, 우리들 모두가 자연에 복종하지만, 자연에 따라서뿐만 아니라, 배움에도 기인했던 것이다. 왜냐하면 그는 저 위대한 철학자들의 처방(處方)들에 완벽히 정통하여서, 단순히 과시(誇示)용이 아니라, 그의 실생활에서 지표로 삼았기 때문이다.

18. 그는 선조들의 관습들의 최고 모방자였고 고대의 애호자였다. 그 시대에 관해 그는 매우 해박한 지식을 지니고 있어서, 그가 고관대작들을 연대기 순서로 적어 놓은 책[372]에서 그에 대한 자상한 설명을 하였다. 왜냐하면 그 책에는 해당 연도에 따라 법, 평화 협정, 전쟁, 로마 국민의 훌륭한 행동에 대해 언급되지 않은 것이 없었기 때문이다. 게다가 그가 가장 수행하기 어려운 과제인 명가(名家)들의 가계(家系)들을 정리해 놓아서, 우리는 우리의 고명(高名)하신 분들의 후예를 알아볼 수 있게 된 것이다. 그는 다른 책들에서 그 주제(主題)를 독립적으로

372 xxiii.13.1 참조. 그 《연대기》는 기원전 47년에 발간되었는데, 그것은 기원전 49년까지의 로마의 역사를 각 연도의 고위 행정장관들의 이름과 더불어 기술하였다고 함.

다루었다. 마르쿠스 브루투스의 요청에 따라, 유니우스(Junius) 가문[373]에 대한 설명을 기원(起源)에서부터 우리 시대에 이르기까지 순서에 따라 붙여놓으며 그 가문의 각 구성원의 부모와 그가 점유(占有)했던 관직들을 해당 연대와 같이 특기해 놓았다. 그는 그와 같은 방식으로 클라디우스 마르켈루스(Claudius Marcellus)의 요청에 따라 마르켈루스 가문을 위해, 그리고 코르넬리우스 스키피오(Cornelius Scipio)[374]와 파비우스 막시무스(Fabius Maximus)의 요청에 따라 각각 에밀리우스와 파비우스 가문들을 위해 수행(遂行)하였다. 출중한 인사들의 역사를 좀 알고 싶은 사람들에게는 이 책들보다 더 즐거운 독서는 없을 것이다.

그는 또한 시(詩)에도 손을 댔다. 내 추측으로, 시의 매력이 부족하지 않은 것 같다. 그는 명예와 위대한 업적 면에서 여타 로마인들을 능가한 인물들을 시를 써서 찬미했다. 각자의 초상화 밑에 그의 공적들과 높은 벼슬들을 대략 네다섯의 시구(詩句)로 기록해 놓았다. 이 작업을 그는 너무나 잘 수행하여서, 그런 중요한 사건들이 그렇게 간략히 기술될 수 있다는 것은 거의 믿어지지 않을 정도였다.

IMAGO.

또한 키케로의 집정관 직분에 관해 희랍어로 쓴 단행본이 하나 있다.

19. 여기까지가 아티쿠스가 살아있을 때 출판했던 것은 끝이 난다.[375] 이제 운명이 내가 그의 뒤에 살아남아야 한다고 선고(宣告)하였기에, 나는 그 이야기를 끝맺고자 하며 또 동시에, 내가 할 수 있는 한,

373 'Iunia familia'로 일컬어짐.

374 소(小) 스키피오 아프리카누스(Scipio Africanus)를 뜻하는데, 그는 원래 에밀리우스(Aemilius)였는데 스키피오 가문에 양자로 들어간 것임.

375 본서의 제19장과 20장은 제2판에서 추가된 것이라 함.

나의 독자들에게 예들을 들어가며, 내가 위에서 시사(示唆)한 바와 같이,[376] 각인의 품성이 대체로 그의 운명을 결정한다는 것을 보여 주고자 한다. 그러니까 아티쿠스가 기사(騎士) 신분으로 태어난 것을 만족했으면서도, 신격화된 율리우스(Iulius)의 아들인 황제와 혈연관계를 이룩하였다. 물론 그 전에, 그의 세련된 삶의 정취를 통해 그의 우정을 획득했고, 그리고 덜 높은 지위지만 같은 고위층의 여러 다른 위인(偉人)들 또한 매료시켰다. 운명의 여신(Fortuna)이 다른 어떤 사람에게 수여했던 것을 카이사르에게는 거부하지 않았고, 또 우리 시대에 이르기까지 어느 다른 로마 시민이 획득하지 못했던 것을 그에게는 허락할 정도로, 너무나 큰 번영이 카이사르에게 따라붙었다. 아티쿠스는 딸이 첫 번째로 결혼한 아그리파(Agrippa)에게서 한 손녀를 얻었다. 그녀가 한 살도 채 안 되었을 때, 카이사르는 이 손녀를 드루실라(Drusilla)[377]의 아들이자 그의 의붓아들인 티베리우스 클라우디스 네로(Tiberius Claudius Nero)에게 약혼시켰다. 이 결합은 통치자와 아티쿠스의 우정을 봉인(封印)하였고 그들의 교제를 더욱 빈번하게 만들었다.[378]

20. 이 약혼이 있기 전에서부터, 옥타비아누스가 도시에서 떠나 있을 때도, 아티쿠스에게 그가 무엇을 하는지, 특히 무엇을 읽는지, 그가 어디로 가고 있는지, 또 얼마동안 거기서 머무르려고 하는지를 아티쿠스에게 알리지 않고는, 그의 친구들 중 그 누구에게도 편지를

---

376 본서의 11.6을 참조할 것.

377 황제 아우구스투스의 부인이고 티베리우스의 어머니인 리비아 드루실라(Livia Drusilla)의 성.

378 이것은 키케로의 절친한 친구였던 아티쿠스와 문예의 황금시기를 이끈 아우구스투스 대제간의 우정의 결합으로 문예사적으로 길이 기억될 사항으로 사료됨.

보내는 법이 없었다. 그리고 그가 로마에 있을 때도, 수도 없이 많은 약속과 면접들로 인해, 그가 바라는 것보다 아티쿠스와 함께 있는 시간을 즐겁게 가질 수가 없었다. 그리하여 그가 그에게 고대 역사에 관해 어떤 질문을 하거나, 어떤 때는 어떤 시인들에게서 발견되는 어떤 어려운 구절을 제시하는가 하면, 또 다른 때는 그로 하여금 좀 긴 답신들을 쓰도록 유도할 목적으로 농담을 전개하든가 하면서 그에게 편지를 쓰지 않고는 거의 단 하루도 그냥 지나가는 법이 없었다. 바로 그런 친밀한 관계로부터, 로물루스(Romulus)에 의해 카피톨리움(Capitolium) 언덕 위에 지어진 유피테르 페레트리우스(Iovis Feretrius)의 신전이 시간이 흐르고 방치된 탓에 지붕이 없어지고 폐허로 변해 가고 있을 때, 아티쿠스의 조언에 의해 카이사르가 그것을 복원시키도록 인도되었던 것이다. 마르쿠스 안토니우스 또한, 멀리 떨어져 있어도, 아티쿠스와 서신 교류를 지속했고, 그가 무엇을 하고 있는지를 지구 저편 끝에서 소식을 전해주기 위해 적지 않게 애를 썼다. 이것이 무엇을 의미하는지는, 지극히 중대한 용건들에 있어서 적수였을 뿐만 아니라, 카이사르와 안토니우스 — 각자 로마 시(市)뿐만 아니라 전 세계의 통치자가 되기를 갈망했으므로 — 와 같은 서로 적대자이던 그런 사람들과 친밀감과 선의(善意)를 유지해 나간다는 것이 얼마나 대단하고 예민한 감각을 필요로 하는지는, 그것을 판단할 수 있는 사람이면 아마 보다 손쉽게 이해할 수 있을 것이다.

21. 이러한 삶의 자세로 아티쿠스는 칠십칠 년을 살았다. 그는 여러 유산(遺産)들을 다른 것이 아니라 훌륭함을 근거로 물려받았기 때문에, 극단의 고령에 이르기까지 위엄뿐만 아니라 호의와 행운도 증대하였다. 그는 또한 삼십 년간 의술이 필요로 하지 않을 정도로 건강이

순조로웠다. 그런데 바로 그때에 그는 자신과 의사들이 처음에는 대수롭지 않게 여겼던 병이 들었다. 왜냐하면 그들은 그것이 이급 후증이라고 대수롭지 않게 생각했는데, 그것에 대해서는 신속하고 손쉬운 치료들이 있었기 때문이다. 그가 치료로 야기된 것 외에는 어떤 고통도 없이 그렇게 삼 개월 동안 이것으로 시달리고 났을 때, 갑자기 그 병세가 너무나 맹렬하게 창자를 공격해서 드디어 썩은 누관(瘺管)들이 등의 아랫부분을 통해 터져 나왔다.

이러한 사태가 일어나기 전에, 그는 열을 동반한 고통이 나날이 증가하는 하는 것을 느낀 후에, 그는 사위 아그리파를, 그와 더불어 루키우스 코르넬리우스 발부스(Lucius Cornelius Balbus)와 섹스투스 페두카이우스(Sextus Peducaeus)를 소환하라는 명령을 내렸다. 그는 그들이 도착한 것을 보자마자, 팔꿈치에 기대고서 말했다. "내가 이 시점(時點)에서 건강을 회복하려고 얼마나 많은 보살핌과 주의력을 쏟아붓고 있는지를 그대들에게 더 자상히 말할 필요는 없네, 그대들이 나의 노력들을 지켜 본 산 증인들이니 말일세. 희망컨대, 내 이러한 노력을 통해 나를 치료할 법한 것은 안 해본 것이 없었다고 그대들을 안심시키고자 하네. 이제, 내게 남아 있는 것은 내 자신을 곰곰이 생각해보는 것이네. 나는 그대들이 그것을 모르기를 바라지 않았네. 나는 병을 부양(扶養)하지 않기로 결심했네. 사실상, 내가 요 며칠 동안 무슨 음식을 먹든, 치유의 희망도 없이, 내 생명을 연장함으로써 나의 고통을 증대시켰네. 그런 고로 나는 그대들에게 간청하노니, 첫째, 그대들은 나의 결심을 시인(是認)해 주게. 다음은, 소용없는 간곡한 권유들로 그것을 흔들지 말아 주게."

22. 그가 삶을 끝내고 있는 것이 아니고 다만 한 거처(居處)에서 다

른 거처로 옮겨 가고 있는 것처럼 너무나 단호한 음성과 얼굴 표정으로 대화를 끝냈을 때, 아그리파는 눈물을 흘리며 키스를 퍼붓고, 그에게 다음과 같이 간청하고 애원하였다. 자연이 그에게 재촉하듯이 스스로 재촉하지 말 것과, 그 시점에도 그가 위기를 극복하고 살아남을 가능성이 있으니까, 그의 생명을 그 자신을 위해서 또 그의 사랑하는 사람들을 위해서도 보존해야 한다는 것이었다. 그러나 아티쿠스는 그의 완강한 침묵으로 그의 기도들을 억제하였다. 그래서 그가 이틀 동안 음식을 금했을 때, 갑자기 열이 내리고, 병이 훨씬 가벼워지지 시작했다. 그럼에도 어떤 것에 의해서도 그의 각오(覺悟)는 약화되지 않았다. 따라서 그가 그렇게 결심한 지 닷새 만에 죽었다. 그날은 그나이우스 도미티우스(Gnaeus Domitius)와 가이우스 소시우스(Gaius Sosius)

VIA APPIA.

의 집정 연도(年度)[379]의 3월 31일이었다. 그는, 그 자신이 미리 지시했던 대로, 어떤 장례 행렬도 없이 작은 상여에 실려 묘지로 운반되었고, 거기에는 모든 '좋은 사람들'[380]과 큰 무리의 서민들이 참석해 있었다. 그는 아피우스 가도(街道)(Via Appia)[381]의 제오(第五) 이정표 근처에 있는, 그의 외삼촌 퀸투스 카이킬리우스(Quintus Caecilius)의 장지(葬地)에 묻혔다.

---

379 기원전 32년.

380 원문에 'boni 좋은 이들'은 좋은 교양을 갖춘 귀족층을 의미함.

381 희랍으로 가는 출발 항구인 부룬디시움(Brundisium, 현재의 Brindisi)과 로마를 연결하는 대로(大路).

색인